新时代网球运动文化解读与学练实践指导

张长俊◎著

中国水利水电出版社
www.waterpub.com.cn
·北京·

内 容 提 要

本书是在对新时代网球运动发展情况进行分析，并结合长期的网球运动文化研究，经过广泛收集资料的基础上撰写的，是关于网球运动文化与学练的研究成果。

本书主要围绕新时代网球运动文化与学练展开研究。首先，对网球运动新时代的文化内涵进行了详细阐述，内容包括网球运动文化概述，校园网球运动文化、竞技网球运动文化、大众网球运动文化解读等。然后，针对网球运动学练作了科学论述与指导，阐述了网球运动学练的学科基础以及科学体系构建，并对网球运动技术和战术学练提供了科学指导。本书既能够对网球运动文化的普及与推广产生积极影响，也能够更好地指导网球运动学练实践。

本书语言简洁凝练、结构系统明了、知识点丰富，具有科学性、系统性、实用性、时效性等显著特点，可供广大网球运动研究者及爱好者参考使用。

图书在版编目（CIP）数据

新时代网球运动文化解读与学练实践指导 / 张长俊著. -- 北京 : 中国水利水电出版社, 2017.4(2022.9重印)
ISBN 978-7-5170-5296-8

Ⅰ. ①新… Ⅱ. ①张… Ⅲ. ①网球运动一研究 Ⅳ. ①G845

中国版本图书馆CIP数据核字(2017)第074641号

书　　名	新时代网球运动文化解读与学练实践指导 XINSHIDAI WANGQIU YUNDONG WENHUA JIEDU YU XUELIAN SHIJIAN ZHIDAO
作　　者	张长俊　著
出版发行	中国水利水电出版社 (北京市海淀区玉渊潭南路1号D座 100038) 网址：www.waterpub.com.cn E-mail：sales@waterpub.com.cn 电话：(010)68367658(营销中心)
经　　售	北京科水图书销售中心(零售) 电话：(010)88383994、63202643、68545874 全国各地新华书店和相关出版物销售网点
排　　版	北京亚吉飞数码科技有限公司
印　　刷	天津光之彩印刷有限公司
规　　格	170mm×240mm　16开本　16.25印张　211千字
版　　次	2017年5月第1版　2022年9月第2次印刷
印　　数	2001—3001册
定　　价	49.50元

前　言

网球是一项“绅士运动”，自从传入我国后，随着我国社会经济的快速发展，人们生活水平的提高和生活质量改善，其也获得了空前发展。尤其是近几年来，我国在女子网球方面获得了令世界瞩目的成绩，在世界女子网坛刮起了一股猛烈的中国旋风，进一步推动了我国网球运动的发展。

如今，我国有很多有关网球的书籍在市面上流行，广大的网球工作者撰写了很多网球教材以及大众普及性读物，这在一定程度上促进了我国网球运动的普及与开展。但一些传统的网球教材和读物多是集中在论述网球基本常识、基本技术和战术原理的教学层面上，缺乏教学与训练的高度统一，并且也很少涉及更深层面的网球运动文化理论知识等内容，因此并不能适应新时代网球运动文化的发展和人们从事网球运动的需要。基于此，特撰写《新时代网球运动文化解读与学练实践指导》一书，以进一步推广和普及网球运动文化，并为网球运动学练提供科学指导。

本书共有八章。第一章至第四章，对网球运动文化进行了详细解读。第一章网球运动文化概述，内容包括网球运动的起源与发展、特点与价值，网球运动礼仪。第二章校园网球运动文化解读，详细阐述了高校网球运动发展现状、大学生网球文化观念与素养培养、校园网球文化体系构成及其传承与发展。第三章竞技网球运动文化解读，对网球组织机构与重大赛事、网球运动竞赛规则与裁判法、网球运动赛事文化营销、网球运动竞技文化传承等内容做了详细阐述。第四章大众网球运动文化解读，论述了大众网球定位与发展现状、大众网球兴起的社会文化动因以及大众网球的科学管理与活动组织。第五章至第八章对网球运动学练进行了研究。第五章和第六章对网球运动学练的学科理论基础与科学体系构建进行了详细分析与研究。第七章和第八章分别对网球运动技术和战术的学练指导进行研究。

本书注重科学性、理论性与实用性的统一,在丰富理论知识的同时,更加强调了网球教学与训练的紧密结合,这对我国新时代网球运动文化的普及与推广有着很好的促进作用。此外,还能够在网球运动技战术学练实践方面提供科学指导。

本书在撰写的过程中,借鉴和参考了大量关于网球理论以及教学方面的书籍和资料,在此向这些专家和学者表示敬意和感谢。由于水平和精力有限,本书难免存在不足之处,欢迎广大读者给予批评指正。

作　者
2016 年 12 月

目　录

第一章　网球运动文化概述

在新时代背景下，网球运动快速发展，越来越多的人参与到网球运动中。于是网球运动和网球运动文化的重要性受到越来越多人的关注。本章主要从网球运动起源与发展、网球运动特点与价值、网球运动礼仪三大方面进行阐析，进而为网球运动和网球运动文化的发展奠定更加坚实的理论基础。

第一节　网球运动的起源与发展

一、网球运动的起源

网球运动、高尔夫球运动、保龄球运动、台球运动被称为世界四大绅士运动。网球运动获得了全球各地人们的欢迎，但关于其具体起源的说法有很多。当前我们所说的网球是经过不断演化得来的，同时也得到了国际公认。尽管网球的玩法有很多种，但是差异相对有限，只是在各个国家被赋予了不同的名字，如在澳洲被称为 Royal Tennis，在美国称为 Court Tennis，在法国被称为 Jeude Paume(Handball)，在英国被称为 Tennis。但由于网球最早在法国成形，所以法国是网球的发源地。

网球运动起源于 12、13 世纪的法国，在那时法国传教士经常在教堂回廊通过手掌击打和小球很像的物体，借此来调节日常生活。随着时间的推移，用手掌击打小球的活动传入法国宫廷，同时在很短的时间内发展成王室贵族的娱乐游戏之一，并称该游戏为“掌球戏”。这项游戏从室内转移到室外，在开阔空地上把绳子架在中间，两边分别站一个人，两人用手来回击打裹着头发的布球。后来，该项游戏传入英国。相传，“英法百年战争”期间，法国国王向英皇亨利五世下了战表，其所下战表是一箱网球，阿金库尔战役由此开始。网球由此在英国大范围流行起来，并且发展成为英国上层社会的娱乐活动之一，所以其有“贵族运动”之称。

发展到15世纪，该游戏从手掌击球转变为板拍打球，同时不久后便出现了用羊皮纸做拍面的椭圆球拍，场地中间的绳子变成了网子。该项活动的兴盛阶段是16世纪和17世纪，在这一时期网球慢慢发展成了一种比赛。后来，该项运动得到了瑞典国王戈斯塔夫五世、俄罗斯皇室及欧洲贵族的喜爱。1858年，“网球场”由英国人哈利·梅姆建造而成，其对早期开展网球游戏发挥了很大的促进作用。1872年，英国人哈利·梅姆又在莱明顿成立了网球俱乐部，增加了网球游戏的影响力。1873年，英国温菲尔德少校对早期网球打法进行了进一步改善，同时将草坪定为该项活动的场地，同年正式出版了《草地网球》，其提出了和现代网球打法相对接近的系列性打法。1874年，对球网大小与球网高低做出了详细规定，并且在英国举行了相对简单的草地网球比赛。1875年，英国板球俱乐部对网球比赛规则做了进一步修订。1877年7月，第1届温布尔登草地网球锦标赛在英国温布尔登成功举办。随后网球比赛场地被确定为长23.77米、宽8.23米的长方形，同时球网中央高度被设定成99厘米，每局采取15、30、40等记分方法。1884年，英国伦敦玛丽勒本板球俱乐部将球网中央高度改成91.4厘米。现代网球运动在此之后正式形成，同时经过很短时间就在欧美盛行起来，发展成了很多人喜爱的运动。1896年，在第1届奥运会上网球运动被设置成正式比赛项目，随后因为国际奥委会与国际网球联会在业余运动员定义方面存在着不同意见，奥运会的网球项目被许多国家奥委会取消。1984年，在第23届洛杉矶奥运会中网球比赛被列为表演项目，1988年网球运动被再次列为奥运会正式比赛项目。

二、网球运动的发展现状

（一）国际网球运动的发展现状

1. 世界性的热门运动

从温布尔登网球锦标赛举办开始，网球运动参与者数量不断增加。截止到现在，网球已经发展成世界性热门运动，在欧美地区表现得尤为明显，其他运动项目大多难和网球运动普及程度作比较。例如，在美国和澳大利亚等网球强国，人们对网球的热情越发高涨，并且在网球运动参与人数、网球俱乐部数量、网球运动场地面积等方面均具有很大的优势。对于亚洲地区来说，网球运动开展情况和欧美国家存在着很大差异，但该运动依旧是参与人数较多的项目。

2. 网球赛事活跃

就当前世界体坛中全部比赛项目来说，网球比赛最为活跃。尽管在 1920 年以后，网球运动被长时间隔绝在奥运会比赛外，但并未制约其发展进程。自 1968 年开始，在规定职业网球运动员与业余网球运动员能够同场参与比赛后，网球比赛数量不断增加，几乎每周都有锦标赛和挑战赛等大型国际网球赛。例如，1980 年由国际男子职业网协组织的沃尔沃大奖赛，分别在 30 多个国家的 80 多个城市分期举行了 90 多次比赛。在当前全球各地每年举行的国际网球赛中，男子比赛的举办次数和女子比赛的举办次数均十分频繁。

3. 重大网球赛事多

就国际网坛来说，影响范围最高、整体水平最高的国际网球赛主要有温布尔登锦标赛、美国网球公开赛、法国网球公开赛、澳大利亚网球公开赛、戴维斯杯赛、联合会杯赛。其中，温布尔登锦标赛、美国网球公开赛、法国网球公开赛、澳大利亚网球公开赛属于单项比赛，被称为“四大网球赛”，戴维斯杯赛与联合会杯赛则是最重大的国际团体锦标赛。上述六项比赛均获得了国际网联的认可，同时每年举办一次，“四大网球赛”是以个人名义参与，戴维斯杯赛和联合会杯赛则需要以国家为单位或地区为单位来参与。除了以上六项比赛外，九项网球“大师杯”系列赛和“大师杯”总决赛也获得了广泛关注。

4. 组织机构能力强大

随着时间的推移，国际职业网球协会的体系特征愈发明显，其包含了整年 75 场以上的国际职业比赛，同时出版发行一年 52 期、定购价 600 美元的《世界网球排名表》，旨在提高网球运动的世界知名度，使职业选手利益最大化。就《世界网球排名表》的本质进行分析，其是世界网球选手的“浮动金榜”，许多国际球星都极为重视自己在国际网坛中的具体排名。原因在于不仅能根据具体排名获得代表本国或本地区参与戴维斯杯团体锦标赛和联合会团体锦标赛的资格，同时这一浮动金榜也对球星在体育用品行业中的广告价值具有重要作用。因此，世界各国球星均积极投身于世界网坛中，尽全力在不同级别的国际比赛中赢得最佳成绩，向世界各国展示其运动水平和人格魅力。与此同时，无论具体排名如何，“浮动金榜”的第一名确实是经过不同国际比赛层层筛选得来的最优秀球星，这对促进网球运动整体发展具有重要作用。就当今世界体坛来说，网球日益活跃的赛事，大额奖金与收入，显然是结合了国际网球组织的发展形势和发展需要，同时还是和国际网球组织相互配合、相互协作的结果，另外也和有效发挥各自作用和效能存在直接关系。

5. 网球技术朝着综合技战术的进攻型打法发展

从存在网球运动比赛制度开始，网球技术处于持续变更状态,网球技术从防御变成进攻最为明显。与此同时,为使反手击球的力量与稳定性得以强化,双手反手击球的应用范围持续拓宽。为了增加对手回击难度,开始采用大角度切削发球技术。不同类型的打法更加重视速度与力量的重要性,进而使进攻威力得到强化。在进攻型网球技术不断发展的背景下,网球比赛越发激烈。就现阶段来说,比赛双方的攻守技术又上升到新高度。在发球方面,追求力量大、速度快、落点刁、旋转多变;正反手技术开始接近平衡,加力上旋抽击被广泛使用;网前进攻与底线破网技术更加重视质量,所有高水平选手均已可灵活运用几套攻守战术。

(二)中国网球运动的发展现状

就我国而言,网球运动发展历史约有一百多年。然而,新中国成立之前大多数人认为,网球运动属于贵族运动范畴,故而参与人数十分有限。网球运动的参与群体主要有学生、教师、外侨、社会上层人士。“文化大革命”期间,网球以及其他体育项目的发展处于停滞状态。1972 年,网球运动在我国得以重新展开。改革开放之后,伴随着我国经济发展水平和综合国力的大幅度上升,我国广大百姓的生活水平也得到了大幅度提升,网球在这种环境下发展迅猛。随着时间的推移,网球逐渐成为广大群众集休闲、娱乐、健身于一体的运动项目,参与网球运动的人来自不同层次。

相关资料统计显示,当前我国网球人口分布在我国各个地区,多达 100 多万,全国网球场地数量持续增加,这些均表明我国网球运动发展前景较好。但需要改善的是:尽管参与网球运动的人数逐年增加,然而真正欣赏网球运动的人极为有限。在每年的全国卫星赛上,入场观看赛事的人数却很有限,部分比赛观众比运动员还少。但上海大师杯赛的入场观看人数却很多,观众可能更加倾向于观看高水平网球比赛。观众数量少凸显的重要问题是,在我国顶尖级国际网球球员还比较有限,另外也表明我国相关部门对网球运动的推广工作还需进一步加强。

在影响网球运动发展的众多因素中,场地少以及场租费用高是重要制约要素。另外，我国许多工薪阶层对网球运动消费的承受能力还相对不足。20世纪90年代，我国走上了和国际接轨的探索之路，实施崭新的巡回赛制，同时设置了具体奖金与排名，然而该赛制经过短时间盛行后，由于欠缺赞助资金而逐渐冷清。由此可知，网球运动要想获得可持续发展，依靠群众基础、资金、市场化运作等方面的力量是十分必要的。

在现阶段，我国从事网球活动的青少年大约有几万人，其中注册为专业运动员的人数大约有几千人。然而，优秀网球运动员欠缺，在国际大型网球比赛中取得理想成绩的运动员较少，是制约我国网球运动发展的重要因素，就国际体坛来说，网球运动职业化程度极高，并且基本形成了一整套固定的职业化运行模式。近年来，我国开始引导部分网球运动员进入职业圈，然而在实际运作方面始终没能和国际充分接轨，所以我国网球运动员参与国际高水平网球比赛的机会还较为有限。要想使我国网球运动真正走向世界，则需积极运用有力手段使男子网球运动员涉足职业网球选手协会(ATP)巡回赛，女子网球运动员踏进女子网球协会(WTA)巡回赛，参与四大网球公开赛。

除此之外，我国网球运动发展还存在着体制薄弱问题，运动员工资大多固定，生活费和医疗费由国家承担，网球运动员在无压力状态下参与训练与比赛，优越感较强，同时在比赛中获得理想成绩还可获得大额度奖金。在这种情况下，运动员往往会处于放松状态，使激发运动员成绩拼搏精神和顽强意识的难度较大，有效提升比赛成绩的难度较大。

上述是制约我国网球运动发展外部因素，此外在我国网球运动发展中还存在着部分矛盾，即制约我国网球运动发展的内部因素，具体如下。

1. 网球训练理念与方法较为传统

当前，我国网球运动训练理念还处在传统与落后状态，这明显反映出我国应对网球运动员战术意识培养予以高度重视。相关调查表明，多数省体工队的训练只是单方面的底线对攻打法，持续对打次数多达十几拍乃至几十拍，仅用熟练技术与顽强意识来参与运动，只是消极等待对方失误，如此运动员则无法形成主动进攻意识。运动训练的科学性和有效性属于运动员比赛成绩提升的基础条件，当前我国网球运动发展过程中一项显著问题是训练与比赛脱节，未能立足于实战来组织具体训练，日常训练内容无法运用于赛场中，而能够在赛场中运用的内容未能得到日常训练的重视。与此同时，在战术组合方面不够细致，经常用不变应对万变，灵活变换战术行动的次数相对较少，没有从根本上掌握网球竞技制胜的规律。另外，由于缺乏适宜的训练方法，致使运动员在比赛过程中欠缺灵活性和调整能力。

纵观如今世界网球比赛，球速和力量获得了空前发展，一场比赛结束后，比分的70%是在双方运动员分别击二至三拍即可决出输赢。因此，网球运动训练重点应当是头三拍，发球训练与接发球训练极为重要，原因是整场比赛比分中，发球得分和接发球得分大约占一半。在日常训练中，教练员应当引导运动员有效掌握先进打法，推动运动员能够使用较大力量、较快速度来击球，主动参与到网前拼抢中，从而形成攻守转换意识以及技战术风格。

2. 运动员态度不端正

在国外，部分网球运动员为拥有参与世界性网球大赛的资格，通常会做出巨大努力，因为他们甘愿付出超出常人的努力，所以他们可以不断进步，最终获得优异的运动成绩。但分析我国网球运动员可知，我国主动参与艰苦训练的网球运动员很少，部分网球运动员出现了厌倦心理，盼望着早点退役，有时仅想依靠运动员身份来获取利益，在网球训练和网球比赛中投入的精力过少。很多网球运动员均是被动参与训练，而非主动参与训练。由于运动员在心态方面存在问题，所以即便有教练员监督，但依然无法获得理想的训练效果。可以说，我国很多网球运动员在参与训练的动机不够明确，缺乏足够的动力，勇于挑战自身的勇气比较欠缺，欠缺战胜一切的精神。WTA网球学院教练丹尼尔·柯曾指出限制在学院接受训练的几名中国球员的重要因素是缺乏主观精神，某些球员常常由于个人私事放弃训练，如此必然会制约我国网球运动员的运动水平。

3. 教练员执训水平较差

提升我国网球运动水平，和建设优秀的专业教师团队有不可分割的关系。前苏联国际网联主席贝蒂曾经直言，我国网球教练员水平较低是制约我国网球运动发展的一项关键因素。在现阶段，我国网球教练员往往是早期退役的运动员，其普遍特征是年龄较大、观念相对落后、更新速度迟缓、训练手段陈旧、创新意识和创新能力不足。

高水平网球教练员的一项显著标志是：能快速了解和掌握世界网坛最新技战术发展以及动态。与此同时，在网球技术不断发展、不断创新的背景下，网球教练员需要全方位了解和熟悉世界网坛发展动态、技战术变化等方面的知识与动态，从而及时更新网球运动训练方法。对比中澳网球教练员执训特点得出，澳籍教练员为有效调动运动员参与训练的主动性，会引导运动员参与趣味性强的对抗运动。在引导运动员参与技战术学练的过程中，在讲解网球运动原理和战术原理时会采用画图和演示两种方式，进而使运动员直观接受相关原理。同时，澳籍教练员也时常利用对比法来分析网球技术，十分重视训练智能化和竞赛智能化，并且澳籍教练员的陪练技巧掌握得较好。这几方面均为我国网球教练员欠缺的素质和能力。

由此可知，要想达到推动我国网球运动发展进程，提高网球比赛成绩，则需要对网球训练理念及时更新，选取适宜有效的训练方法，激发网球运动员的训练积极性和比赛积极性，推动教练员专业素质和执训水平的提升。与此同时，还需主动探索和我国实际国情相适应的网球发展之路，即不断拓宽网球运动在我国的普及范围，不断完善网球训练体制和竞赛管理体制，及时更新传统训练方法以及传统训练模式，向我国网球运动员提供更多参与国际网球赛事的机会，推动运动员和教练员的实践水平与科研水平，加强各级院校网球课程的开展，深化改革网球教育等。通过这些方面的积极探索，大力促进我国网球运动的发展。

现阶段，虽然我国网球运动发展进程受到许多外部因素以及内部矛盾的制约，但我国网球运动依然取得了比较明显的进步。因此，我们需要在正确认识网球运动发展缺陷的同时，持有积极乐观的心态，采用有效措施推动我国网球运动的健康稳步发展。

三、网球运动的发展趋势

（一）女子动作男性化

力量型运动员占据主导地位、女子动作更加男性化是近些年女子网坛的一个显著趋势。女子网球联合会排名靠前的运动员均为力量派的杰出代表，如美国选手大威廉姆斯。女子网坛力量派占主导地位，并非否认技术的突出作用，如美国网球运动员威廉姆斯姐妹和比利时网球运动员克里斯特尔斯等不仅在力量方面占据突出优势，同时其底线技术也尤为出色，在配合其灵活步法和充沛体能，使得她们成为长时间称霸世界网坛的霸主。

（二）网球人口的国际化

在现阶段，世界网球运动普及范围不断增加，推广程度不断增强，这是网球运动发展史上从未出现的现象。以前网球运动在发达国家相对普及，如今网球运动在不发达国家的普及范围也相对较大，这促使各个国家参与网球运动的人数不断增加，世界网球人口不断上涨。截止到现在，国际网球联合会的会员以及会员国家已有 200 多个。世界各国在积极普及和推广网球运动的同时，也在积极培养高水平网球运动员。由美国、英国、澳大利亚、法国等网球强国构成的称霸世界网坛的格局被打破，网坛争霸开始朝着多极化方向发展。

考量网球运动发展速度以及发展规模后得出,网球运动属于人类社会新经济秩序基因库的一个重要成员。众多网球爱好者在网球运动文化要素与愉悦大众精神的吸引下,主动参与到网球运动中。当前网球成为仅次于足球的世界第二大体育项目。积极接纳网球运动的国家和地区逐年增加,网球运动的参与人数逐年增加。网球运动已经趋于全球化,在今后网球人口还将持续增加。

(三)网球比赛商业化、职业化

1968年,国际网联取消不允许职业球员参与重大网球比赛的禁令,由此世界网球大赛的商业色彩愈发浓厚,现阶段四大比赛与各级大奖赛、巡回赛、大满贯和独资赞助的大赛奖金数额不断上涨。在大额奖金的刺激下,网球运动员向着职业化、专业化方向不断发展,网球比赛的商业化趋势和职业化趋势也日益显著。

(四)网球技术全面化、精细化

就网球技术全面化来说,其主要体现在两个方面:一方面,场地性能不同,则球速、弹跳规律、跑动步法、调整方式均存在着很大差异,所以网球运动员要具备较强的适应能力,并且积极推动自身技术朝着全面化方向发展;另一方面,要想更好地适应频繁赛事、激烈对抗以及攻防矛盾的转换,同样需要运动员朝着技术全面化的方向发展。

与此同时,技术精细化也是网球技术发展的一项显著趋势。就现阶段的网球运动来说,并非所有选手均在单方面追求发球速度,时速处于200公里/小时以上的发球极少,而时速在150~180公里/小时的发球直接得分极为普遍,这并非表明现代网球运动员发球技术有所弱化,相反说明现阶段网球运动员越来越重视发球技术是否精细,努力将发球旋转变化与角度有机结合起来。除此之外，在球体增大、击球回合增加的情况下，网球运动员通过大力击球来得分的难度不断增加，需要通过提早击球时间来使落点更加准确、球速处于最佳，从而占据先机。

（五）攻防技术与战术不断创新

从技术方面进行分析，双手反拍对反拍攻击力具有强化作用，同时正手攻击性上旋高球已经发展成反拍攻击性上旋高球，有效增强了运动员的防反能力。高难技术持续增加，如鱼跃截击球技术、反手高压、胯下击球、双打中的扑抢网技术、用快速起跳高压来应对攻击性上旋高球等。快速场地上对发球上网技术的应用，有效推动了接发球破网技战术的发展。除此之外，双打接发球方的抢网战术在男双、女双、混双中的运用，有效提高了网球运动的攻防技术和攻防战术。

（六）全能型打法逐步取代单一型打法

相关调查表明，现阶段很多网球运动员采用全能型打法，采用该打法能够推动网球运动员一发成功率超过 70%，发球得分率超过 60%。另外，采用该打法发出 200 千米左右时速的球后，发球方获得 ACE 球的概率更大。相关研究证实，当前网球运动员的得分手段相对较多，可以均衡分布在各个攻击点面。

对于网球比赛来说，网球运动员正手具有重要作用，正手发球和接发球均可给对方施加很大的压力，采用正手击球的同时配合使用整套技战术系统，如变化多样的反手、速度极快的步伐以及网前截击等。正手击球表现通常都可以在网球比赛中获得较好效果，采用正手击球法取得的得分大约占总得分的一半。换句话说，强大的正手可以让网球运动员紧握底线优势。但不可否认的是，网球技术纷繁复杂，并非只局限在正手上，其他击球技术同样可以获得较好效果。例如，反拍灵活性突出，打出的回球往往能超出对方想象，进而成功破坏对方击球节奏。在网球比赛中，擅长全能型打法的运动员还可以运用上网战术向对方施加压力，利用成功拦截球取得比分。在某些情况下，网球运动员会不固定地放网前小球，变化多样的打法促使对手无法提前做防范措施。这些均表明，在网球比赛中运动员使用全面主动打法，能够占据绝对优势，提升获胜概率。在现代网球运动中，有机结合全能型打法技术和力量的运动员不断增加，反映出了全能的技术，技术、力量、技巧并重的全能型打法已发展成为现代网球运动的显著趋势之一。许多网球运动员利用全能型打法，努力促使自己成为在力量和技术等方面均具备显著优势的全能人才。

（七）心理抗压能力在比赛中越来越重要

在激烈比赛中，尤其是处理关键球的时刻，网球运动员心理素质对比赛结果具有直接性影响，绝大部分教练员和运动员均已认识到心理素质的重要性，同时对心理素质训练予以了高度重视。在比赛关键时刻，倘若运动员具备较高的心理素质，则可以有效发挥自身技术水平，甚至可能出现超常发挥的现象，进而给对手施加巨大压力；反之，倘若网球运动员心理素质较差，则无法充分发挥已经具备的技术水平，最终造成连续失误，直至输掉比赛。分析当前的国际网坛可知，顶尖网球选手通常是技战术技能高超、体能素质与心理素质较高的运动员。

因此，培养网球运动员的过程中，不仅要强化体能训练与技战术训练，而且也要将心理素质训练放在重要位置，科学培养网球运动员心理素质具有重要意义。网球运动员只有将技战术、体力、心理协调好，才能在网球比赛中获得优异成绩，而协调好这几方面的能力需要在长期训练和培养后方可实现。在培养网球运动员技战术、体力、心理的过程中，心理素质培养相对复杂，心理素质与其他两方面的不同是其属于意识范畴，是无形的，看不到摸不着的。经过科学有效的训练，网球运动员的技战术水平和体能素质可以得到提升，但心理素质则需要在长期训练中养成良好习惯，进而才能在潜移默化中有效掌握与控制心理。

第二节　网球运动的特点与价值

一、网球运动的特点

（一）网球运动个性鲜明

1. 发球方法的独特性和多样性

网球规则规定参与运动的双方在一局中一人连续发球，直至此局结束，该局叫发球局。对于每次发球，都拥有两次机会，即失误一次后还有二发机会，促使发球威力猛增。因为个体间特征存在着很大差异，进而致使发球动作具有鲜明特色。

2. 空中击球的动作快速而有力

对于网球运动参与者来说，不管是网球运动员还是网球运动爱好者，均必须使用拍子击空中球、地面反弹球以及接对方击球。对于空中击球必须保证球速快速有力。因此，网球运动参与者在时间和空间方面的感觉是其他运动项目无法相比的。

3. 计分方式与众不同

网球运动每局比赛的计分方法是：15、30、40 以及平分的计分方法，同时每盘比赛采用 6 局形式，中世纪是以 15 分为单位的计分法的开始时间。

4. 比赛时间难以控制

不论网球比赛是正式的还是业余的，分出胜负均不是一件易事，均需要一定时间，网球运动的特殊计分方式和网球运动特殊的特征是决定性因素。男子五盘三胜、女子三盘两胜是正式的网球比赛规则。通常情况下,网球运动比赛时间是3～5小时,至今为止最长比赛时间甚至达到6个多小时。

5. 比赛强度较大

在正式网球比赛中,倘若遇到实力相当的选手,则需消耗很长的比赛时间,因而对运动员体能提出了更高的要求。在比赛过程中,某些情况下会因为运动员体能储备不足而发生运动伤病,进而对运动员比赛成绩产生消极影响。由此可知,网球运动比赛强度相对较大。

6. 对运动员心理要求较高

网球运动在规则方面有严格要求,除团体比赛交换场地时允许教练在场外指导,其余所有比赛,无论是单打比赛还是双打比赛教练均不可在旁指导,打手势等动作也不被允许,倘若犯规则需接受惩罚。个人独立作战要贯穿于网球比赛的全过程,所以独自调节心理变化尤为重要。如果运动员心理素质较低,则无法获得比赛胜利。因此,网球运动对运动员心理素质有极高要求。

7. 网球运动适宜人群较广

就网球运动来说,其不仅能让运动者消耗掉多余热量,还能让运动者在运动过程中找到乐趣,所以其得到了很多人的喜爱。除此之外,网球运动没有明确限制参与人群,不要求运动者必须具备完美体形,所以适合大多数运动者参与。网球运动适宜人群范围广,适宜不同性别、不同年龄、不同体形的运动者。

(二)网球运动赛事密集

分析世界体坛的所有体育比赛项目可知,网球比赛极为活跃。1920年,网球运动没有被列入奥运会比赛中,然而并未对网球运动发展产生消极作用,相反伴随时间的推移,网球比赛次数不断增加，1968 年以后网球比赛次数和网球比赛明目增加速度不断加快。就国际网坛来说，几乎每周都有世界锦标赛、大奖赛、挑战赛、巡回赛等大型网球赛事。

（三）网球运动赛事奖金丰厚

网球运动发展为世界热门项目，不仅是因为网球运动具有独特魅力，大多数国际网球大赛均设有巨额奖金也是重要原因之一，这是人们热爱网球运动不可忽视的一项因素。特别是从允许职业网球选手参与各项比赛以来，奖金数额不断上涨。部分分站赛事仅允许排名靠前的选手参与，同时名次较高的选手能获得高额奖金，这使得很多高水平运动员主动参与竞争，不断参与比赛来得到积分，进而让排名上升。除此之外，因为优异的运动成绩与自身形象能吸引企业进行投资，运动员可由此取得巨额广告签约费。由此可知，网球运动比赛奖金丰厚的特点，成功吸引了越来越多的人关注网球运动，甚至在全世界产生了巨大反响。

二、网球运动的价值

（一）有利于提高身体素质

网球运动属于有氧有主、无氧为辅的运动项目。单打和双打是网球运动的两种形式，因此自己可以决定运动量大小，想要运动强度大则可以选择单打，想要运动强度小则可以选择双打。长期参与网球运动，能够有效锻炼运动者的身体素质，具体表现在以下几点。第一，可以使运动者的心血管系统能力得到有效提升；第二，可以使运动者的灵敏素质、反应素质、速度素质、力量素质等得到有效提升，促使运动者的肌肉更加发达、结实、健壮，骨骼更加粗壮坚固；第三，可以使运动者的关节更加灵活稳固，促使运动者掌握更多的动作，使其不同种类的肌肉、关节发展得更加协调；第四，可以更好地发展运动者的运动器官，缩短人体反应时间，促使其四肢更加灵活与柔韧，促使人体更加健美；第五，可以对运动者降低血脂产生积极作用，有效避免运动者出现高血压；第六，由于网球运动技术特性要求运动者必须动手、动脚、动脑，同时运动过程中球在空中飞行速度很快，所以运动者要认真观察来球方向、来球速度、来球落点等方面，进而在最短时间内做出判断，同时及时采取相应对策，快速移动步伐，在对击球位置和拍面角度进行调整的基础上进行挥拍击球。以上这些复杂变化，要求运动者在网球运动过程中思想集中、反应快、神经系统处在兴奋状态。由此可知，长期参与网球运动，不仅对运动者提升中枢神经系统反应能力有积极作用，也能有效强化运动者的协调性与灵敏性，提升运动者的反应速度。

（二）有利于提高心理素质

长期参与网球运动的训练与比赛，能够有效锻炼运动者的心理调节能力以及处理反面情绪的能力，不但能为获得比赛胜利奠定良好基础，同时还能培养运动者的心理素质，增强运动者的人格魅力。例如，在网球比赛过程中，当出现连续失误时，应当思考怎样让自己冷静下来，再次鼓起勇气与信心，激发出永不言弃的运动精神；当比分落后时应思考怎样沉着应战且不气馁；当比分领先时应思考如何一鼓作气获得比赛胜利；当比分处于胶着状态时，必须保持进攻不手软的自信心。以上这些意志品质的形成，都能在网球运动比赛和网球运动训练中逐渐培养出来。

（三）有利于增强人际关系

由于网球运动本身具有显著的独特性，所以致使其具备健身性与娱乐性。运动者因为热爱网球而相识、相知，网球场能够增加人与人之间的交流与合作，网球运动将人与人之间联系得更加紧密。网球运动没有限制运动者的年龄、性别等因素，运动者通过网球运动能够认识更多的网球爱好者。所以说，网球运动对增强人际关系具有积极影响。

(四)有利于培养优秀品质

就众多体育运动来说,网球运动属于一项技术性极强的体育运动项目。对于刚刚学习网球运动的运动者来说,要想在很大的网球场内控制住球难度相对较大,许多运动者刚开始参与网球运动,往往会出现无法碰到球或将球打飞的现象。然而,网球具备特殊魅力,其本质特性促使网球运动充满美与乐的享受,因而致使很多人会将网球运动作为健身运动项目。

网球运动作为学校体育教育的重要组成部分,其不但可以锻炼学生的身体素质,而且可以锻炼学生的意志品质。但在网球运动过程中,运动者要想充分掌握该项运动,则需全身心投入学习网球基本技术,主动向教练和球友学习,增加训练时间。

(五)有利于人们塑身减肥

在社会经济快速发展和广大群众空闲时间不断增加的背景下,网球爱好者的人数持续增加,有许多中青年女性为减肥以及塑造体形,开始参与到网球运动中。在网球运动过程中,要求运动者在网球场上或快或慢地持续跑动,所以网球运动属于以有氧代谢供能为主的耐力性运动项目,脂肪是网球运动消耗的主要能源物质,这与慢跑比较相似。相关统计表明,通常情况下业余水平的网球爱好者在进行两小时网球运动后不会感觉太累。日本相关统计表明,普通女性脂肪量在25%～30%,女性网球运动员脂肪量约为15%。立足于该角度进行分析,网球运动就是跑步,但比跑步更具趣味性。

需要说明的是,网球运动者应当将运动量控制在适宜范围,并且坚持不懈,只有这样才能达到塑造体型的目的。网球运动对运动者的要求是:首先,当运动者在网球场上活动时,要科学控制运动强度与运动量;其次,运动者要保持恰当的上场练习时间;再次,运动者要确定每周固定练习次数,同时做到坚持不懈;最后,通常情况下坚持练习1～2个月,运动者体重会出现显著减轻,但在此之后减肥速度会相对缓慢，这时必须坚持练习，并且切莫加大运动量。

第三节　网球运动礼仪

对于网球运动礼仪，本节主要从服装要求、练球礼仪、比赛礼仪、观赛礼仪四个方面进行阐述。

一、服装要求

（1）网球穿戴标准：男球手穿带领子的半袖运动 T 恤衫与网球短裤；女球手穿中袖或无袖上衣及短裙或连衣短裙。网球服饰通常以白色为主。需要注意的是，男球手不可以赤膊上阵。

（2）通常进入球场要穿专用网球鞋，不可以穿硬底鞋或者带钉鞋进入球场，赤脚或者赤脚穿鞋入场打球通常会有失雅观。

二、练球礼仪

就初学者来说，要想更好地融入网球运动中，在训练过程中应当注意以下几方面的内容。

（1）发球时最好举起球示意一下，进而让对方做好接球准备。不可以看都不看就把球发出去，如此对方可能会因没准备充分而接不到球，这属于不尊重对手的表现。

（2）不要急于捡滚到隔壁球场的球。对于刚刚参与网球运动的人来说，会出现球满场飞的现象，当球滚入邻场而邻场球员正在练球时，应当等邻场“死球”时再去捡球。当别人帮忙捡球时，应说“谢谢”。

（3）切莫从球网上面跨过，这并非展示跳高水平的时间，同时也不要触压球网。

（4）在练球过程中，如果对方回球接近底线，应主动告知对方他打过来的球是界内、界外，还是压线。

（5）在练球过程中，当本方击球出界或者还击下网时，虽然并非有意，但是依然需要向对方说声“对不起”。

三、比赛礼仪

（1）在网球比赛前，时刻关注公告栏中所有和比赛相关的各项通知，同时要求自己严格遵守。

（2）对于所有参与比赛的运动员来说，都必须遵守比赛时间、紧跟前场原则，如果开赛后 15 分钟未到则视为弃权。

（3）所有参赛运动员的着装都应和比赛要求相符合。除特殊情况以及练习时间外，运动员都不得穿长裤比赛。男子双打比赛时，配对双方服装底色应保持一致。

（4）在比赛期间，没有征得主裁判同意，不可以擅自立场或中途退场。

（5）在比赛过程中，应严格遵守时间准则和行为准则。

（6）对裁判判定可提出申诉，但最终必须服从裁判。

（7）所有运动员在报名完成后，不可以无故弃权。

（8）任何运动员报名后，不得无故弃权。如果确实是因为伤病无法比赛，则必须经过大会指定医生确定、认可，同时开具证明。因为其他不是本人能力所能及的事故而必须弃权时，也需要相关证明材料。

四、观赛礼仪

尊重网球场上的所有人和物，不仅是球员最基本的行为准则，同时也是观众应当做到的。做一名网球迷并非难事，但成为合格的网球观众并非易事，达到这一要求不但要全方位了解各项网球规则，而且要了解看台上约定俗成的惯例。

背包入场一定要经过安检，行李不可以带入场内，只可以将带软包装的饮料进入场地。收音机不得带入场内。不可以带婴儿进入场地，原因在于难以控制婴儿的声音。在观赛过程中，应将手机关闭或者调成振动、静音状态。赛场内严禁吸烟。

在比赛开始时，必须绝对安静，切莫制造干扰运动员的声音，不要大声说话，同时在拍摄时不可以使用闪光灯。鼓掌加油时必须确保在1分比赛结束后，才可以加油叫好。当双方球员打出精彩回球时，观众随之发出惊讶声和赞叹声，并不会影响球员比赛，但在1分比赛尚未结束时不要鼓掌。当捡到球员打飞的球时，必须在1分比赛结束后扔入场地内，一定不要在比赛进行时把球扔进场内，这样会对运动员比赛形成干扰。

在比赛过程中，不可以吃东西或者聊天、喧哗，绝对禁止观众走动，在球员交换场地休息时才可以起身活动。迟到的观众在球员交换场地休息时才可以起身活动，即在3、5、7等单数局或一盘结束后，观众方可在引导员的指引下尽快入座。倘若在比赛开始的时间依旧没能找到对应位置，则应就地坐下，等到下一位球员换边时再找。另外，要等到场地成死球后才可以从该场地后面通过，这样不仅是出于礼貌，而且也是为队员与过路者安全考虑。因为网球运动项目属于商业化运作相对成熟的项目，所以看台上严禁出现巨大的旗帜、横幅、发声玩具、高音喇叭等。

第二章 校园网球运动文化解读

在网球运动的产生与发展过程中,也逐渐形成了一定的网球运动文化,同时在网球运动文化的传播和影响下,进一步促进了网球运动的发展。而作为网球运动文化的一种表现形式,校园网球运动文化也随着网球运动在学校中的开展得以形成,并在学校范围内促进了网球运动和相关活动的开展。本章就校园网球运动的发展现状、大学生网球文化观念与素养的培养、校园网球运动文化体系的构成以及校园网球运动文化的传承与发展进行研究。

第一节 高校网球运动发展现状

一、高校网球运动硬件设施现状及使用情况

(一)高校网球运动场地设施状况

1. 场地数量及投资情况

在高校网球运动开展中,网球运动场地、运动器材、网球辅助墙等都是其中所必备的硬件设施。完备的网球运动器材和场地设施是保障高校网球运动得以顺利开展的必要条件。高校网球运动场地的数量和质量,网球运动器材的情况都会对高校网球运动教学情况及组织形式产生直接的影响。所以说,场地与器材会对高校网球运动的开展产生影响。

现阶段,随着我国各高校招生力度的不断加大,招生数量越

来越多，为了更好地应对教学需求，高校在基础设施方面不断进行扩建，如宿舍楼、教学楼等。这就造成了高校可用空间正在不断减少，而修建相应的网球运动场地需要占用一定的面积，并且也需要较大的资金投入，这些都对网球运动场地的建设带来了诸多困难和障碍。在我国高校网球运动开展中，普遍存在着场地少、投入少、建设进程缓慢等诸多问题，这些问题都对高校网球运动的开展带来了非常严重的阻碍。

由于缺乏足够的网球运动场地，这就使得高校网球运动教学的场地需求无法得到满足。经过调查可知，总体来说，我国高校的网球场地较为缺乏，没有得到充分的建设，高校大学生网球学习的基本需要难以得到满足。只有在规范、标准的场地上开展网球运动，才能将网球运动所具有的魅力真正地展现出来，而网球运动场地的缺乏严重制约了我国高校网球运动的开展。由于缺少足够的网球运动场地，很多高校的网球运动教学课程很难得以顺利开展，或者在网球课程安排方面比较少。由于缺乏场地，学生也很少愿意去选择网球运动课程，这就造成了学生失去了学习网球的机会，也很难提高网球运动技术水平，这就会对网球运动的发展形成制约。

通过调查我国高校网球教师对网球运动投资满意度得知，对高校网球运动投资现状非常满意的高校教师只有小部分的比例，大多数教师是不满意的。就高校教师的满意度来说，高校在网球课程方面的投资力度比较小，很难保障高校网球教学的基本场地条件，也很难充分调动起教师与学生参与网球运动的积极性和热情。

就高校领导对网球运动的重视程度来说，很多高校的领导对网球运动的重视程度一般，也有很多领导并不重视网球运动教学。由此可见，高校的领导层和管理层并没有对网球运动的开展给予高度的重视和关注。高校网球运动的开展需要领导的大力支持与高度推动才能有效地开展起来，如果离开领导的重视与支持，网球运动的开展就会被搁置一旁，难以取得积极的开展与有效的发展，这就要求高校领导要充分认识网球运动开展的必要性，要深入了解学校师生对网球运动教学的具体需求，这样才能为高校网球运动的发展提供支持。

2. 场地材料状况

网球运动的开展需要相对广阔的场地，这就要求所使用的场地材料要达到一定的标准，一般的泥土地并不适合开展网球运动，对场地器材的较高要求对网球运动在高校中的开展也造成了一定的影响。建材方面是建筑网球场需要重点花费的一个部分。在网球运动场地类型方面，常见的网球场地主要有塑胶、水泥、人造草、草地等。场地类型的不同，所花费的价钱也是不相同的，通常情况下要投资很多的钱，通过调查我国高校的网球场地可知，大多数高校是采用塑胶材料作为网球场材料，采用沥青和水泥材料作为网球场场地材料的高校占比例很少。

在我国高校网球场地中，常见网球场地的主要材料是塑胶与人造草，但相比之下，硬地网球场更有利于开展网球运动。但由于我国高校在网球场地建设方面比较落后，在发展高水平网球运动方面，以塑胶或人造草作为主要材料的网球场地是非常不利的，所以场地质量严重制约了我国高校网球运动的开展。正是在这一方面问题下，学校领导要增加投资力度，在场地材料方面要选用有利于促进网球运动发展的材料，要根据网球运动开展的不同需要来有针对性地对各个层次的场地进行建设，从而满足不同学生网球运动场地的需求。教育部办公厅印发的《普通高等学校本科教学工作水平评估方案(试行)》中有关于高校体育场馆设施配备的相关规定，见表 2-1。

表 2-1　普通高等学校体育场馆设施配备

在校学生数	网球场地要求
两万人以上规模的学校	80％为塑胶
一万到两万人规模的学校	全部进行硬化，50％为塑胶
少于或等于一万人规模的学校	全部进行硬化和绿化，至少一片为塑胶地面

从表2-1可知，无论在网球场地数量，还是在网球场地质量方面，现实状况都很难满足我国当前高校网球运动开展的需要。高校网球运动场地的材料，绿化和硬化情况都不能满足其相关规定。因此，这一问题必须要引起我国高校领导的重视，进一步加强建设合格的网球运动场地，以更好地推动高校网球运动课程的顺利开展。

（二）高校网球运动场地使用情况

1. 网球场地在教学中的使用

由于网球运动场地的建设成本较高，对场地材料的要求也比较高，这就使得学校在网球场地建成之后，需要安排专门的人员来进行管理和养护，并且养护费用也比较高，这就造成了除了正常的网球课使用之后，其他时间段网球场地大都处于闲置状态，以避免出现各种损坏。一些高校要专门对外开放，并收取一定的费用，这部分费用专门用来对网球运动场地养护，从而形成了以场地养场地的良性循环。

经过调查我国高校网球运动场地利用的情况可知，我国高校网球运动场地主要用于网球教学与网球训练，有时也会用于举办网球竞赛、教师活动以及对外盈利。分析这一调查结果可知，从网球运动整体运动现状来看，我国高校对网球运动场地的运用是比较令人满意的。大多数时间都是用在了网球运动教学与学生的网球运动训练方面，教师活动与举办比赛也对网球运动场地加以合理利用，通过面向外界开放，能够获得相应的利润，通过增加收入能够更好地维护网球运动场地。由此可见，高校网球运动场地得到了更为高效的利用。

2. 网球场地的经营开放状况

高校开展网球运动的状况会直接受到高校网球场地的经营情况的影响，如果可以良好地经营网球场地，就能够使学生的学习需要以及教师与学生的网球活动需要得到充分的满足，能够很好地培养学生参与网球运动的积极性和热情，并通过一定的途径来增加一部分收入，从而更好地对网球运动场地进行维护和保养。这样既能够对网球运动场地加以充分利用，同时还能够最大限度地促进网球运动的开展。但如果高校缺乏对网球运动场地进行较好的经营，就无法对网球运动场地加以充分利用，这必然会造成网球运动场地资源的浪费。由于自然条件的影响使得网球场地遭到破坏，又缺乏足够的资金来对其进行维护和保养，这必然会大大降低网球运动场地的使用寿命，这就造成了前期在修建网球运动场地时的开支白白浪费。

根据我国高校在网球场地经营状况可知，我国高校在经营网球场地方面的现状并不乐观，很多高校经营状况一般，能够较好经营的学校所占比例很少。而没有经营或者经营不好的高校占据了相当的比例。根据目前现状，高校需要进一步提高网球运动场地的经营效率，积极地改善目前的经营现状，不断寻求正确的经营模式，从而促进场地养场地良性循环的快速形成。

在网球场地使用方面，网球运动教学和运动训练所占据的时间最长，除此以外，课余时间学生参与网球活动也会使用网球场地。根据调查，也有很多高校开始将网球运动场地免费向学生开放，以使学生能够在课余时间参与网球训练。有一些高校在面向学生开放网球场地方面采用分时间段的方式。此外，一些高校采用收费的方式，高校大学生在课余时间使用网球场地每小时需要支付 5～20 元，甚至一些高校收费达到每小时 50 元以上。从总体上来看，高校在课余时间面向学生开放网球场地的现状是比较好的，在课余时间学生能够顺利进入到网球场地进行网球技术技能的学练，促进学生网球运动技能的提高，并对学生进行网球素养的训练，满足学生学习网球的需要。但由于一些高校在收费方面相对较高，远远超出了学生的承受能力，这必将导致一些经济困难，并且喜欢网球运动的学生失去学习网球的机会，这就大大降低了大学生学习网球的积极性。这就需要高校相关人员给予充分的关注和重视，并制定出有针对性的、合理的收费方案。

（三）高校网球运动辅助墙建设情况

网球运动辅助墙是高校开展网球运动所必不可少的设施，它既降低了高校网球场地的使用率，进而降低了损失率，同时还能够有效地提高学生的网球运动学习能力，一面网球辅助墙能够对学生的网球球感及控球能力进行良好的培养，进一步提高学生学习网球运动技术的速度。

网球辅助墙就相当于一个网球教师，只是不会发声而已，学生对着网球辅助墙发球，辅助墙就会将其发过来的球一一击回，并能够对学生击球的速度、力度进行良好的训练，使学生提高自身判断来球的能力。学生只有对每个球的落点进行准确的判断，才能将每个球弹回的速度、力度以及角度掌握好，才能找准机会将来球回击，这样才会有网球的多回合抽击，才会促进学生控球能力的不断提高，最终促进学生网球运动技能水平的增强。网球辅助墙既可以减少学生往返捡球的困扰，同时在网球场地并不充足的情况下能够保证网球运动得以顺利开展，这一辅助性设施得到了高校师生的喜爱，并得以充分的利用。但对于网球辅助墙的重要性，一些高校并没有形成足够的意识，也没有对这一重要设施进行修建，这就使得高校网球运动的开展受到了一定程度的制约。

综上可知，我国大多数高校对网球辅助墙进行了修建，但也有一部分高校没有重视到修建网球辅助墙的重要性。一些高校以网球辅助墙不美观，与运动场地不协调，影响整体视觉，并且以容易造成土地资源浪费为由，而未修建。虽然一些高校修建了相应的网球辅助墙，但并没有满足学生对网球辅助墙的需要，并且在利用率方面非常低，这在很大程度上制约了高校网球运动的开展。

二、高校网球课程设置情况

（一）网球课程开设情况

高校开展网球运动首要的工作就是要开设网球运动课程，倘若没有开设网球课程，学生就没有机会对网球运动进行熟悉与了解，无法对网球技术进行学习，更无法主动去购买一些与网球相关的学习资料，尽管学生能够通过浏览网页，观看视频来对网球运动的知识进行了解，但是这样学习到的知识是有限的，也是不系统的。有些高校为了与高校教育改革相适应，为了使学生的网球学习需要得到满足而开设了网球课程，但是因为受到一些因素的限制而迟迟没有正式开课。

通过调查我国高校网球课程设置的情况可知，虽然我国高校开设网球课程的情况大体上较为普遍，但是仍旧不容乐观，因为还有一部分高校完全没有开设网球课程。

下面重点从网球课程愿望与网球课程喜欢与了解程度来分析我国高校中开展网球课程的现状。

1. 教师与学生是否希望学校开设网球课的愿望调查

通过调查我国高校中教师与学生对学校开设网球课的愿望可知，几乎所有的学生和大部分教师是愿意学校对网球运动进行开设的，因为在他们看来，作为一个新兴的体育运动项目，网球运动具有很多功能，如娱乐、健身、教育以及交流等，这些功能对于学生的发展是极为有利的。只有很少一些学生和一部分教师不希望学校开展网球课程，因为在他们看来，网球运动属于“贵族”运动中的一种，只有经济条件好的人才能有“资本”参与，因为大多数学生没有经济收入，所以无法对于昂贵的网球学习费用是支付不起的，而且网球场地建设投资大，会给学校带来经济负担，有些教师甚至认为，网球运动作为一项有钱人才能玩的运动，其具有一些负面作用，会影响学生的价值观，有可能学生参加这项运动之后就会产生一些不正的思想，如贪慕虚荣、拜金主义等，因此不希望开设。

2. 学生对网球运动的喜欢与了解情况

通过调查我国高校中学生对网球运动的喜欢与了解情况可知，大多数学生喜欢网球运动，只有很少的学生是不喜欢网球运动的。但是很了解网球运动的学生却很少，大部分学生只是表示略微了解一些。分析调查结果可知，学生对网球运动还是普遍欢迎的，网球运动在高校的学生基础较好，学生对新事物进行接受与宣传的能力很强，并且很容易受到新事物的感染，然而学生虽然喜欢网球运动，但是对网球运动的了解却很少，主要是因为学校对网球运动的宣传不足，所以普及程度较低，学生对网球运动的了解只是一些十分基础的知识。因此学校要了解学生对网球运动的认识程度，对学生的网球学习需要进行准确把握，并以此为依据对网球运动进行开展，做好开展网球运动过程中每个环节的工作。

（二）网球课程建设情况

虽然网球运动在我国高校中得到了很好的开展，并获得了一定的效果，但同足球、篮球等运动项目在高校的开展和普及程度相比，仍存在一定的差距。虽然高校开设了相应的网球运动教学课程，但却缺少相应的专业网球运动教材，并且在高校图书馆中也缺乏相应的网球类书籍。

根据有关我国高校网球运动教材的使用情况调查可知，大多数高校的网球课程教师都是自编教材，很少一部分高校使用统编教材，也有一些高校在网球教学方面并没有相应的教材。由于缺少相应的网球书籍，这就造成了在学生掌握网球运动技术的进步和高校对网球运动的宣传方面都远远落后于网球运动自身的发展，书籍的缺乏使得学生没有办法通过翻阅专业书籍获得网球类知识，学生要想了解网球运动的相关知识必须要通过其他途径，这就使得学生所掌握的网球运动基本知识比较片面，在网球运动技术方面也无法较为系统地掌握。

根据有关我国高校大学生获取网球知识的途径调查分析可知，我国高校大学生主要通过电视媒体来获得相应的网球知识。其次是网络和书刊杂志。学生是以学校课本知识为主的，如果通过电视媒体学习网球运动就会有一定的难度，高校对网球运动的知识进行传播的途径比较单一，而且传播的形式也是不具备客观实际性的。因此，高校要通过对网球运动相关杂志和书籍的订阅，来使学生学习和了解网球运动知识，通过开辟出新的渠道来促进网球运动知识在高校中的传播，以促使学生更为全面地学习和吸收网球运动知识。

三、高校网球运动师资队伍建设情况

（一）高校网球教师性别比例现状

网球运动是高校中的一个新型的体育运动项目，开展的时间相对较短。是否具备充足的网球运动师资力量会直接影响网球运动在高校中的开展和发展，甚至从某种程度上来说，这种影响是决定性的。根据有关我国高校网球教学师资的调查发现，在性别方面，高校网球教师存在着严重失调现象，大多数网球教师都是男教师，仅仅只有一小部分是女网球教师。

（二）高校网球教师配备现状

通过对我国高校网球教师的配置现状可知，在网球教师方面，大多数高校都只配备了3～4位，一些高校配备了4～5位网球老师，而网球教师在5位以上的高校却很少。这也说明了我国高校网球教师在数量方面存在不足的现象。

(三)高校网球教师的职称、学历、教学年限现状调查

根据我国网球教师职称调查情况分析可知,我国大多数高校的网球教师职称大都是初级和中级,只有很少一部分网球教师职称为高级。

根据我国高校网球教师学历情况调查发现,大部分的网球教师为研究生学历,也有一部分教师为本科学历。

根据我国高校网球教师教学年龄调查发现,有 3 年以上教学经验的网球教师仅占很少一部分,大多数的网球教师的教学年限为 3 年以下。

(四)高校网球教师获取网球技术的途径调查

从我国高校网球教师获得网球技术的渠道可知,大多数网球教师是通过接受系统的网球技术学习与训练获得的,也有一部分是通过培训来获得网球技术的,还有一部分网球教师是通过自学获得的网球技术。技术获得途径的不同也对教学的质量产生了决定性的影响。通常情况下,网球教师通过接受系统的网球技术学习和训练,能够使学生的网球技术学习过程不断系统化,这类教师能够很好地把握网球运动教学的规律和节奏。而通过参与培训和自学获得网球技术的教师难以适应网球运动教学的发展,在网球教学过程中会遇到很多种问题,甚至会走很多不必要的弯路。

(五)高校网球教师是否有继续深造的想法、是否有科研成果的调查

根据相关调查发现,很多高校网球教师表示愿意接受继续深造,也有一些网球教师并没有进行继续深造的想法。

根据有关高校网球教师科研方面的调查发现,只有很少一部分网球教师具有一定的科研成果,大多数网球教师并没有科研成果。

根据调查发现，一些高校网球教师缺乏相应的系统的知识结构，并缺乏继续奋斗，积极进取的精神以及充实自我、不断创新的思想，只有在不断创新和开拓中，网球运动才能得到更好的发展，也才能真正地提高网球运动教学的效果。作为高校网球运动开展的领军人物，网球教师如果缺少了开拓创新的思想和奋斗目标，很难进一步促进高校网球运动的发展。

就我国高校网球教师整体现状来说，整体水平偏低，科研水平有待提高，欠缺足够的教学经验，学历较低，这些对高校网球运动的开展造成了阻碍，也制约了网球教学创新和教学方法改进。

教师在网球教学中是主导者，对学生施加影响的因素主要包括其自身的知识、人格和能力等。网球教师只有具备合理的网球运动知识结构，提高网球运动教学和训练的能力，才能够在网球运动教学和训练中使自己的主导作用发挥出来，也才能使网球运动教学与训练的质量得到不断提高。就高校网球师资队伍整体建设来说，高校并没有配备足够的网球教师，这使得学生的网球运动学习需要无法得到很好的满足，每一位网球教师都有自身要处理的工作，这就使得他们很难在课余时间为学生的网球活动提供指导。

第二节　大学生网球文化观念与素养培养

一、影响大学生网球运动文化观念与素养的因素

（一）忽视了对与体育锻炼、体育人文学相关的人体科学知识的传授

在高校网球运动教学中，学校未能将网球运动的知识教育作为教学的重要内容，不仅在教学时数和教学内容比重方面都比较

低，而且在教学内容方面过于注重目的、原则、任务等，缺乏针对性、实效性、长远性，所能起到的实用价值也非常有限，尚未形成有助于大学生适应现代社会发展所需的网球运动理论知识体系。对于网球运动实践，大学生往往都是知其然不知其所以然，不了解所学习的网球运动技能会对自己带来哪些影响，更不清楚自己是否需要相关练习，这就使得学生在课后进行自觉锻炼变得非常困难。

（二）高校体育与社会体育断层，缺乏连续性和统一性

在现代高校网球运动实践中，过于注重大学生的现实锻炼，知识将目光放在了对网球运动教学短期效益的追求方面，知识片面地将促进大学生体质增强的教育目标归结与增强学生在校期间的体质。但缺乏对学生从事网球运动的爱好、兴趣、意识、习惯以及独立进行网球运动锻炼能力的培养。

（三）在设置网球教学内容方面缺乏科学性

在现阶段的高校体育课程中，健身性和实效性球类运动技术教学的教材体系仍占主导地位。教材主要是对网球运动技艺的传习进行强调的教学，在选择教材方面，主要侧重于网球运动技术层面，重视网球运动的外在表现形式，大多数的网球活动都缺乏使学生终身受益的内容，对学生成年之后的运动很难进行满足，这就造成在大学生毕业之后，参与网球运动锻炼的习惯也随之消失。

（四）考核内容和形式都比较单一

在高校球类运动项目教学中，通过考试所检测的内容大都与学生先天性因素发挥主要作用的内容有关，没有充分重视学生的个体化差异，这就大大限制了一些学生参与球类运动项目的积极性。需要注意的是，学生参与球类运动教育并不是刻意追求更高、更快、更强，而是通过网球运动来不断提高自身的健康水平，

增强体质。在开展网球运动教学过程以及对网球运动教学效果进行评价时，教师如果仅仅采用“时间、远度、高度”等统一指标，就会造成很多学生很难达到考试的要求。

由于在教学内容、课程体系等方面，高校没有进行相应的创新，这就造成大学生不得不面对早已熟悉且不愿接受但必须接受的大学体育教育。

二、大学生网球运动文化素养的培养途径

网球运动文化素养是指高校大学生各方面网球运动精神要素和品质的总和，它主要包括六个方面的内容，其水平主要表现在物质、精神和社会三个层面。网球运动文化素养的形成是一个非常复杂的过程，因此培养大学生网球运动文化素养是一个非常艰巨的工程，这主要从以下几个方面来进行考虑。

（一）转变观念

对于学校网球运动教学来说，其以对学生网球运动文化素养进行培养的目标与以往以增强学生体质的目标相比，虽然存在着一定的联系，但两者之间还是有一定的区别的。以增强学生体质作为直接目标的网球运动教学，由于忽视了学生体质增强的长远效应和球类运动的终身性，这必将会造成学生在走上工作岗位之后，甚至没有参与网球运动考试就逐渐远离了网球运动的结果，并且常常会出现“欲速则不达”“事与愿违”。由于对大学生心理、教育、社会等因素的忽视，造成学生很难提高当前的体质。而以培养大学生网球运动文化素养作为目标的网球运动教学是将增强学生的体质作为一个长远的目标，着眼于现实，培养学生的网球运动习惯、能力、意识等，并对学生的生理、心理、社会等各方面因素予以充分考虑，这就使得其必将能够获得理想的效果。

正因为二者目标有别，所以，要在高校网球运动教学中进行这方面的培养，首先需要转变观念。要从当前，特别是从社会与

心理的角度出发，来选择适合大学生的网球运动教学内容，使其树立多维体育观，将单纯的生物体育观摒弃掉。在现代教育中，要将人的意志、情感、身体、品德、思想、行为等看作一个统一的整体，是能够通过对其全部能力进行调动、拓展、发挥的活动机制，对人进行全面培养，实现人最高的生活价值，并促进人的能力得到全面发展。这就要求高校网球运动教学要从“育体”向着“育人”的方向转变，从单纯追求学生的外在的技术水平和身体素质转变到追求学生的身体全面协调发展上，即打破以往的以球类运动技术传授为主线的教学体系，建立起以合理的运动实践为手段，全面完成增强体质、传授球类运动文化、培养学生的终身从事球类运动的意识、能力及坚持球类运动的意志品质的统一协调发展的教学新体系，为大学生终身从事球类运动打下良好的基础。高校通过转变网球运动教学思想，能够使网球运动教学的内涵得以拓宽，从而从生命性、社会性和未来性三个方面来表现网球运动教学的最终价值。

生命性是指在球类运动教学中应重视学生个体生命多方面的发展价值，球类运动教学本身就是一个提高生命价值的事业。目前，随着“健康第一”思想的不断流行，各个高校在网球运动教学方面应承担其为生命的健康发展服务的神圣使命。

社会性是指球类运动教学必须把人格塑造和促进社会化纳入其价值体系之内。总之，针对新世纪的高校网球运动，通过采用一种新的观念体系来进行认识和开展，从而对传统的网球运动教学观念予以彻底改变。

未来性是指通过网球运动教学要将终身体育思想体现出来，应放眼于长远目标，以使大学生能够在网球运动中终身受益。

（二）改革课堂体育教学

在球类运动的课程设置形式方面，目前主要存在有两种形式：一种是基础课；另一种是选修课。所谓基础课，就是以全面发展身体为主，所采取的一种球类运动教学组织形式。所谓选修课就是在完成全面身体锻炼的基础上根据学生本人的兴趣、爱好和特长在开设项目范围内，在教师正确导向下选择自己所喜欢的球类运动项目，使学生掌握该项目科学锻炼的基本知识和技术、技能，培养锻炼的兴趣和习惯以及体质和健康的自我评价能力。基础课扼制了大部分学生学习的积极性，使大学球类运动课雷同中小学体育课而缺少新鲜感。但实践告诉我们，人们往往并不是因为要掌握某一运动技术，而专门先去发展相应的身体素质，而是在学习、掌握某一运动技术的同时，发展和提高了身体素质。现代教育归根结底是个性教育，也就是创造性的教育。

（三）改革课外球类活动

改革课外球类活动首先必须明确，课外球类活动是球类运动课的延续和有效补充。课外球类活动必须有明确目的地给以辅导。不能仅局限于发放器材，或监督活动时间。既要让学生对课堂上的理论、技术得到充分实践，又要使学生获得必要的运动快感，还要与学生良好运动习惯养成联系起来。总之，要从学生心理、生理、社会、教育等多个角度出发来考虑。还应明确的是，课外球类活动是高校球类运动课的重要组成部分，同样是教育的过程，是球类运动文化的传递过程，因而，必须考虑其教育性。

其次，课外球类活动的形式可以多种多样。它可以是俱乐部的形式；也可以是学生的体育组织，如各类体育协会和社团组织等；还可以是体育知识专题讲座等。因为球类运动本身就是异彩纷呈，所以活动形式也应当是缤纷多姿。需要注意的是，高校的球类活动应尽量与学生将来的工作与生活联系起来。

（四）加强校园体育文化环境建设

网球运动文化素养的形成与提高受到各个方面因素的影响；它既需要网球运动知识和能力的不断增长与提高，更关键的在于长期的日积月累中进行价值观念和思想意识的转变与提高。文化环境对大学生网球运动意识、网球运动价值观的形成过程具有非常重要的作用。

文化环境是大学生健全人格培养中所必不可少的组成部分，它使大学生在一种特定的文化氛围中受到影响，这种影响是潜移默化的，起着激励、导向、陶冶等作用。高校可在每个运动场地、区域都竖上与球类运动项目相关的宣传牌，包括球类运动项目的中英文名、项目的简介、技术要领、锻炼作用以及注意点等；体育馆门厅两侧可布置上制作精美的健身、宣传长廊，包括锻炼对身心的影响、合理营养、准备活动的要求和功能、各年龄段身体形态的正常值等内容。在墙上还可以布置一些名人有关体育和健身方面的格言等。此外，“运动乐园”“健身长廊”等都属于最为基本的自然环境建设。

第三节　校园网球运动文化体系构成

一、网球课

（一）网球理论课建设

在构建校园网球运动理论课的过程中，其基本思路就是向学生传授网球运动文化知识以及相关的卫生保健知识等。通过学习网球运动基础原理和基本知识，学生能够更为深刻的理解网球运动给国家、社会以及自身未来生活所带来的影响，从而以更为积极的学习态度参与到网球运动之中。通过对卫生保健知识的学习，学生能够更为清楚地认识到健康的重要性以及维持身体健康所需要的环境，进而更好地主动学习相关的基础保健方法和保健手段，同时也不断加强保持健康、爱护环境的意识。在网球理论课教学中，教学向学生传授此类理论知识要尽可能地联系学生在实际生活中所遇到的一些问题。此外，在进行网球理论课建设的过程中，选择和传授这些教学内容时要注意系统性，注意联系当前时代未来发展趋势，要避免完全按照课本内容进行毫无目的的复述。针对那些有益于学生的网球运动内容、保健原理等教学内容，教师要进行甄选和组织，从而为今后的网球运动教学实践奠定良好的基础。

（二）实践课建设

网球课既包括理论课，同时也包括网球实践课，也就是通常所说的在网球运动场馆或场地组织学生参与网球活动的课堂教育。促使学生在网球活动中掌握相应的网球基本技能和方法，并在实践学习的过程中对所学的理论知识加以运用来为实践提供指导，这是开展网球实践课的主要目的。网球运动实践课的建设途径是实际开展网球运动教学，这就要求在具体的网球运动教学过程中，教师要慎重地选择网球运动实践教学内容，校园网球运动的实践教学内容如下。

网球运动属于球类运动，通过向学生传授网球运动基本知识和技能，可以使学生对网球运动的整体形成一个大体认识，认识网球运动的基本特征，并对网球运动的基本技战术技能进行有效掌握，从而在比赛实践中更好地发挥出自身所具备的技战术能力。通过球类运动项目来说，在技战术方面具有较大的难度，并且各个技战术之间或组织技战术之间存在着非常密切的联系，网球运动也不例外。这就使得在筛选适合学生学习的技战术教学内容方面存在着一定的难度，因为舍弃哪一项技术都是不合理的。如果只是将网球运动中的一项技战术作为教学内容，那么很难通过教学将网球运动的本质体现出来，在比赛场上学生也无法获得好的成绩。但如果将所有的网球技战术作为教学内容，那么要想传授这些教学内容需要一个非常长的过程，仅仅一个学期是无法满足实际需要的。因此，在组织网球运动教学课程时，必须要进行系统、全面的分析，有侧重的考虑，并将网球运动技战术教学和教学比赛尽可能地结合起来。

二、课余网球训练

课余网球训练是指为了能够更好地促进具有良好网球运动天赋或运动特长的学生的体能水平和心理素质的快速发展，促进其网球运动技术和战术水平的提高，通过在课余时间开展的以代表队、运动队、俱乐部为主要形式的对学生进行更为系统、全面、深刻的培养和训练的教育活动。为我国培养优秀的网球运动后备人才，是开展课余网球训练活动的一个非常重要的目的。课余体育训练作为我国学校体育的重要内容，是学校贯彻“普及与提高”要求的重要内容，针对“开展多种形式的课余体育训练”在我国《学校体育工作条例》中进行了非常明确的规定。

课余网球训练是指将具有网球运动特长或运动天赋的学生作为训练对象，通过对其进行加强训练，来促使这些学生对网球认知的提高，更好地掌握网球运动专项技战术和非专项技术知识，从而促使学生在技术、战术、心理、身体和智能方面的能力都能够得到全面发展和提高。课余网球训练对学生能够产生积极的影响，这主要表现在：促进学生身体生长发育；促进学生各项身体素质得到全面提高；促进学生各项生理系统功能得到改善；培养学生顽强的意志品质，并促使学生养成良好的道德风尚。为了学生在将来能够适应专业运动队训练，需要对学生的心理、身体、技战术、思想等方面进行强化，打下良好的基础，只有如此，才能形成良好的适应能力，更好地参与专业运动训练。开展课余网球运动训练，既能够为我国网球事业输送更多的优秀人才，同时也能够为我国群体体育的开展和发展培养更多的优秀骨干。这些都是学校组织开展课余网球运动训练的意义之所在。

(1)课余网球训练要将促进学生身体素质全面发展和提高学生运动技能水平作为主要内容。对于学生来说，青少年阶段是其生长发育的最佳时期，在这一阶段内，通过对学生加强训练，能够很好地促进学生生长发育，促进其生理系统功能的改善和提高，并提高他们的运动能力和运动素质。

(2)课余网球训练是对学校培养高素质网球人才的关键性补充措施。通过课余网球运动训练活动的开展,学生能够更好地掌握网球运动的基本知识和基本技能,促进学生身体素质的全面发展,提高学生的综合素质,以为我国竞技体育和群众体育的发展输送更多的栋梁之才。

(3)课余网球运动训练还要注意培养学生的意志品质和道德品质。要将现代社会主义教育、集体主义教育和爱国主义教育融入课余网球运动训练之中,提高学生网球运动学习的兴趣,培养学生良好的意志品质、合作意识和竞争意识。

三、课外网球活动

(一)学生的课外网球活动

学生课外网球活动的形式同其他体育运动项目基本相同,下面主要就学生课外体育活动的主要形式来对课外网球活动形式进行介绍。

1. 全校活动

同其他形式的活动相比,全校活动具有最大的活动规模、气势以及广泛的影响力,这些都是其他形式的活动也无法比肩的。这种活动的组织和操作都是比较方便的,这主要是因为学校可以对全校活动进行统一的领导和管理,这就使得在全校活动组织、实施和评价的过程中,避免了很多不必要的麻烦,非常便利。

在全校活动中,具有代表性的活动形式有早操、课间操等。

全校活动的作用主要表现在以下几个方面。

(1)通过全校活动可以为各个年级之间、各个班级之间的学生提供一个良好的相互学习的机会,以更好地促使各个年级的学生共同进步。

(2)通过开展全校活动能够很好地面向学生开展集体主义教

育和爱国主义教育。

(3)通过组织和开展全校活动有助于提高学生的集体荣誉感,培养学生遵守纪律的意识。

全校活动的组织与开展也会受到很多因素的限制,其中影响全校活动开展的主要因素有组织措施、场地、学生个体差异等。

2. 班级活动

同其他学生课外体育活动相比,班级活动的优点在容易进行组织与管理、气氛比较活跃、具有较大的选择余地、限制因素比较少以及能够获得良好的身体锻炼效果。在班级活动开展过程中,教学班是其基本单位,班级活动主要由班级体育委员来进行负责组织,而其他的班级干部共同协助配合体育委员来开展班级活动。此外,体育教师和班主任也为体育委员组织班级活动提供相应的指导。

3. 团体活动

团体活动主要是由具有相同兴趣、爱好和特长的学生自发组织的。在开展相关团体活动时,这些学生都有着相同的目的,并在参与活动的过程中,这些学生相互交流、学习,共同获得提高和进步,从而建立起更为深厚的友谊,这样就能够使学生在参与的过程中体验到成功的感觉,获得真正的快乐。团体活动的形式是多样化的。

在组织团体活动方面,不会受到太过严格的限制,而是比较自由,在成员数量方面也没有明确的规定,需要根据具体情况来进行确定,并且团体中的成员都具有一定的变化性。参加团体活动的成员,既可以是来自不同年级、不同班级的学生;也可以是相同年级或同一班级的学生,还可以是来自各个年级、各个班级的学生共同集聚在一起参加体育活动。由于团体活动在人员、地点和时间方面都具有一定的自由性,因此并不需要对其进行专门的管理。

同其他的课外体育活动相比，团体活动具有一定的优势，并能够产生积极的影响。例如，在学生养成良好的爱好和兴趣、良好的体育锻炼习惯，形成终身体育意识等方面具有非常积极的影响。通过参与团体活动能够更好地实现学生身心、社交等方面素质的全面发展。

4. 小组活动

在组织小组活动方面，常常根据学生所在的班级、兴趣、性别等因素来进行划分小组。每一个小组中都要安排一名学生作为组长来组织组员参与活动，通常情况下安排那些体育积极分子或项目擅长者来进行担任。在组织小组活动时，需要对场地器材、季节气候等因素加以考虑，以此为依据来对小组活动内容进行灵活的选择。

5. 俱乐部活动

近几年来，课外体育活动能够开始盛行一种新的形式——俱乐部活动，这种活动形式主要是在高校之中。俱乐部活动主要包括单项体育俱乐部和综合体育俱乐部。在创办体育俱乐部方面，学校所要考虑的因素主要有被学校的体育传统优势、场地设备以及学校现有的师资力量等。

在建设体育俱乐部方面需要有一定的经费支持，这些经费的来源主要包括社会赞助费用、会费和学校经费等。根据个人的兴趣、爱好，以及自身的运动能力，学生可以自愿选择加入相应的体育俱乐部，并积极参加体育活动。在参加学校俱乐部方面，每一个学生都有其自身不同的参与目的，如有的学生希望能够通过参与俱乐部活动来提高自身的项目技战术水平；有的学生希望能够通过俱乐部活动来使自己的课余生活得到丰富；还有的学生参与俱乐部活动主要是寻求娱乐。高校体育俱乐部活动有专门的组织管理，也有专业教练员进行指导，因此这种形式的课外体育活动一般情况下都能获得比较理想的举办效果，这也成为吸引学生积极参与活动的重要原因之一。

6. 个人活动

所谓个人活动是指学生根据自身兴趣与爱好以及体育需要，通过参考体育锻炼方法所需要的需求，自愿选择体育锻炼项目，在课外体育活动中单独进行锻炼的活动方式。个人活动是课外体育活动中的一个非常重要的形式，它能够很好地反映出体育意识的觉醒，通过个人活动，学生能够很好地形成体育兴趣，并得到相应的发展。另外，通过个人活动，还可以养成良好的体育锻炼习惯，树立起终身体育意识。

通常情况下，学生参与体育锻炼活动大都是因为本身喜欢体育运动，同不参与运动的学生相比，经常参与体育活动的学生在身体素质、体育知识、运动技能方面是更为优秀的，同时还能够作为班级中的体育积极分子来对其他学生产生积极影响和带动作用。因此，教师要对这些学生的个人活动进行积极的指导，使他们可以充分发挥自己的体育特长与优势，达到以点带面，整体提高的效果。

在课外体育活动中，个人活动有着非常广泛的内容选择范围，通常学生选择的体育项目往往是与自身的兴趣爱好、体育需求相符合的。个人活动与集体活动（全校活动、班级活动、团体活动）并不存在矛盾关系，没有绝对的排他性。而且，一定程度上而言，个人活动与集体活动能够相互促进。

（二）教师的课外体育活动

作为校园体育文化的主体之一，教师的课外体育活动也是需要引起关注与重视的。开展有关教师的课外体育活动，不但可以对良好的校园体育文化氛围进行营造，还可以推动全民健身活动的开展。学校中的教师在大部分时间里都是在从事脑力劳动，繁忙的工作使其没有充足的时间来锻炼身体，因此长期得不到锻炼的教师经常会产生疲惫感，心理压力也比较大，这对于身心的健康发展和教学工作的正常开展都会有不良的影响。

此外，尽管一个教师办公室中有多名教师共同工作，但由于学科划分因素的影响，教师之间甚少交流。而且，教师为了树立权威，也很少与学生进行沟通，除了课堂交流之外，其他时间几乎没有任何的沟通，这对校园和谐人际关系的构建产生了消极的影响。

为了对上述问题加以处理，需要对针对教师的体育活动进行积极开展，具体如下。

1. 组织有利于缓解压力的教师体育活动

学校可针对压力大的教师组织登山、春游等活动，这对于帮助教师缓解压力具有积极的作用。教师参与这些活动，不仅能够锻炼身体，还能愉悦身心，消除心理的紧张与疲劳，从而展现出良好的精神状态。

另外，学校也可以针对教师组织一些体育比赛，如教师田径竞赛、篮球比赛、健美操比赛等。教师参与这些比赛，不仅可以提高体质，还能加强与其他教师之间的交流，从而形成和谐的人际关系。

需要注意的是，教师需要根据自己的实际情况来选择参与何种体育活动，登山之类的体育活动强度较大，对于年龄比较大教师不太适合，因此针对这些教师，可开展一些武术、太极等体育活动。

2. 组织师生之间的体育比赛

在平时的课堂教学中，大部分教师还是较为严肃的，这样学生对教师感到害怕也是正常的，这一心理拉开了教师与学生之间的距离，而通过组织一些针对教师与学生的比赛，师生共同参与其中，处于同一个层面，更方便交流与沟通，也有利于良好师生关系的建立。具体来说，师生在体育比赛中将自己的个性与优势尽情发挥出来，并在公平竞争中将自己的竞技能力表现出来，赛后针对比赛活动中的表现展开讨论，这样师生之间的了解自然就加深了。

四、体育竞赛

校园体育竞赛主要有以下两种类别。

（一）校际体育竞赛

在校园内促进体育精神的传播，培养学生良好的体育锻炼习惯是开展校内体育竞赛的主要目的，而开展校级体育竞赛的目的主要是树立学校文明形象，加强校级之间的交流，并加强学校与社会之间的交流。对于校际间体育比赛来说，世界大学生运动会和世界中学生运动会是其中级别最高的赛事，它甚至远远超出了校际的范围，成为国际比赛。在这样的比赛中，学生渴望展现自身的能力，从而对学生的竞争意识进行积极培养。

（二）校内体育竞赛

校内体育竞赛能够很好地促进学生的个性得到良好发展，培养学生的体育运动能力，陶冶情操，在校园中营造出良好的体育文化氛围。对于校内体育竞赛所能产生的诸多意义和作用，学校应采用多元化的方式来开展体育竞赛活动，开展校内体育竞赛活动需要遵循面向学生，服务学生的原则，在开展中需要对大众化的组织形式、比赛等方法加以采用。

校内体育竞赛主要有班级体育竞赛、年级体育竞赛、院级体育竞赛、校级体育竞赛等，这些都是根据组织的等级来进行划分的。其中，常见的体育竞赛项目主要有篮球、田径、羽毛球等，这些赛事的开展常常能够吸引很多学生积极参与，对于培养和提高学生的体育兴趣有着非常积极的影响。与校际体育竞赛相比，校内体育竞赛尤其是班级体育比赛在组织方面更加灵活，更加容易。通过开展校内体育竞赛还能够提高校园体育文化的凝聚力。

五、体育文化节

为了更好地宣传体育价值观念，学校往往会组织举办相关的校园体育文化节，在激发学生积极参与体育锻炼方面，体育文化节活动有着非常积极的效果。在校园体育文化节中，体育活动是其载体，其主要目标是“健康、快乐、文明”，而文化节举办的宗旨是团结协作、公平竞争、拼搏进取。此外，通过校园体育文化节的举办还可以实现对师生体育道德素养进行培养。校园体育文化的传播离不开文化节的举办，体育文化节主要是利用一周课外活动时间，面向全校所有学生对各种活动进行开展，使学生拥有良好的机会来积极参与体育活动，并从中感受快乐。除此以外，校园体育文化节还可以成为学生进行自我展示的重要舞台，通过对自身技能和个性的展示，能够使学生获得满足感、获得感，从而更好地实现自我价值。

通常情况下，学校会选择在“劳动节”“国庆节”“元旦”等节日中举办体育文化节，为了更好地庆祝这些节日，来组织足球、篮球、羽毛球等各种联赛，学生和教职工也都参与其中。在丰富校园体育文化主体生活，加强主体集体荣誉感方面，校园体育文化节都具有非常重要的意义。

第四节　校园网球运动文化传承与发展

一、校园网球运动文化传承的主要内容

在校园网球文化传承中，其包含了诸多方面的内容，正是由于内容很多，所以需要学校的网球教师在进行网球教学过程中要对这些内容加以正确把握，然后进行重点传播。

(1)网球运动物质文化的传承。在网球物质文化方面，所涉

及的内容非常多。从网球运动的用球来看，在过去使用的是布球，后来随着社会的快速发展，开始将网球从之前的布球制作成橡皮球，并进行了不断的改进和完善，同时也融入了更多的趣味性。为了更多地满足不同人群的网球需求，国际网联还专门制定了很多不同的规格。就网球运动使用的服装来说，在服装方面融入了时尚性和运动性，能够使观众在观赏精彩网球比赛的同时，还能够使他们体会到美的存在。

(2)网球运动技能文化的传承。网球运动属于隔网对抗项目，在比赛中对手之间不存在身体接触，整个比赛充满了绅士气息，根据比赛需要，运动员需要具有良好的协调性，既能够展现出运动员高潮的网球技能水平，同时还能够将运动员的形体美很好地展现出来。

(3)网球运动规则文化的传承。从网球运动规则来看，其侧重于强调比赛的公平性和公正性，这也是当前社会所普遍关注的焦点和重点。根据网球比赛规则规定，运动员在比赛中每一局比赛都要交换发球权，这就为公平和公正文化的传播与传承提供了有利的条件。

(4)网球运动绅士文化的传承。在网球发展的最初阶段，受到贵族的欢迎和喜爱，正因如此，网球运动文化中始终蕴含着文明、高贵的氛围，并在网球比赛中很好地体现出了尊重、信任的成分，这些内容都是网球文化传承的重点。

二、校园网球运动文化传承与发展的途径

(一)进一步加强校园网球基础设施建设

为了进一步做好校园网球运动文化传承工作，学校必须要对网球教育进行大力发展，也就是说，学校必须要为校园网球运动文化的传承奠定良好的基础，学校如果缺乏必要的网球运动场地，那么就无法顺利地开展网球运动训练，网球运动文化的传承也就无从谈起，更不用说促进网球运动文化的发展。根据有关调

查研究发现，在网球运动基础设施方面，很多学校都未能达到相应的标准要求，特别是缺乏相应的网球运动场馆，这就大大降低了学校网球运动教学和网球运动文化传播的效果，这些现象在很多学校中都是普遍存在的。如果一直这样下去，这会大大降低学生在网球运动学习方面的兴趣。在这种情况之下，就需要国家教育相关主管部门和当地主管部门增加对学校网球场地的投入，从而更好地帮助学校做好网球运动文化传承工作。同时，在校园网球运动基础设施建设方面，学校也要提供必要的教学资源支持，配备高素质、高水平的网球教学专业教师，并针对学生具体实际来对网球教学课程进行设置，以保证喜欢网球运动的学生都能够有机会参与到网球教学之中，此外还要为网球教学配备相应的教学媒体设备，以便于为学生播放更多精彩的比赛视频，使学生的学习积极性得到充分调动。

（二）对网球教学模式进行改变

在我国当前学校网球教学中，通过教师进行讲解和示范，学生进行模仿练习的教学方式依然是主要的教学方式和手段，这样的教学方式虽然能够让学生掌握一些网球运动技巧，但并不能真正地网球文化进行深入的了解。这就需要学校网球教师对教学模式进行转变，通过采用观看视频和让学生亲身体验的方式来使学生真正地学习网球运动文化。在进行校园网球文化传承的教学活动中，既要组织学生进行实战演练，同时还要使学生通过观看比赛的方式来完成教学，使学生在观看比赛的过程中来认识和了解网球运动文化，并形成一个深刻、全面的理解，这样做既能够促使学生素质的全面提高，同时也能够积极调动学生学习网球的兴趣，进一步促进校园网球运动文化的传承与发展。

（三）要对网球教师的教学理念进行优化

通过长期观察研究发现，在网球教学过程中，很多网球教师只是将精力全部放在如何保证教学任务顺利完成方面，这也就使得教师在教学过程中只是向学生教授基本的网球运动技巧，了解网球运动明星光辉的一面，但很少向学生传授相应的网球运动文化，更没有向学生讲解网球运动明星所付出的努力，这对学生形成正确的价值观是非常不利的。因此网球教师要对自身教学理念进行转变，既要向学生教授相应的网球运动文化，同时还要注重网球运动文化的传承。在网球运动中，要使学生从举手投足方面都要有恰当的表现，这样既能够对学生自身修养进行强化，同时还能够促进网球运动教学效果得到提升，使网球运动文化的价值得到真正体现。在网球教学过程中，网球教师要向学生灌输锻炼身体的理念，而不是一味地追求取胜，并使学生在网球运动中学习如何与他人相处，提高自身人际交往能力，并对自身行为进行规划，同时提高自身的价值。

（四）构建网络文化教育体系

随着现代网球运动的快速发展，越来越多的人开始喜爱和参与网球运动学练，而网球运动文化对人们产生的影响也在不断扩大，在网球教学方面也有着越来越高的要求。因此，在网球运动文化传承方面，一定要重视网球运动文化与学校之间的关系，寻找出两者之间的契合点，对高素质人才进行大力培养，并将网球运动中的礼教性充分展现出来。在校园网球运动文化传承与发展中，学校既要通过开展网球课上教学，来促使学生品质的不断提高，同时还要通过组建专门性的网球社团及相关组织等来促进校园网球运动的进一步发展，还要经常组织一些相应的网球运动比赛等，以为学生提供更加全面、系统的网球文化传承途径。

此外，还可以通过邀请网球运动员和教练员来学校为学生传授相关网球运动要领，指导学生学习网球运动文化，这样能够很好地调动学生学习网球文化的积极性和兴趣，更好地普及网球运动文化知识。通过构建内外一体化的网球运动文化教育体系，能够为校园网球运动文化的传承和发展迎来新的契机，更好地推动校园网球运动的普及与开展，为校园网球运动打下良好的基础。

第三章 竞技网球运动文化解读

与校园网球运动文化相比，竞技网球运动文化所包含的内容更加广泛，竞技性也是网球运动实现不断发展与进步的重要推动力。本章主要从网球组织机构与重大赛事、网球运动竞赛规则与裁判法、网球运动赛事文化营销以及网球运动赛事文化传承几个方面对竞技网球运动的文化进行研究。

第一节 网球组织机构与重大赛事

一、网球运动的重要组织机构

（一）国际网球联合会

国际网球联合会简称“国际网联”（英文缩写 ITF），1913 年 3 月 1 日由澳大利亚、比利时、荷兰、法国、俄罗斯、南非、瑞士等 12 个国家的网球协会代表在法国巴黎成立（图 3-1）。国际网球联合会现有协会会员 210 个，其中 145 个为正式会员，65 个为无表决权的联系会员，国际网球联合会的正式用语为英语、法语和西班牙语。

从 1896 年到 1924 年，网球为奥运会的比赛项目。此后，国际网联因运动员参赛资格问题而与国际奥委会之间出现了分歧，网球运动也因此而退出了奥运会，直到 1988 年才重新进入奥运会。国际网联的职责是负责制定、修改和实施网球规则，在各级水平上促进全世界网球运动的发展，在国际上维护网球运动的利益，促进和鼓励网球的教学，为发展中国家的教练开设培训班；协调世界青年、成年及老年网球赛，为国际赛事制定和实施规则，裁定国际网联认可的正式网球锦标赛，增强协会会员的影响力，维护联合会的独立，确定运动员的资格，管理业余、职业及业余与职业混合型比赛，合理使用联合会的资金，维护网球界的团结及监督这些规则的实行等等。ITF 的委员会每两年改选一次，除主席和执行主席外，其他委员均为名誉会员。

图 3-1

国际网球联合会负责的赛事包括四大公开赛、戴维斯杯赛、联合会杯赛、奥运会网球赛、世界杯等约 200 项网球运动赛事。

（二）国际男子职业网球协会

国际男子职业网球协会（Association Tennis Professional，英文缩写 ATP）成立于 1972 年，总部设于美国的佛罗里达，是世界男子职业网球运动员的自治组织机构（图 3-2）。ATP 的主要任务是协调职业运动与赛事之间的伙伴关系，负责组织和管理球员的积分、排名、奖金分配情况，制定比赛规则，给予或者取消运动员的参赛资格等。

ATP 系列赛具体又包括大师杯赛、世界双打锦标赛、世界队际锦标赛、网球大师系列赛、国际黄金系列赛、国际系列赛。国际系列赛是 ATP 最低级别的比赛，它比赛的总奖金分成 40 万美元、60 万美元、80 万美元和 100 万美元不等。而国际黄金系列赛的总奖金分为 80 万美元和 100 万美元。

图 3-2

(三)国际女子职业网球协会

国际女子职业网球协会(Woman's Tennis Association,英文缩写 WTA)成立于 1973 年,总部设于美国佛罗里达的圣彼得斯堡,其主要办公机构目前在康涅狄格州,另外在欧洲还有一个小的分支机构(图 3-3)。

图 3-3

像国际男子职业网球协会一样,WTA 的主要职责是负责所有球员的问题。球员们在女子网球协会中有各自的代理人,女子职业网球协会决定整个巡回赛的所有规则,同时还会资助一些表演赛,使球员们能参加一些这样的比赛而不必担心与真正的职业联赛相冲突。

二、世界重大网球运动赛事

(一)四大公开赛

1. 澳大利亚网球公开赛

澳大利亚网球公开赛是网球四大满贯赛事之一,同时也是四大满贯赛事中每年最先登场的，通常于每年1月的最后两个星期在澳大利亚墨尔本举行(图3-4)。自1905年创办以来，澳大利亚公开赛至今已经有了一百多年的历史。

图 3-4

1904年，澳大利亚和新西兰的网球机构官员决定成立澳大拉西亚草地网球协会，负责筹办每年一届的澳大拉西亚锦标赛，并共同组队参加了戴维斯杯的比赛。1905年，首届澳大拉西亚锦标赛在墨尔本圣克尔达路艾伯特公园内的仓库老板球场举行。

最初，澳大拉西亚锦标赛一直都是在澳大利亚与新西兰两国的主要城市之间轮流举行，直到1922年新西兰退出澳大拉西亚草地网球协会成立自己的网球协会。同年，该赛事还增设了女子组与混双的比赛，玛格丽特·莫尔斯沃思成为澳网历史上第一位夺得女单冠军的运动员。1927年，澳大拉西亚锦标赛正式更名为澳大利亚锦标赛。在1968年网球职业化后，澳网被列为四大公开赛之一，并于1969年正式更名为澳大利亚公开赛。

1977年，澳网的举办时间由原来的1月改为12月，这也使得在那一年举办了两届比赛。但由于紧邻圣诞节，赛事时间的改变并没有起到预先设想的效果。所以到了1986年，原定于年底比赛推迟到了第二年1月举办，这一赛期也一直沿用至今。

2. 法国网球公开赛

法国网球公开赛始创于1891年，它同样是享有盛名的一项传统网球运动赛事(图 3-5)。

法国网球公开赛通常是在每年的 5—6 月份于巴黎郊区布洛涅公园里的罗兰·加洛斯网球中心举行,是继澳大利亚网球公开赛之后的第二个大满贯赛事。该赛事在最开始只限本国选手参加,1925 年以后对外开放,成为公开赛。法国网球公开赛已经超过百年,在过去的百年中,除了因两次世界大战被迫停赛 11 年外,其余 90 年均是每年举行一届。法国公开赛规定每场比赛采用 5 盘 3 胜淘汰制,球场属于慢速红土场地,因此很具有挑战性。法国网球公开赛是在世界网坛上享有盛名的传统比赛,获得这个公开赛桂冠的选手能够像获得温布尔登赛冠军一样名震世界。

图 3-5

3. 温布尔登网球公开赛

温布尔登草地网球公开赛创办于 1877 年,该赛事是现代网球历史上最早举办的比赛(图 3-6)。温布尔登网球公开赛由全英俱乐部与英国草地网球协会创办,其前身是"全英网球锦标赛",举办时间通常是安排在每年的 6 月底至 7 月初,是每年度网球大满贯的第 3 项赛事,排在澳大利亚网球公开赛和法国网球公开赛之后,美国网球公开赛之前。

首届比赛只设有男子单打,冠军奖杯叫"挑战杯"。之后增设了女子与双打项目,到了 1905 年正式成为公开赛。温网可以称之为是现代网球运动的发源地,因为它明确了网球比赛的各项规则。整个赛事(大满贯赛事中唯一使用草地球场的)一般会历时两周，遇雨会延时举行。男子单打、女子单打、男子双打、女子双打以及男女混合双打比赛会在不同场地同时进行。温布尔登还举办有男子单打、女子单打、男子双打、女子双打的青年比赛。

图 3-6

4. 美国网球公开赛

首届美国网球公开赛于 1881 年在纽约的罗得岛纽波特港举行。其开始名为“全美冠军赛”，在每年的 8 月底 9 月初举行，每年举行一届。美网最初只是一项国内的比赛，而且只有男子单打，后来才增加了女单、男双、女双、混双四个项目。美网历史上第一个男单冠军被纽波特俱乐部的卡西诺获得，当时只有在美国国家网球联合会注册的俱乐部才有资格参加美网比赛。1968 年，美网被列为四大公开赛之一，1970 年改名为美国公开赛(图 3-7)。现设有 5 个单项的比赛，是四大公开赛中最后一站的比赛，由于美国网球公开赛高额的奖金和美国社会高度的商业化，以及采用中速硬场地，因此每届比赛都能够吸引世界众多优秀的网球选手前来参赛。

美国网球公开赛是网球四大满贯赛事之一，在每年 8 月底 9 月初举行。美国网球公开赛一共包含了 5 个单项，即男子单打、女子单打、女子双打、男子双打以及混合双打。值得一提的是，混合双打是 20 世纪初叶时由男子单打表演项目演变而来。

图 3-7

（二）大师杯系列赛

大师杯系列赛（Master Series）又叫“超九赛事”，是 ATP 比赛中除四大公开赛之外的重要赛事，下面简单介绍其中较为重要的几种赛事。

1. 巴黎网球公开赛

巴黎网球公开赛始建于 1986 年，比赛地点位于巴黎的巴莱斯体育场。这个体育场总面积达到了 5 万平方米，并且适合多种运动，如溜冰、体操、自行车及各种娱乐活动。为了迎接网球大师杯比赛，巴莱斯体育场还特意更换了场地表面的颜色，重新更新过的比赛场地表面颜色是紫罗兰色，四周衬以蓝色，使得观众在视觉上更加舒适。巴黎网球公开赛的比赛时间是在每年的 11 月中旬。

2. 汉堡网球公开赛

在德国汉堡举行的汉堡网球公开赛的历史可以追溯到 19 世纪，它也是世界上最老的网球运动赛事之一。在现代网球历史上只有温布尔登公开赛（1877 年）、美国网球公开赛（1881 年）和法国网球公开赛（1891 年）比它历史更长。

3. 蒙特卡洛公开赛

蒙特卡洛公开赛创建于1897年,1928年成立俱乐部,吸引了无数优秀球员参加。蒙特卡洛公开赛给予冠军巨大的荣耀和丰厚的奖金,其总奖金接近300万美元,该赛事的名次也是运动员参加ATP冠军挑战赛的必要条件。

4. 爱立信公开赛

爱立信公开赛就是以前的利普顿锦标赛。1987年将迈阿密定为固定的比赛场所。现已成为具备国际一流水平的网球运动赛事。

(三)ATP、WTA年终总决赛

1. ATP年终总决赛

ATP大师杯的前身ATP锦标赛,由国际网联和大满贯委员会联合主办,是ATP巡回赛的总决赛,只有年终排名世界前八位的选手才有参赛资格。从2000年开始,上一年度的冠军可直接参赛。首届比赛于1970在东京举行,获得冠军的是美国人斯坦·史密斯。后来比赛每一年度,先后在巴黎、巴塞罗那、波士顿、墨尔本、斯德哥尔摩和休斯敦举行。从1997年起,比赛地点定在美国纽约举办。1990年,比赛转移到德国举行:1990—1995年在法兰克福,1996—2000年在汉诺威;获胜最多的选手是伦德尔和桑普拉斯,均为五次。而2009年以后,总决赛取消大师杯名称,改名ATP世界巡回总决赛。

2. WTA年终总决赛

WTA冠军锦标赛是每年一度的世界女子网球年终总决赛,年终世界排名前16位的单打选手与前8位的双打选手自动获得参赛资格。首届比赛始于1972年,由世界排名前8名的选手参赛,奖金 10 万美元,这也创造了当时女子赛事的奖金额的最高纪录。

(四)国际团体赛

1. 戴维斯杯男子团体赛

世界男子网球团体赛是代表一个国家整体水平的比赛,它是由美国哈佛大学的一名学生始创。1990 年,在美国波士顿举行了第一届戴维斯杯男子团体赛。如今,每年报名参加戴维斯杯赛的国家多达 130 个,这也使其成为网球运动赛事中规模最大的年度赛事之一。

2. 联合会杯女子团体赛

联合会杯网球赛是每年一度的世界女子网球团体赛,它是 1963 年为庆祝国际网联成立 50 周年而创办的。联合会杯赛是与戴维斯杯赛齐名的一项网球团体赛事。

第 1 届联合会杯的比赛是在伦敦的女子俱乐部进行的,当时共有 16 支代表队参加。联合会杯赛每年举行一次,至 2006 年已经成功举办了 44 届。随着女子网球运动的不断普及,越来越多的国家参与到了联合会杯中。

(五)奥运会网球赛

1924 年,网球正式成为奥运会的正式比赛项目。后来,由于国际网联与奥委会之间出现了意见分歧而退出奥运会。1984 年,网球被奥运会列为表演项目,于 1992 年重新成为奥运会的正式比赛项目。

由于奥运会网球比赛的奖金少,而且没有积分,因此许多优秀运动员不愿意参加奥运会,这也在一定程度上影响了奥运会网球比赛的质量。

第二节　网球运动竞赛规则与裁判法

一、网球运动竞赛的主要规则

（一）场地设施

1. 场地

网球场地是一个长方形，其长度为 23.77 米，单打与双打比赛的场地宽度不同，单打比赛的场地宽度为 8.23 米，双打比赛场地的宽度为 10.97 米。

网球场由一条挂在绳索或钢丝绳上的球网从中间处分隔开，绳索或钢丝绳应挂在 1.07 米高的两根网柱上。球网充分伸展开，使之能够填满两个网柱之间的空间，球网孔隙的大小应以确保球不能穿过为宜。球网中心距地面应为 0.914 米，并且用中心带向下绷紧固定，网绳或钢丝绳和球网的上端由一条网带包裹住，中心带和网带都是白色。

（1）球网

①网绳或钢丝绳的最大直径为 0.8 厘米。

②中心带的最大宽度不超过 5 厘米。

③球网每一边垂直向下的网带宽度应当在 5 厘米与 6.35 厘米之间。

（2）网柱

在双打比赛中，每侧网柱的中心应距双打场地的外沿 0.914 米。

单打比赛中使用单打球网，每侧网柱的中心应距单打场地的外沿 0.914 米。若使用双打球网，那么球网要用两根高 1.07 米的单打支柱支撑起来，每侧单打支柱的中心距单打场地的外沿应为0.914米。

①网柱的边长不应超过15厘米，若为圆形，则直径不应超过15厘米。

②单打支柱的边长不应超过7.5厘米，若为圆形，则直径不应超过7.5厘米。

③网柱和单打支柱的上端不能超过网绳顶端以上2.5厘米。

(3)场地标线

球场两端的界线称为底线，两侧的界线称为边线。

在两条单打边线之间画两条距球网6.40米并且与球网平行的线，这两条线称为发球线。在球网每一边的发球线和球网之间的区域，被一条发球中线分成相同的两个部分称为发球区，发球中线应当和单打边线平行并且与两条边线的距离相等。

每一条底线都被一条长10厘米的中心标志分为相等的两部分，中心标志要画在场地内并和单打边线平行。

①发球中线和中心标志的宽度为5厘米。

②除底线的最大宽度为10厘米外，场上其他所有线的宽度都要在2.5厘米到5厘米之间。

所有场地的测量都应以标线的外沿为标准，所有场地上的标线均必须为统一颜色，并且和场地本身的颜色有明显的区别。

除规定情况外，在球场、球网、中心带、网带、网柱或单打支柱上均不允许有广告。

2. 永久固定物

场地上的永久固定物，除了包括后挡网和侧挡网、观众、观众的座位和看台之外，还包括所有场地周围和上方的固定物，处于各自规定位置的主裁判、司线员、司网裁判和球童也包括在其中。

在使用双打球网和单打支柱的场地上进行单打网球比赛时，网柱、单打支柱以外的球网部分应属于场地上的永久固定物，而不能视其为网柱或球网的一部分。

(二)器材

1. 球

在比赛中根据网球规则被允许使用的球必须符合相关规定。

10 岁及以下组别的网球比赛必须使用 3 号(红色)、2 号(橘黄色)或 1 号(绿色)球来代替。

国际网联将对任何关于某种球或式样是否符合标准,以及是否可以被批准用于比赛的问题进行裁决。国际网联既可以自行做出此类裁决,也可以根据所有关注这一问题的团体或个人,包括任何的运动员、器材生产厂商或国家网球协会或其会员等所提出的申请进行裁决。这类申请与裁决应当按照国际网联的审查与听证程序来进行。

赛事组织者必须在赛前公布以下关于比赛用球的事项。

(1)比赛中用球的数量应为 2 个、3 个、4 个或 6 个。

(2)换球的方案。换球时,可采用以下方式中的任何一种。

①在一个规定换球的单数局结束后。在这种情况下,由于热身活动会用球的原因,因此比赛中第一次换球必须比整场比赛的其他任何时候的换球要提前两局。平局决胜局在换球时也作为一局计算,但如果换球时刚好是平局决胜局的开始,则不应换球。在这种情况下,换球应当推迟到下一盘第二局的开始前或者按第二种情况进行。

②在一盘的开始时换球。如果球在比赛期间发生破损,则这一分应当重赛。

需要强调的是,在按照网球规则进行的比赛中,任何用球都必须是由国际网联颁布的已被列入官方名单上的批准用球。

2. 球拍

在比赛中,按照网球规则允许使用的球拍必须符合相关规定。

国际网联将对任何关于某种球拍或式样是否符合标准,以及是否可以被批准用于比赛的问题进行裁决。国际网联既可以自行做出此类裁决,也可以根据所有关注这一问题的团体或个人,包括任何的运动员、器材生产厂商或国家网球协会或其会员等所提出的申请来进行裁决。这类申请与裁决应当按照国际网联的审查与听证程序来进行。

(三)计分

1. 一局中的计分

(1)常规局

在比赛中的一个常规局,报分时应首先报发球运动员的比分,计分规则如下。

无得分——0;第一分——15;第二分——30;第三分——40;第四分——该局比赛结束。

若两名运动员/队的得分都达到了三分,则比分为"平分"。平分后如果一名运动员/队获得了下一分,则比分为"占先",如果"占先"的运动员/队又获得了下一分,该局为这名运动员获胜。如果"占先"后另一名运动员/队获得了一分,则比分回到平分状态。一名运动员/队需要在"平分"后连续获得两分,该运动员/队才能赢得这一局。

(2)平局决胜局

在平局决胜局中,使用0、1、2、3分等来计分。首先赢得7分并净胜对手两分的运动员/队将赢得这一局及这一盘。决胜局必须继续进行到一方运动员/队净胜对手两分为止。

轮及该发球的运动员在平局决胜局中首先发第一分球,随后的两分由他的对手发球,若是双打比赛,由对方队中轮及应该发球的运动员进行发球。此后,每一名运动员/队轮流连续地发两分球直到平局决胜局结束,若是在双打比赛中,两队应按照与该盘中相同的发球顺序轮流连续发球。

在平局决胜局中首先发球的运动员/队应当在下一盘的第一局开始时首先接发球。

2. 一盘中的计分

一盘中的计分主要有“长盘制”和“平局决胜局制”两种计分方法。比赛中两种计分方法中的任何一种都可以使用,但必须在赛前事先决定好。如果使用的是平局决胜局制的计分方法,还必须声明决胜盘将采用的是平局决胜局制还是长盘制。

(1)长盘制

先赢得6局并净胜对手两局的运动员/队才赢得这一盘。通常这一盘必须持续到一方运动员/队净胜两局为止。

(2)平局决胜制

先赢得6局并净胜对手两局的运动员/队才赢得这一盘。如果局数比分达到6∶6时,则需进行平局决胜局。

3. 一场比赛的计分

一场比赛可以采用三盘两胜制,先赢得两盘的运动员/队获得比赛胜利。或采用五盘三胜制,先赢得三盘的运动员/队赢得这场比赛。

(四)发球员和接发球员

运动员/队应当分别相对站于球网两侧。发球员是指在开始比赛时发出第一分球的运动员,接发球员是指准备回击发球员所发出球的运动员。

(五)场地和发球的选择

在准备活动开始前,通过掷硬币的方式决定获得挑选场地和比赛的第一局谁作为发球员或接发球员的权利。掷币获胜的运动员/队可以进行以下方式的选择。

(1)在比赛的第一局中选择发球员或接发球员，在这种情况下，对手应选择在比赛的第一局自己所在的场地。

(2)选择在比赛的第一局自己所在的场地，在这种情况下，对手应选择在比赛的第一局是发球还是接发球。

(3)要求对手对以上两种方法做出任何一种的选择。

(六)交换场地

运动员应在每一盘的第一局、第三局与随后的每一个单数局结束后交换场地。运动员还应在每一盘结束后交换场地，而在这盘结束后双方所得局数之和为偶数时，则要在下一盘第一局结束后交换场地。

在平局决胜局中，运动员应在每6分后交换场地。

(七)活球期

除了做出发球失误或重发的呼报之外，球从发球员击出的那一时刻开始直到这一分比赛的结束都为活球。

(八)压线球

如果球接触到线，那么这个球被认为是落在由该线作为界线的场地之内。

(九)球触永久固定物

如果活球状态下的球落在正确的场地内后弹起触到了永久固定物，那么击出该球的运动员赢得该分；如果活球状态下的球在落地前触到了永久固定物，那么击出该球的运动员失分。

(十)发球规则

1. 发球次序

在每一个常规局结束后，该局的接发球员在下一局中应该成为发球员,该局的发球员在下一局中则成为接发球员。

在双打比赛中,每一盘第一局开始前由先发球的一队决定哪一名运动员先在该局发球。同样,在第二局开始前,他们的对手也应当做出由谁在该局先发球的决定。第一局先发球的运动员的同伴则应在第三局发球,第二局先发球运动员的同伴在第四局发球。这个轮换次序一直延续,直到整盘比赛结束。

2. 双打的接发球次序

在每一盘的第一局,首先接发球的一队决定哪一名运动员在该局接第一分发球。同样,在第二局开始前,对方也应当决定哪一名运动员在该局接第一分发球。先接第一分发球的运动员的同伴应当接本局的第二分发球,这个次序一直延续,直到该局和该盘结束。

接球员接完发球后,对方队中的任何一名运动员都可以回击球。

3. 发球

在开始发球动作前,发球员必须立即双脚站在底线之后,在中心标志的假定延长线和边线的假定延长线之内的区域。

发球员应当用手将球向任何方向抛出并在球触地前用球拍将球击出。在球拍击到球或没有击到球的那一时刻,整个发球动作即被认为已经完成。如果一名运动员只能使用一只手臂,可以用他的球拍完成抛球。

4. 发球的程序

在一个常规的发球局中,每一局的发球员都应当从场地的右半区开始交替站在同侧场地的两个半区后面发球。

在平局决胜局中,第一分发球应当从场地的右半区开始发出,然后交替从场地的两个半区后面发球。

发出的球必须要越过球网,在接球员回击发球之前要落到对角方向的发球区内。

5. 脚误

在发球的整个动作过程中，发球员不可以有以下动作。

(1)除了轻微的脚步移动，不可以通过走动或跑动来改变位置。

(2)任何一只脚不可触及底线或场地内的地面。

(3)任何一只脚不可触及边线的假定延长线外的地面。

(4)任何一只脚不可触及中心标志的假定延长线。

如果发球员违反了以上规定就是一次“脚误”。

6. 发球失误

下列情况为第一次发球失误。

(1)发球员违反了发球、发球的程序、脚误这三条规则。

(2)发球员试图击球时未能击中。

(3)发出的球在触地前碰到了永久固定物、单打支柱或网柱等。

(4)发出的球触到了发球员或发球员的同伴，或者是发球员和发球员同伴所穿戴的或携带的任何物品。

7. 第二次发球

如果第一次发球失误，除了这次发球失误的发球是从错误的半区发出的之外，发球员应当立即从他该次发球失误的同一半区后面的规定位置再发一次。

8. 何时发球和接发球

发球员应该在接发球员做好准备以后方可发球。接发球员应当按照发球员合理的发球节奏来比赛，并且在发球员准备发球时，在合理的时间内做好接发球的准备。

接发球员试图回击发球时被认为他已做好准备。即使能够证实接发球员的确未做好准备，那么该次发球也不能被判为失误。

9. 发球中的重发

如果出现下列情况则应重新进行发球。

(1)发出的球触到了球网、中心带或网带后落在有效发球区内,或在球触到了球网、中心带或网带后落地前触到了接发球员或其同伴,或他们所穿戴的或携带的任何物品。

(2)球发出后,接发球员还没有做好准备。

在进行重发球时,引起重发的那次发球不被计算,发球员应重发该发球,但是重新发球前的发球失误应当计算在内。

(十一)重赛

除了在第二次发球时呼报重赛是指重发该次发球外,在所有其他情况下,呼报重赛时这一分必须重赛。

(十二)运动员失分

如果出现下列情况,运动员将失分。

(1)发球员连续两次发球失误。

(2)在活球状态下,运动员在球连续两次触地前未能将球回击过网。

(3)在活球状态下,运动员回击的球在落地前触到有效击球区外的地面或其他物体。

(4)在活球状态下,运动员回击的球在落地前触到永久固定物。

(5)接球员在球没有落地前回击发球员发出的球。

(6)运动员故意用球拍托带或接住处于活球状态中的球,或故意用球拍触球超过一次。

(7)在活球状态下的任何时间段内,无论球拍是否在运动员手中,运动员和其球拍,或他穿戴的或携带的任何物品触到球网、网柱/单打支柱、网绳或钢丝绳、中心带或网带,或这对手场地的地面的情况。

(8)运动员在球过网前击球。

(9)在活球状态下,除了运动员手中的球拍以外,球触及运动员的身体或其所穿戴的或携带的任何物品。

(10)在活球状态下,球拍不在运动员手中时,球触到了运动员的球拍。

(11)在活球状态下,运动员故意地使球拍发生形变。

(12)双打比赛中,在一次回击球时,同队的两名运动员都触到了球。

(十三)有效回击

出现以下情况属于一次有效回击。

(1)球触到了球网、网柱/单打支柱、网绳或钢丝绳、中心带或网带并且越过球网上面后落到有效场地内。

(2)在活球状态下球落在有效场地内后由于旋转或被风吹回过网,该轮到击球的运动员越过网击球,将球击到有效场地内,并且运动员没有违反关于运动员失分规则的规定。

(3)回击的球从网柱外侧,无论该球是高于还是低于球网的上部高度,即使触到网柱,只要落在有效场地内即属于有效回击。

(4)球从单打支柱及其附属网柱之间的网绳下面穿过而又没有触及球网、网绳或网柱,并且球落在有效场地之内。

(5)运动员的球拍在回击自己球网一侧内的球后随球过网,球落到有效场地之内。

(6)在活球状态下,运动员击出的球碰到了停在正确场地内的另一个球。

(十四)干扰

运动员在某一分球的比赛中遭到对手故意举动的干扰,那么该运动员应当赢得这一分。

如果运动员在某一分的比赛中受到对手非故意举动的干扰,或者某些运动员自身无法控制的妨碍时,这一分应当重赛。

二、网球运动竞赛的裁判法

（一）裁判长的职责

裁判长应由竞赛委员会推选，由竞赛委员会发布公告通知参加比赛的各单位。裁判长不应是官员，但须是竞赛委员会的成员。

裁判长必须精通规则和实施运用规则，要能迅速做出决定，并对其所采取的行动负完全责任。

裁判长有权指定或更换裁判员、司线员、端线裁判员和网上裁判员等裁判组成员。如果一场未进行完的比赛需要重赛，裁判长可以在征得比赛双方的同意后，做出仲裁或继续比赛的决定。

裁判长有权指定比赛的场地，有权决定请假运动员在限定日期比赛。裁判长有权决定无故不出场比赛的运动员和经过点名而不准备出场比赛的运动员即为负方。

由于场地、气候等条件的原因，裁判长可以随时决定延期比赛。当裁判员表示自己不能裁决时或裁判长被要求对裁判员的裁决做出仲裁时，裁判长可以根据规则条文决定任何得分。裁判长的决定是即是最终决定。

当进行一场重要比赛时，裁判长必须亲临现场，通常坐在裁判椅旁边。裁判长应当与比赛中发生的任何事情都保持密切联系，如果运动员要求明确某些事实时，裁判长就能以此作为判决问题的依据。需要注意的是，裁判长无权纠正裁判员、司线员、端线裁判员或网上裁判员等裁判组成员根据实际情况做出的判决。

（二）主裁判员的职责及裁判方法

主裁判负责主持比赛的裁判工作。在比赛的全部过程中，主裁判可对场上参赛队员和其他裁判工作人员行使其权力。主裁判有权决定比赛中出现的一切问题。在比赛中，主裁判有权改判其他裁判的判定，其判定即为最终决定。比赛过程中，主裁判应坐在球网一端的裁判椅上，椅子应距网柱约1米左右的位置，椅子的高度应在1.82～2.44米之间。主裁判的主要职责如下。

1. 比赛前职责

(1)准备基本工具。具体需准备工具包括记分表、带橡皮的铅笔、手携式秒表、挑边器(硬币)、量网尺(卷尺)等。

(2)召集该场地全体裁判人员做好比赛的一切准备工作。比赛准备工作主要检查以下事项。

①检查单打支柱：单打支柱应在球网相反两侧，单打边线外3英尺处放置，如果负责双打裁判工作，应确认单打支柱是否已被去掉。

②检查球网高度：球网中心带高度为3英尺。

③检查主裁座椅位置：椅子的位置应距网柱3英尺，此距离观察球场角度较好。

④检查司线员座椅位置：司线员不应该面对太阳而坐，如可以应在主裁对面而坐。发球司线员和端线司线员的座椅应安放在对应线的靠近挡网处或离边线3.7米处，但座椅不可垫高位置。司网裁判员座椅应放在网柱边，并尽可能地放在主裁对面。

⑤检查比赛用球：主裁判应有足够的新球完成比赛，并准备一些不同程度的旧球作为丢失球的替补。

⑥检查其他物品：应给运动员准备好饮水、毛巾及运动员座椅等物品，运动员座椅应放在主裁两侧。若使用麦克风，必须固定安装，不可手持，并且要使用带有开关的麦克风。裁判椅及其周围不可安装供公共广播用的麦克风。

(3)在运动员入场后，主裁判召开运动员赛前会议。赛前会议包含以下事项。

①在网前等候运动员，当他们准备好后，召至网前开会。

②告知运动员比赛盘数，是否采取平局决胜制及换球制度。

③询问运动员有何问题。

④在两运动员面前掷币决定选择发球还是场地。需要注意的是，挑边获胜运动员可以选择发球或接发球、选择场地或要求对手选择。

⑤检查运动员着装是否符合比赛要求。

⑥填写记分表，表明挑边获胜者及其选择的情况。

(4)准备活动期间主裁工作事项。在运动员 5 分钟准备活动期间，主裁需做以下事项。

①主裁在座椅上坐定并在运动员第一下击球时开表计时，注意准备活动时间是 5 分钟。

②完成记分表的准备。

③在准备活动还剩两分钟时，宣报两分钟的倒计时。

④在准备活动还剩一分钟时，宣报一分钟的倒计时，并介绍比赛。

⑤当 5 分钟准备活动结束，宣报“时间到，准备比赛”，并指示将球交于发球方。

⑥当看到双方运动员已准备好，宣报某一方运动员发球，比赛开始，并在记分表上记下开始时间。

2. 比赛中职责

在比赛过程中，主裁必须控制场上局面，并应该注意球场及其周围发生的情况。

(1)主裁目视发球方准备，并在其击球前检查接球方准备状况。在此之后应将目光移回发球方并注意发球。

(2)一分结束后，要目视失分运动员检查情况。

(3)呼报分数的方式应遵循正确的国际网联报分程序，先英文后中文。

①除了在平局决胜制的小分中，发球方的分数总是呼报在先。

②当一分结束后，报分应响亮清晰，并迅速记在记分表上。

③在一局(盘)结束后，除了公报哪一位运动员取胜之外，主

裁还应宣报局比分。如果观众可以看到记分板，则无需呼报盘比分。

④在决胜局中，先呼报分数，再报出领先运动员姓名。

⑤当比赛得出结果后，宣报获胜方。每盘呼报中，比赛获胜者的报分呼报在先。

(4)主裁是场上事实问题的仲裁，如果没有司线员，则主裁必须对所有的线进行呼报。

(5)如果司线员的呼报有明显的错判时，主裁可以及时对其进行更正。更正一定要迅速，不要等到运动员表示反对后再做出更正。

(6)担任沙地网球裁判时，主裁有责任检查球印。

(7)主裁要保证比赛的持续进行。运动员在每分之间只有 20 秒的间隔时间，而在交换场地时则有 90 秒的时间。此时主裁一定要提醒运动员及时继续比赛。

(8)某一运动员在比赛中受伤，通常被允许接受 3 分钟的治疗。

(9)当下雨和场地状况不适应比赛或当场地光线不够的时候，主裁可以推迟比赛，无论何时，都尽可能将推迟比赛定在一盘结束或局数比分平分的时候。

(10)在比赛过程中，主裁负责换球并决定用球是否符合比赛要求。

(11)记分表。根据国际网联认可的程序填写记分表，每场网球比赛都要填写记分表，并且要填写清楚。要把比赛项目、双方运动员的姓名、单位、场地号等都要填写好。关于记分表有以下说明。

①主裁判应根据表的位置，将首先发球的运动员的姓写在第一局空格中，第二局填写对方运动员的姓，方位与第一局相同。第三局的方位改到另一面，第四局同第三局，依次类推，交替进行。主裁判在比赛前可以把各发球局的运动员的姓填写在空格内。

②在局数总计一格中填写双方运动员的姓名或姓。

③当局数为 6∶6 时即进行平局决胜制，在这一栏中也同样填写双方运动员的姓。

④表示得分“/”。

⑤表示第一发球失误“.”。

⑥发球直接得分并且对方未碰着球写“A”(Ace)。

⑦发球双误在接球方格内写“D”(Double Fault)。

⑧运动员违反行为准则写“C”(Code Violation)。

⑨第几局谁胜即在局数总计格中填上本方获胜局数的累积数。

⑩决胜局的记分要用数字表示(1,2,3,4,……)。

⑪每盘结束，应迅速填写结束的时间和局数比，局数比之间用破折号，决胜局比分应填入括号。

⑫主裁判核对比分签字后，送交裁判长。

第三节　网球运动赛事文化营销

一、网球运动赛事文化营销概述

体育赛事营销具体包括赛事组织者层面与参与企业决策者两个层面的含义。体育赛事文化营销战略是体育赛事组织经营者或参与企业决策者将文化营销理念应用在体育赛事营销领域，为了赛事或企业的生存和发展，利用内部优势，把握外部机会，对赛事或企业相关的重大问题所进行的谋划。

具体地讲，体育赛事文化营销战略是体育赛事组织经营者或参与企业决策者为了满足各自市场消费者的需求与欲望，将不同层次文化元素渗透到体育赛事营销过程中，实现体育产品、服务市场竞争力或者提高企业自身产品市场竞争力而进行的长远谋划。

二、网球运动赛事文化营销的意义

网球运动赛事的文化营销有着多方面的意义，具体来讲主要表现在以下几个方面。

(1)不断挖掘与扩大网球运动赛事的目标消费者市场。从人类的需求方面来讲，文化需求是一个不断发展进步的过程，消费者心理信息的最基本部分就是人类的基本需求、需要与欲望。同时，人的需求欲也会随着人生阶段的转移而发生相应的变化，需求与欲望会不断升华。消费者市场的大小与消费者的经济承受能力存在着很大的关联，具体到网球运动赛事文化来讲，其营销应该根据市场的发展情况进行有针对性地开发，从而使网球运动赛事的目标消费者市场不断扩大。

(2)有效增强网球运动赛事的文化融合力。运动赛事的举办首先应该有自身的产品文化定位，而所谓赛事产品文化定位指的是赛事产品市场定位反应在语言描述上面体现出来的文化意义或文化概念。网球运动赛事的文化营销应该根据运动自身的特点进行准确的相关产品文化定位，从而有效增强网球运动赛事的文化融合力。

(3)显著提升网球运动赛事相关产品的市场竞争力。差异化是企业在竞争中获胜的基本战略，在体育赛事营销中注重差异化营销同样能够为体育赛事的产品带来相应的竞争力。在网球运动赛事营销中导入文化因素，利用文化营销所产生的差异化功能，能够帮助赛事构筑差别的优势。

三、网球运动赛事文化营销的策略

网球运动赛事的文化营销具体可以采取很多形式的方法策略，这里就对网球运动赛事文化营销的推广与整合策略进行具体分析。

（一）文化推广策略

任何行为活动的传播、发展与盛行都是从该行为活动的文化开始的，即该行为的利益、意义、概念等相关知识的传递、灌输、理解、参与体验过程。而且，这种文化推广需要时间作保障，特别是当一种新型文化的出现时更需要充足的时间来保证自身的文化推广。

网球运动赛事的核心产品是竞技网球运动赛事产品，该产品的背后有一种支撑这项赛事产品的文化——网球运动文化。网球运动赛事的发展需要有雄厚的网球运动群众作基础，这样才能够使网球运动得到更加广泛的关注，网球运动赛事的市场基础才更为广阔。网球赛事的工作不仅仅限于网球赛事的经营运作，同时还应该加强对网球运动文化推广与传播，这样能够为网球赛事的市场营销奠定更好的市场基础。

具体来讲，网球运动的文化推广策略主要可以从以下几个方面来进行。

(1)网球运动参与推广。网球赛事的组织者应该使更多的人参与到网球运动之中，理解接受网球运动的健康、阳光、高雅等相关概念，使人们能够主动参与其中。

(2)网球运动欣赏推广。网球赛事的组织者推广网球文化不仅要推广网球参与文化，同时还要积极推广网球欣赏文化。网球运动欣赏文化主要包括网球运动规则、网球赛事观赏礼仪、网球赛事观赏习惯等方面。

(3)网球运动时空推广。网球赛事的组织者在网球运动文化推广时还应该有时间观与时空观。时间观是指在推广活动周期的延续性和推广对象年龄层次的延续性，时空观指的是网球运动的推广的地域空间性。推广活动不仅应该在大城市和经济发达的地区进行推广，还应该在经济落后的城市与地区进行积极的推广传播，这样才能获得推广的良好效果。

（二）文化整合策略

整合营销传播理论最初是由美国西北大学教授舒尔兹等人提出的，该理论被认为是市场营销理论在20世纪90年代的重大发展。整合营销传播理论具体是指企业在经营活动过程中以由外而内战略观点为基础，为了与利害关系者进行有效的沟通，以营销传播管理者为主体所展开的传播战略；该理论注重以顾客为中心，强调与顾客进行全方面地沟通，注意营销成本的节约与营销效果的提高。

文化营销文化概念的外延很大，整合空间也非常广阔：可以吸收绿色营销观念进行绿色文化营销；吸收网络营销观念进行网络文化的营销；可以把握地缘关系、文化习俗关系等进行关系营销。网球运动赛事组织者在执行赛事文化营销的过程中可以扩大视野，而且进行网球文化的推广不只是局限于网球领域，同时还可在其他的体育领域进行开展。网球运动赛事的文化营销绝不应该单一孤立来进行，而应该采取多种营销层面、营销媒介、营销行为，由内而外开展起来。

文化具有巨大的包容性，网球运动赛事的组织者应该以文化营销为龙头，同时积极借鉴新的文化要素，使营销发挥出更大的作用，这样有助于网球运动赛事在市场营销过程中获得更好的效果。

第四节 网球运动竞技文化传承

一、网球运动竞技文化传承的媒介

传播学认为，媒介即中介或中介物，它存在于事物的运动过程中。传播意义上的媒介指的是传播信息符号的物质实体。在整个人类发展的过程中，把自身力量作用于客观物质是一项最基本的活动，这是人类为了满足自身各种需求所创造的产物。从文化学的角度来讲，物质是文化传播的重要载体，在文化的传播过程中对物体器件较为忽视。实际上，现代工业产品携带着反映科学技术的最新信息，而科技思想与知识是最活跃的文化因素。

（一）球、网球拍和场地是网球运动文化传承的物质载体

在网球运动中，球、网球拍以及网球场地都是能够实体感知的实物，同时也是网球运动文化的物质层面。

体育物质文化是体育文化的基础，如果没有物质基础作保障，制度与精神无法存在与发展。作为人类创造的物品，显然不是物质性大于文化性或有用性大于意识性的直接消费品的生活资料的文化物。作为“形而下的器”承载了内容丰富而又有独特内涵的“形而上的道”。虽然球、网球拍、场地这些物质凝聚了创造者的主体意识，但是其内容是物质而非精神的。作为网球运动的实物，已经超出了它们所具有的一般意义，而成为一项具有贵族血统、文明高雅的象征；如果网球器材被某个特殊人物使用过，则它还会被赋予历史价值和收藏价值。

（二）网球服装丰富了网球运动文化传承的内容

网球运动比较注重个体的作用（单打）为网球运动员服装的个性化提供了平台，使网球服装的个性化成为可能。

随着生物力学、仿生学、社会审美文化等学科的不断发展，网球运动服装的设计也更加科学和个性，网球服装的设计与科学技术及文化发展之间存在着密切的关联，其设计的不断变化也很好地反映出时代审美的变迁。

网球运动者个性化的运动服装也更好地表现出运动者自身的特点，为场上的观众营造出美的享受，这不仅使网球运动赛事更加丰富多彩，同时也在一定程度上丰富了网球运动文化传承的内容。

(三)“鹰眼”与测速器实现了网球运动媒介的文化增值

文化增值是文化在质量方面的一种“膨胀”或者放大,是文化的一种创新,是一种文化原有价值或意义在传播过程中生成新的意义与价值的现象。

世界处于不断的发展之中,网球运动文化同样是一种动态生成的文化。人们在长期的运动实践中不断探索着网球运动的规律,这使得网球运动的内容在传承的基础上不断丰富与拓展。从本质上来讲,体育文化的创新就是体育文化特质的产生与社会文化要素的融入,并由此引起的体育文化局部与总体性的改变。

以辩证法的观点来看,创新就是一种新事物的诞生,而新事物的产生同时又是事物内部矛盾转化的结果。科技存在于人们生活的各个角落,同时也存在于网球运动的很多方面。在网球运动中,“鹰眼”等现代科技的广泛运用也在一定程度上丰富了网球运动的物质文化。

二、网球运动竞技文化传承的方式

(一)参与和欣赏是网球运动文化传承的基本途径

网球运动具有非常深厚的文化底蕴,它不仅保留了古式网球中的很多传统礼仪,同时还增加了现代网球运动文明的大众性、开放性以及服务性。网球运动能够很好地传递礼仪,其烦琐的规则能够很好地培养人们的规则意识,其运动训练的长期性也有利于人个性的成熟与完善。

网球运动的参与方法多种多样:可以成为一名专业的网球运动员,提高自身的体育运动的技术水平,获得较高的社会声望获得较高的经济收入;也可以将网球运动训练作为一种闲暇时娱乐与健身形式,甚至将其视为一种社会交往的方式。而现代网球的精彩、优美、高雅和高超的球技具有突出的娱乐性、参与性、竞技性以及观赏性，因而具有很好的吸引力。总之，参与和欣赏是网球运动文化传承的基本途径。

（二）教育、体验、交往与传播是网球运动文化传承的主要方式

通过参与网球运动，人们能够逐渐体验到网球运动所具备的教育功能。一方面，对网球运动学习能够使运动者了解和掌握与网球运动有关的各种知识，加深自己对于网球运动的认识，培养对网球运动的兴趣。另一方面，积极参与网球运动还有助于人的社会化与道德修养的协调发展。由此可见，教育是网球运动文化传承的一种有效方式。

此外，体验、交往、传播都是网球运动文化传承的主要方式，通过这些方式的应用能够使网球运动的文化实现更好的传承与发展。

三、网球运动竞技文化传承的规范

（一）机构方面的规范

在网球运动的机构方面，国际网球组织从机构上对文化的传承进行了规范。

从体育文化学的角度来看，国际体育机构是科学体育思想成熟发展与独立体育文化形态形成的必然结果，是体育文化独立形态的集中体现。体育文化形态在反映体育文化的一般演进过程中，根据不同发展水平、不同的历史阶段，体育文化的历史形态在性质上存在着时代的差别。它反映了体育在发生发展的历史演进中，人们对体育文化现象的认识程度与其在不同社会形态的制约下所表现出来的不同的历史阶段性特征和时代特征。现代体育文化形态的特征表现为高度的社会化与组织化，这两个特征通过国际体育组织集中体现出来。国际体育机构的成立为体育文化的发展提供了舞台和文化交流的场所。因此，在国际体育机构

大量涌现的时期也是体育文化发展最迅速的时期。

从英国的温布尔登开始，网球运动到现在已经有一百多年的发展历史。在网球运动开展之初，只有为数不多的几个国家参与其中，而发展到现在已经有160多个国家参与网球运动。在此过程中，网球运动的技术水平不断发展，网球运动的规则也在不断完善，这些都是在网球运动相关组织的同理管理下进行的。因此可以说，国际网球组织从机构上对文化的传承进行了规范。

(二)制度方面的规范

在网球运动的制度方面，网球运动的竞赛方法与规则从制度上对网球的文化传承进行了规范。

体育运动竞赛制度的根本目的在于保证网球运动的质量，它对网球运动竞赛的项目、时间等方面进行了全面具体的安排，使之能够更加系统、有计划地进行；使运动训练工作依据竞赛制度制订训练计划，更好地调动运动者的积极性。科学的、稳定的网球运动竞赛制度是网球运动获得更好发展的重要保证，这不仅能够展现网球运动公平公正的竞赛风格，同时还能够使网球运动更有魅力。

网球运动赛事通常采取单淘汰制，这样更有利于网球运动的发展。一方面由于网球运动赛事众多，为了使运动员能够参加其他的赛事，因此多采用单淘汰制；另一方面，采用单淘汰制就意味着如果运动员输掉一场比赛就告别了该项赛事，这也会使每位运动员都能够竭尽全力去比赛。

由上述可知，网球运动的竞赛方法与规则从制度上对网球的文化传承进行了有效的规范。

(三)礼仪方面的规范

在网球运动的礼仪方面，约定俗成的礼仪从传统上对网球文化的传承进行了规范。

礼仪是人们在长期社会交往活动中逐步形成的、用以指导和约束人们交往行为的规范，是协调社会成员相互交往关系的行为规范。网球运动有着很深的文化积淀，尤其是其中所包含的一些约定俗成的礼仪蕴含着很多人文关怀。例如，一场高水平的网球比赛会吸引很多观众参加，这些观众除了掌握网球运动的基本比赛规则之外还要了解网球运动的各种礼仪，在比赛过程中不能发出不和谐的杂音，而在每一分结束时全场则可报以热烈的掌声。这很好地体现了约定俗成的礼仪所具有的魅力，不仅是一种陶冶情操的表现形式，而且是网球运动文化传承的一部分。

第四章　大众网球运动文化解读

大众网球作为网球运动的一个重要组成部分，其与校园网球、竞技网球一样，都有着相应的文化基础和理念。可以说，对大众网球运动文化的解读，能够更加深入细致地了解和认识大众网球，同时，也对大众网球的进一步发展奠定了良好的文化基础。本章主要对大众网球的定位及发展现状、大众网球兴起的社会文化动因，以及大众网球的科学管理与活动组织这几个方面的内容进行详细地分析和阐述。

第一节　大众网球定位及发展现状

一、大众网球的定位分析

关于大众网球的定位，主要从两个方面着手，一方面，是将大众网球与大众体育两者之间的“大众”进行本质上的区分；另一方面，则要对大众网球的“大众”，进行深入的分析，即大众网球是在“非大众”的基础上将“大众”体现出来的，具体如下。

（一）大众网球与大众体育之“大众”的本质差别

尽管大众网球与大众体育都有“大众”，但是，这两个“大众”并不是完全一样的，两者存在着本质上的区别，具体来说，主要表现在以下两个方面。

1. 项目认知上的差别

网球作为一种体育锻炼项目，并不是普通意义上的大众体育，具体来说，主要体现在，从锻炼效果上来说，网球与其他一般的体育项目存在着一定的差别，网球运动不仅具有一般体育运动的锻炼效果，还有其自身独特的锻炼价值。另外，网球运动的限制因素有很多方面，这就导致了其投入与产出的性价比要低于其他大众体育项目。

总的来说，就是如果仅将网球定义为普通大众体育的项目之一，那么不仅会使网球运动的项目特色尽失，甚至还会使其推广的价值和发展的意义也都不存在。

2. 推广方式上的差别

在推广方式上，普通大众体育项目的推广方式并不适用于网球运动。如果将普通大众体育项目的推广方式运用到网球运动的推广上，就会将网球运动的特殊性抹杀掉，从而将其大众性和普适性过分突出出来。另外，文化、消费、场地等方面也会对网球运动的开展产生一定的影响和制约，不利于网球运动的推广。

（二）网球的“非大众”特点

网球的“非大众”特点主要表现在以下几个方面。

1. 项目文化积淀方面

网球运动是从教会和宫廷中逐渐发源而来的，从那时起，网球运动就成为特权阶级的专属运动项目，并且在文化等方面的影响下，网球运动逐渐形成了独特的“贵族气质”。相较于其他大部分的体育运动项目来说，网球场上的行为规范和运动礼仪都是更为严格的，而在规则方面，复杂性也更加显著。从某种程度上来说，网球运动往往能够将复杂的、安静的、克制的、规范的文化特点反映出来，而我国传统的大众体育项目，具有热闹、简单、开放、可供宣泄等特点，如秧歌、龙舟、广场舞、篮球、足球等受到大众的广泛欢迎，这一点与网球运动是截然相反的。

2. 参与人群方面

网球运动传入我国之后，鉴于其“贵族”的特质，广大群众并不是网球运动的参与人群，在新中国成立之前，教会（学校）、军阀、资本家等往往是网球运动的参与者。而到了新中国成立之后一直到改革开放，能够参与网球运动的也只有领导干部和专业运动员。改革开放后，网球项目才开始在群众中得以发展，并且白领（及子女）和大学生参与网球运动的机会较多，由此可以看出，行业类型相对整个社会而言，网球运动的依旧是“小众”的。

3. 消费方面

网球运动消费方面的“非大众”特点，主要从两个方面得到体现：一个是消费水平，一个是消费形式，具体如下。

（1）网球消费水平方面

网球运动的消费水平，相较于其他运动项目来说，是非常高的，这也是导致参与人群小众化的一个重要原因。

（2）网球消费形式方面

从相关的研究中可以发现，我国大众体育消费形式多集中于鞋服等必需品和普及品消费，而网球运动的基本消费内容就不仅仅局限于这一范围，其更多的是包括场地、器材、耗材、教练等方面。

4. 场地方面

一般的，相较于其他运动项目，网球的场地单位面积建设维护成本并不算高，但是，网球场地的非大众，不仅仅是指场地的建设和维护成本这一个方面，其还涉及网球场馆的承载能力。从表4-1 中，可以很直观地看到网球与其他一些球类运动场地承载能力的对比情况。

表 4-1　网球与其他大众体育项目场地承载能力对照表

	网球	篮球	气排球	五人制足球	羽毛球
标准场地占地(平方米)	669	608	160	375～1 050	176
单位最大承载人数(人)	4	12	10	10	4
人均占地面积(平方米)	167.25	50.67	16	37.5～105	44
单位面积承载力(人/平方米)	0.006	0.02	0.63	0.27～0.10	0.023

注:1. 场地面积为标准场地建筑占地面积,含场边预留安全区域;

2. 单次承载人数为同一时间,同一场地同时进行活动人数,篮球按两半场同时进行 3 对 3 比赛计算。

从表中可以看出,网球场馆的承载能力要远远低于其他几个球类项目,由此导致的必然后果,就是建设成本和营运成本要较其他球类运动项目高出很多,因此,网球运动对经营者、参与者的要求就是高投入、高消费。从某种意义上来说,网球场馆的承载能力并非只是单纯的经济成本问题,也是资源的利用和分配上的问题,具体来说,网球运动,就是利用更多的资源来使更少人群的需求得到满足,因此,这是一种非大众化的行为。

5. *技术要求方面*

网球运动和羽毛球、乒乓球都属于小球运动,但是,其与其他两种小球运动也存在着一定的差别,主要表现在,羽毛球和乒乓球对参与者的要求较低,但网球由于受场地较大、器材较重等原因的影响,使得其对参与者的技术动作有着非常高的要求,其技术动作的规范会对击球效果和运动者的体验产生较大的影响,严重者还会导致“网球肘”等运动损伤的发生。另外,要使参与者掌握复杂的基本技术动作,并且使每一个人都形成独有的个性化的技术,都离不开经验者的指导,网球的教学、培训也有一定的人数上限,更小的分班单位使得教学培训的成本和大范围普及网球运动的难度都有一定程度的增加。由此可以得知,技术上的先天严要求,造成了网球相对严苛的参与条件,这对于网球运动大范围的普及是不利的。

(三)网球的"大众"定位

通过对网球的"非大众"特点的解析,可以看出,网球运动的实质并不是"大众",其之所以被定位为"大众",原因主要有以下几个方面。

1."大众"概念本身就存在着模糊性

关于"大众"的概念,并不明确,具体来说,"大众"对人数、比例的要求到底是多少并没有明确的说明和规定。因此,无法界定网球是不是"大众"的。

2. 网球运动参与门槛有所降低

随着经济的不断发展,人们的生活水平和消费水平越来越高,起初网球运动的高消费让绝大部分人望尘莫及,而现在,网球运动的消费水平已经被大部分人们所接受,而且部分网球相关消费价格在近 10 年来并没有明显的提高。这就给人一种网球运动在消费上趋于大众化的感觉。但是,需要强调的是,消费价格的下探与消费人数的增加并不是能够画等号的。网球运动的消费水平依然要比其他运动项目要高一些,同样,这一特点仍然会对网球运动在尚未完全形成体育消费的我国的普及起到一定的制约作用。

3. 网球人群不断增多

网球运动经过不断的发展,越来越多的人开始了解网球运动,并且参与其中,人数有了一定的增多,呈现出大众普及的趋势。但是,对增多的网球人群进行进一步的分析可以看出,领导干部、企业家、白领(及其子女)和高校师生等这些人群仍然是业余网球运动的主要参与者,只不过是更多的人加入到这个人群(收入)序列,并加入到网球运动之中。换句话说,就是网球人群的扩大是原有人群的巩固发展,参与者层面上并没有得到扩展。

4. 国内专业网球运动员带来的错觉

当前,明星效应在体育运动中所起到的作用越来越显著。可以说,现代体育事业的发展,在一定程度上要归功于体育明星的推动。近年来我国的网球明星往往都是出身于一般家庭,李娜、郑洁等运动员都有一定的"草根"性,于是,这就在一定程度上给旁观者造成一种错觉,即网球运动员大众化。但是,需要强调的是,我国体育体制有其特殊性,运动员的选拔培养机制与个人经济条件并没有直接的关系,大量的经济投入皆由国家负责。因此,竞技明星的大众出身与网球运动的大众化的关系并不大。

二、大众网球的发展现状

当前,大众网球已经得到了一定的发展,并且取得了一定的成效。由于山东省的经济发展水平较高,且该省的网球运动起步也相对较早,其大众网球的发展状况能够在一定程度上反映出全国的大众网球的发展状况。因此,这里就从管理机构设置、场馆建设的分布和使用以及人口调查几个方面着手。来对山东大众网球的发展状况进行分析和研究,

(一)网球场馆建设的分布和使用情况

从相关的资料中可以看出,当前山东省内网球场馆的地理分布情况可以大致归纳为两个方面。一方面,是对于济南和青岛经济水平较高的地区,网球场地的扩散性较强,因此,往往在郊区地带建设网球场馆;但是在日照、潍坊等经济水平一般的城市,则往往在市中区建设网球场馆,且建设地比较集中。

当前,随着各地经济的不断发展,对网球运动的资金投入也越来越大,这就使得各地场馆的数量不断增加,场馆内的设备也越来越齐全。但是,从目前的形势来看,山东省内各地普遍存在着场馆使用效率较低的现象,同时,还将不同类型的场地使用效

率失衡的情况充分体现了出来。具体来说，网球场地的类型有很多种，通常可以分为三种类型，即经营性场地、社区场地以及高校场地，就这三种类型的场地而言，使用效率最高的当属高校场地，究其原因，主要是由于学生人数众多，使用人数多；同时，还有一个使用率也相对较高的，就是经营性的场地，究其原因，主要是由于管理手段比较丰富；使用率最低的当属社区场地，导致这一状况的主要原因在于缺乏管理，大众网球的普及率较低。因此，这就要求根据不同类型场地的利用情况和原因，有针对性的采取相应的措施，来进一步提高场地的利用率，从而对大众网球的普及发展创造良好的条件。

（二）大众网球管理机构的设置情况

通过对山东网球机构设置的调查研究中可以得出两个方面的结论。一方面，在山东省政府专业性质的体育管理系统下，大众网球发展战略以及相关的管理条例的制定都是由管理中心统一实施的，并且逐步下发到各个地区；另一方面，在教育系统管理下，山东省教育厅统一对各个院校的课程进行管理制定，教育管理部门则主要对具体的操作、网球活动以及网球训练内容进行指导性管理。

从某种程度上来说，山东省大众网球管理体系的矩阵结构还是较为复杂的，具体来说，体育事业管理总系统下设专业性政府管理系统、非专业性政府管理系统、专业性社会管理系统、非专业性社会管理系统，这四个系统之下又会具体设有不同的管理机构，从而对大众网球进行进一步细化的管理。由此可以看出，大众网球运动的管理机构在设置方面还是较为合理的，希望今后根据大众网球的发展情况，对管理机构进行适当的调整，将管理机构的职能充分发挥出来，从而为大众网球的进一步发展起到积极的推动作用。

（三）大众网球人口调查情况

不管是什么样的运动项目，其普及程度越高，参与的人数就会越来越多，对于大众网球也是如此。从某种意义上来说，对大众网球的人口进行调查和研究，能够对一个地区的大众网球运动项目发展起到积极的推动作用。通过对山东省内参与大众网球运动的人口进行调查和研究中可以看出，经济发达地区参与大众网球运动项目的人数的稳定性要更强一些，且具有一定的习惯性特点，同时，这一项运动的主要目标群体为高消费人群。这也在一定程度上将网球运动的一些特点充分体现了出来。

第二节　大众网球兴起的社会文化动因

大众网球的兴起并不是偶然的，也不是凭空就出现的，而是在一定的动因基础上产生的。具体来说，大众网球兴起的动因主要有两个方面：一个是社会动因，一个是文化动因。具体如下。

一、大众网球兴起的社会动因

引致大众网球兴起的社会动因主要有以下几个方面。

(一)生活方式和交往方式的转变

大众网球的兴起是需要在一定的社会基础上而实现的，而为其奠定良好社会基础的一个重要方面，就是生活方式和交往方式的转变。

20世纪中叶，生产力有了进一步的发展，导致这一飞跃发展的原因主要是以信息科学技术为中心的新技术革命。导致高技术产品进入消费家庭的直接原因在于新技术，这不仅改变了人们的生活方式，同时也改变了他们的交往方式。具体来说，由于高科技的引入，使得人们的工作效率提高，劳动的时间缩短，余暇时间增多，消费意识也有了较大程度的改变；同时，人们对生活质量的要求越来越高，单纯的物质条件已经满足不了其需求，越来越重视自身的健康。具有显著的休闲娱乐特点的大众体育就是在这样的背景下兴起的，而与此同时，网球作为一种现代体育运动正是在大众体育兴起过程中为满足人们健身、高雅和时尚需要而发展起来的。

受全球经济一体化的影响，我国的经济体制和社会结构都发生了重大变化，人们"生存到发展"的传统生活方式逐渐转变为"生存到享受再到发展"的现代生活方式。除此之外，人们的生活方式和交往方式也随着我国城镇居民物质生活水平的不断提升和余暇时间的增多而发生了改变，我国城镇居民开始逐渐接受"健身娱乐"和"追求时尚"。从相关调查中可以发现，全国约有上百万人参与网球运动，加上球迷将以千万人计。根据有关资料统计，参加网球运动的人数往往与各地的竞技发展水平有着密切的联系，比如，北京、深圳、上海这些地方参与网球运动的人数要比内蒙古自治区等地区多出数倍之多，尤其是经济水平较高的沿海和南方城市，参与网球运动的人数更多，由此可以看出，我国网球潜在人群数量是非常多的。

从上述内容中可以得知，我国大众体育发展的社会条件越来越成熟，作为大众体育兴起过程中一个具有代表性的运动项目，大众网球运动也具备了兴起的社会基础。

（二）国外网球热的示范

国外大众体育的兴起和发展要早于国内，因此，这就在一定程度上使人类健身的强烈需求得到较好的满足，在这样有利的条件下，网球的运动形式也逐渐受到欧美等发达国家的青睐，世界性的网球热也由此产生。其中，比较具有代表性的是墨西哥和澳大利亚。其网球发展的形式是全民性的。另外，德国、法国、意大利、美国、瑞典、日本等国的网球都有较好的发展。其中，还有一些社区体育、学校体育中也都包含着网球运动。除此之外，韩国、新加坡的网球活动中心或俱乐部发展也较为典型。由此可以看出，网球运动已经成为这些国家的重要健身形式。这些国家网球运动的不断发展，逐渐催生了网球热潮。

世界一体化进程，对地球向村落化方向发展起到了积极的推动作用，从而导致世界各国物质、文化、信息的交流的地域、国界限制越来越小。受世界网球兴起与流行的影响，再加上当时我国正处于改革开放的热潮之中，各行业国际间的交流与学习日趋加强。而在体育领域，这样一种世界性的网球热潮是完全不能避免受其影响的。世界性的“网球热”受到了多方面的关注，同时，一些媒体也开始通过各种形式来宣传和报道网球，由此，便将我国大众网球运动快速普及的序幕拉开了。由此，电视台开设了网球频道，对国内外的网球赛事进行积极转播，越来越多的网球爱好者参与到网球运动中，这些都在一定程度上使网球与人们之间的距离进一步拉近，这对于网球运动在国内的进一步发展奠定了良好的基础。

（三）高校“网球热”的带动

1. 高校网球组织与竞赛状况非常好

大众网球在高校中的发展，对于我国大众网球的发展与普及起到积极的推动作用，不仅使网球人口迅速增长，同时还形成了高校网球产业。通过对我国高校网球组织及竞赛现状情况的调查和研究中可以看出，近几年，网球运动在高校中的发展越来越好，各个高校网球选修课、网球联赛、网球协会正逐年增加。由此可以看出，高校是青年人汇集的地方，网球运动在高校中越来越普及，这就说明，青年人对网球运动是接受的，是非常青睐的，我国高校的网球运动氛围已经形成，这对大众网球普及速度的加快起到了非常大的推动作用。

2. 网球运动能够促进学生意志品质和社交能力的培养与提高

当前社会的竞争程度越来越激烈，对学生的意志品质和竞争精神有着较高的要求，而参与网球运动，则能够使学生的意志得到磨炼,竞争意识和对抗能力都得到积极的培养和提升。除此之外,随着高校的素质教育改革、学生追求层次的提高,学生的追求也越来越高,单纯的健身娱乐已经满足不了他们的需求,时尚也成为他们的重要追求之一。另外,受社会大环境影响,学生的人际交往机会和能力都很低,在网球的学习过程中,则可以通过以"球"会友的方式,来加强相互之间的沟通和交流,从而为社交创造良好的条件,进而达到有效提升自身交际能力的目的。

3. 高校学生具有科学的体育价值观

从对中国群众体育现状的调查研究中可以看出,当前我国参加体育活动人口具有多元化的体育价值观,其中,最为具有代表性的观点有两个方面:一个是追求生理健康的价值取向;一个是追求心理健康和社会交往的价值取向。由此可见,体育功能可以从两个方面得到体现:一方面,是增进健康、增强体质;另一方面,是在社会生活中得到广泛的应用。而能够满足这些需求的运动形式中,网球运动是比较具有代表性的,因此,越来越多的学生选择并喜爱网球这项运动是必然的。

综上所述,在推动大众网球运动兴起和发展的众多因素中,最有力的助推器当属高校"网球热",青年大学生成为大众网球运动兴起过程中,最有活力和号召力的主力军,为大众网球运动的发展注入了新的活力。同时,随着一批批青年大学生步入社会,网球也由学校逐渐扩散到社会,并由此形成了一批相当稳定的网球参与群体,这就为大众网球的进一步普及与发展奠定了坚实的基础。

(四)大众媒体的关注和网球的商业化运作

大众网球运动的社会传播,主要受到两个因素的积极推动:一个是大众媒体的关注,一个是网球的商业化运作。具体如下。

1. 大众媒体对网球的关注程度是我国大众网球运动兴起的关键因素

网球运动具有较为显著的娱乐性、参与性、竞技性和观赏性特点，这主要归因于现代网球的休闲、优美、高雅和精彩的比赛，鉴于此，网球运动不仅对有经济能力的中上层市民有非常显著的吸引力，而且通过各种渠道传播到许多国家，这就为网球运动进入大众化发展阶段奠定了坚实的群众基础。随着社会的不断发展，经济水平越来越高，人们的生活方式和思想观念也发生了一定的改变，这就使得人们对网球这项现代体育运动越来越理解和接受。

从当前来看，国际体坛的所有比赛项目中最活跃的一项，就是网球比赛。全世界一年内举办的男子网球大赛大约有 90 多项，女子比赛也有几十项。[①] 对于人们来说，比较熟悉也是较为喜爱的就是职业网球赛事，网球赛事的进行以及网球运动的发展都离不开大众传媒的推广与传播。这里所说的大众媒体，不仅包括电视台，还包括报纸、杂志等。可以说，大众传媒凭借其传播优势和公众效应，对大众网球的普及发展起到了非常大的推动作用。同时需要强调的是，大众网球在传播过程中的途径问题也是经过大众传媒的介入而解决的。由此可以看出，大众传媒对于网球运动的发展起到非常关键性的作用，这是不可忽视的。

2. 网球商业化运作能够使大众网球运动在社会传播过程中的具体操作问题得到妥善的解决

对于当前的网球运动来说，网球运动开展过程中的组织管理、经费来源、场地设施、活动方式和传播推广等操作性难题往往会在其广泛开展过程中遇到。

由于我国网球当前还处于起步阶段，国家投入、政府体育部门，是解决这一系列问题的主要途径。随着我国改革开放的不断深入，社会主义市场经济体制的确立，解决这一系列的问题的途径进一步增多，国家体育部门以外的经济实体也成为网球运动发展的重要支柱。国外，大众体育运作模式较为成熟，受此影响和

---

① 戚玉楼．我国大众网球运动兴起的社会学分析与可持续发展研究[J]．四川体育科学，2009(4)．

启示，一些经济实体以网球俱乐部或网球中心等形式开始介入到了网球运动之中，并通过市场化和商业化运作手段，从体制上将大众网球运动开展过程中遇到的难题解决好。由此可以看出，相较于国内其他运动项目，中网体育推广公司等一些经济实体的介入具有非常重要的意义，具体来说，不仅对网球的大众化进程起到积极的推动作用，同时，还使得大众网球的普及与开展过程中，组织管理、经费来源、场地设施、活动方、传播推广社会化等都呈现出社会化的发展趋势。除此之外，大众网球的蓬勃开展也在一定程度上带动了网球产业的发展，尤其是产品制造业、赛事举办和网球服务业等，同时也拉动了经济发展。

二、大众网球兴起的文化动因

大众网球运动的兴起，与其雄厚的文化积淀有着不可分割的重要联系。下面就首先对文化和体育文化进行简要了解，然后在此基础上对网球文化的内涵进行阐述，最后对大众网球文化进行详尽分析和研究，具体如下。

（一）文化和体育文化的界定

1. 文化

关于“文化”的概念，有很多种观点和说法，其中，学术界普遍认可的当属：19 世纪英国著名人类学家爱德华·泰勒在其《原始文化》一书中提出来的：“文化，或文明，就其广泛的民族学意义来说，乃是包括全部的知识、信仰、艺术、道德、法律、风俗以及作为社会成员的人所掌握和接受的任何其他的才能和习惯的复杂整体”。[①] 由此，可以将文化理解为：人们在漫长的历史发展变迁过程中所创造和共享的成果。

---

① 聂小锋．现代网球文化体系解析[J]．齐鲁师范学院学报，2015(1)．

对于文化的构成，目前没有统一的说法，一般的是从文化哲学的角度上进行分类的，即物质文化、制度文化和精神文化。

2. 体育文化

早在原始社会，体育就已经出现了，可以说，体育是人类有意识、有目的的活动，伴随着人类社会的发展而发展，是一种文化现象，是社会文化的重要组成部分。由此可以看出，体育文化是文化体系中的一个子系统文化。体育文化是文化的下位概念。具体来说，体育文化的概念可以从两个方面来进行理解。一方面，体育文化是一种特殊的社会文化，是人类自身需求，它的反映形式主要包括身体运动、动作技能、物质器材及情感倾向、精神状态、价值观念等；另一方面，体育文化是一个国家、一个民族或一个时代的物质、精神和制度特征的重要标志。

（二）网球文化内涵解析

网球运动产生之后，其文化内涵就随之产生了。网球文化是体育文化的重要组成部分。以文化的特点为依据，可以将网球文化定义为：网球运动在漫长的历史演进中所创造的物质产品、精神产品及所特有的符合网球运动本身的一种文明，它是世界各个地区、地域人群通过参与网球活动，根据网球本体特征总结、创新、发展所形成的各种物质与精神的财富总称，是指观赏和参与网球运动的人的思维形态和行为方式的制度化凝结，同时也是网球运动的理论、技战术、习俗和制度的总称。[①]

（三）大众网球文化的基本内容

大众网球文化是由很多方面构成的，换句话说，大众网球文化包含着丰富的内容，具体来说，主要有以下几个方面。

---

① 聂小锋．现代网球文化体系解析[J]．齐鲁师范学院学报，2015(1)．

1. 休闲、健身、放松身心的特点

相较于竞技网球的残酷竞争,大众网球更侧重于休闲、健身,具体表现为:其受年龄和性别影响较小,能够自由控制运动强度,群众基础较为广泛。通过参与大众网球运动锻炼,不仅能够使参与者的体质增强,人体免疫力有所提高,如果能打出一记制胜分或赢得一场小型比赛,还能够使人精神愉悦。大力的击球和奔跑,对于不良情绪的宣泄和压力的疏解都是较为有利的。另外,在闲暇时间进行网球锻炼,能够使身心得到放松,情绪也会得到较好的调整。由此便将大众网球的精神文化充分体现了出来。

2. 业余网球竞赛

大众网球文化的规范体系应是业余网球竞赛,其规章制度也逐渐趋于完善。具体来说,业余网球竞赛的规章制度中,较为主要的有这样两个方面:一方面,业余竞赛对不允许有职业背景的运动员或退役未满三年的运动员参加进行了明确的规定;另一方面,有业余网球组织自己的排名系统和系列赛事。一般的,业余竞赛往往是信任制比赛,因此,这就要求运动员一定要做到诚实守信。众所周知,竞赛就会有输赢,因此,这就要求运动员一定要正确看待输赢。除此之外,还需要强调的是,网球爱好者通过参加业余网球竞赛,对于诚实守信的品质和健康的心理状态的培养都是较为有利的,要对此引起重视。

3. 有助于参与者之间的交流

在大众网球中,不管是在平时练球过程中,还是业余比赛休息间隙,三五成群的球友聊网球的情况经常能够看到。不管他们熟悉与否,通过网球,都能够找到相熟的话题,他们之间的交流与职业背景、城市甚至国家都没有关联性。球友之间的交流要比比赛的输赢的话题性要强,由此,也将多彩的网球文化创造并且反映了出来。

4. 网球协会、网球俱乐部

社会关系和社会组织都是文化的重要组成部分,两者之间有着较为紧密的联系。具体来说,社会关系实现之后的实体就是社会组织,社会关系是在一定的组织保障基础上确定下来的。而这一关系应用于大众网球文化中,就变成了:社会关系实现的实体是网球俱乐部、网球协会,网球俱乐部、网球协会能够从组织上保证社会关系的确定。从某种程度上可以说,网球俱乐部、网球协会为大众网球爱好者搭建交流平台,通过网球运动这一媒介,能够使社会关系更加和谐。

5. 网球收藏博物馆、网球器材店

网球爱好者以自己的喜好为依据日积月累收藏网球相关产品而建成的博物馆,就是所谓的网球收藏博物馆,其能够将一个地区、甚至一个国家一段时间内的网球历程反映出来。木质球拍、各种样式的网球、球星卡、珍贵的老照片等都属于收藏博物馆的藏品,内容丰富多彩。从这些藏品中,能够对网球运动的历史有所了解,对网球运动文化有所感受。

网球器材店往往都是网球爱好者开设的专营网球器材的门店,这就为网球爱好者从事网球运动提供了不可或缺的物质基础。

上述两个方面是大众网球文化的有形部分,从中能够对网球文化、从事网球运动的了解和传播奠定坚实的物质基础。

第三节　大众网球的科学管理与活动组织

一、大众网球的科学管理

要实现大众网球的科学管理,不仅要遵循相应的原则,还要有针对性地采取相应的方法，具体有以下几点。

(一)大众网球管理的原则

大众网球科学管理过程中需要遵循的原则主要有以下几个方面。

1. 可行性原则

大众网球的组织、内容、形式及开展大众网球活动的计划、方案、措施等，必须从实际出发，做到切实可行，这就是所谓的可行性原则。

在大众网球的科学管理中贯彻可行性原则，需要对以下几个方面的内容加以注意。

第一，从我国经济实际出发，对有限的人力、物力、财力进行充分的利用，从而达到事半功倍的效果。

第二，从我国人民身体实际出发，来有针对性地选择相应的负荷强度参与到大众网球活动中，以保证良好的锻炼效果。

第三，从我国民族习惯出发，形成我国大众网球的显著特点。

2. 整分合原则

大众网球管理者无法对管理目标进行准确定位，采用整分合原则能够将复杂多样的目标条理化系统化，进而组成科学的目标体系的主要原因，在于大众网球管理目标的多样性特征。从大众网球的管理目标出发，可以得知整分合原则的内容主要包括三个方面，具体如下。

(1)从本质上对系统的总体目标进行总体把握

大众网球的根本目标在于增强人们体制，使全民素质和生活质量都得到有效的提高，由此可以看出，这项内容是构筑目标体系的基础，是整体目标体系的纲领。

(2)对总体目标进行科学分解，使其进一步细化

在大众网球管理的过程中，可站在组织系统的立场上，对组

织的总体目标进行分解，从而使其目标具体化。比如，从管理要素的角度出发，可以大致将总体目标分解为三个方面，即人事目标、财务目标和物质配置目标。

(3)将总体目标系统化

管理活动的终结并不是分工，可以说，分工是管理活动的细化和继续。分工后的各个环节，可能在时间、空间、数量和质量等方面脱节。因而，这就需要严密的组织来对其进行相应的协调，从而使科学有效的综合得到有效的实现。这种总体—分解—综合的过程，就在一定程度上将整分合原则的含义反映了出来。

需要强调的是在贯彻执行整分合原则时，要对以下两个方面的内容加以注意。

第一，要知道分解并不是管理职能和职权的分解，而是管理目标的分解，不管是承担任务的组织还是个人，都必须对所承担的工作具有计划、组织、控制等全面职能。

第二，承担任务的组织或个人，应享有必需的人、财、物上的自主权，这样对于责、权、利的一致的实现是有所助益的。

3. 区别性原则

由于大众网球管理系统存在复杂性，因此，社会环境差异、参与者差异以及活动内容差异等方面都会对大众网球管理产生相应的影响。因此，这就要求以不同的情况为依据来有针对性地采取不同的管理办法。

在大众网球管理过程中遵循区别性原则，需要对以下几个方面事项加以注意。

第一，对社会环境条件的差别加以注意。当前，我国正处于快速发展与变革的阶段，迅速发展和变革往往就会导致社会环境不平衡现象的产生，进而造成大众网球管理环境的差异巨大和管理因素错综复杂的情况，因此，这就要求在大众网球的管理过程中，认真贯彻和落实区别性原则，这是非常重要且必要的。

第二，对活动内容和形式的差别加以注意。由于参与大众网球活动的人们的运动需求存在着一定的差别，大众网球的内容也是较为丰富的。通常，大众网球的活动应当是小型的，多样化的，这能够使不同群体的需要都得到较好的满足，使大众网球活动能为多数人所接受，并长期地坚持下去。

第三，对参与人员的区别加以注意。针对大众网球参与人员构成负责的情况，要对参与人员的年龄、性别、职业、文化和社会背景以及参与网球活动的动机等进行区别对待，从而更好地贯彻区别性原则，取得理想的锻炼效果。

4. 多样性原则

以照顾各类人员的需要、地域的差异、季节的变化为目的，采取各种各样的活动内容、组织形式和竞赛方式，使得大众网球活动得以持久和生动地开展，这就是所谓的多样性原则。大众网球活动的多样性主要在活动内容、组织形式以及竞赛方式这三个方面得到体现。

5. 合作性原则

大众网球具有边界模糊的特点，因此，这就导致其既极为需要与社会各界紧密配合，但又容易与其他社会系统发生矛盾。鉴于此，就要求大众网球的管理过程中必须遵循合作性的原则，具体来说，就是由负责体育的部门和其他部门合作、协调，这样，才有可能将大众网球中的各种关系处理好，才能将社会有限的体育资源充分利用起来，从而取得理想的锻炼效果。

由于大众网球是由各个不同的社会系统参与共同组织管理的，这往往就会产生这样的问题：不同的社会部门往往从自己本部门或本系统的立场出发，代表着不同的利益需求。鉴于此，就要求各部门对大众网球的社会整体利益进行深入的认识，将大众网球的总目标明确下来，在实现社会总目标的同时，尽可能地照顾到各社会部门自己的分目标和局部利益。需要强调的是，在市场经济条件下，社会合作不能只讲义务，还得讲利益，具体来说，就是从互利的角度来对合作的具体形式进行积极的探索，从而使社会各系统在大众网球中的联系进一步增强。找到不同的社会部门与大众健身利益的结合点，使对大众健身的投入与实现各组织目标之间具有一致性，这就将合作性原则充分体现了出来。

6. 激发性原则

通过各种形式与手段激发人们自觉积极地经常地参加大众网球活动，就是所谓的大众网球管理的激发性原则。大众网球活动是广大群众自觉自愿参加的一种有目的有意识的社会行为。提高群众的积极性是开展大众网球活动的关键所在，但是，仅仅依靠行政手段是不能够将群众的积极性提高起来的，具体的做法应该是宣传、教育、启发、诱导等。

需要强调的是，在大众网球的管理过程中遵循和贯彻激发性原则，可以从以下三个方面入手。

第一，将参加网球活动的动机充分激发出来，使“让我参与”变成“我要参与”，使参加者的主动性得到有效的提升。使人们自觉通过网球运动锻炼身体，而不是靠强制性来从事网球活动。在激发参与大众网球活动的同时，还要将提高参与者的自信心作为重要方面，使他们将自己有能力参与并且会做得很好的良好意识建立起来。

第二，继发性原则在大众网球管理中的一个重要体现，就是大众网球管理者可以将参与者学习的热情充分激发出来。通过树立样板、典型示范等方式，为人们提供学习的榜样，运用榜样的力量来对人们积极地参与网球活动，并在活动中取得良好的效果起到积极的激励作用。

第三，激发竞争的意志，属于一项较为重要的激发性方式。尽管以竞技成绩为目标的体育并不是大众网球的本质，但是通过引入各种形式的竞争，也能够使人们好胜心与高成就的愿望得到较好的满足，从而使人们参与网球运动的兴趣得到有效的激发。

在实行竞争激发时，组织各种有趣味的竞赛，或者进行各种内容的评比都是允许的。

7. 社会性原则

动员和团结各部门、各行业、各社会团体共同抓好大众网球工作，使大众网球活动进入家庭，深入社会，这就是所谓的社会性原则。

在大众网球的管理过程中贯彻社会性原则，需要对以下结果方面的事项加以注意。

第一，要深入认识和理解体育社会化。

第二，体育系统要尊重其他各部门的意见，善于团结他们一起抓好大众网球工作，并且要求将相互之间的关系处理好。

第三，对体育体制加以改革，突破纵向，打开横向，将各种社会力量的积极性充分调动起来，从而对大众网球社会化起到积极的促进作用。

（二）大众网球管理的方法

仅仅依靠遵循大众网球管理的原则，是不可能达到科学管理的目的的，还要采取科学的管理方法。具体来说，大众网球管理常用的方法主要有以下几种。

1. 行政方法

(1)行政方法概述

按照一定的职权范围，下达指令直接指挥管理对象的方法，就是所谓的行政方法。在实行行政方法时，可以通过命令、指令、条例、规定、通知和指令性计划等方式来下达指令。行政方法实行强制，但不等于专制。应用行政方法是需要具备一定的条件的，具体来说，主要涉及指令的目标性、科学性和权威性。

第一，指令的目标性行政指令一定要符合管理目标，这就是所谓的目标性。在大众网球工作中，由于管理目标具有多样性，因此在应用行政方法时，一定要慎重，不要使指令违背管理目标。

第二，指令的科学性。行政指令要实事求是，要经过科学的调查研究，这就是所谓的科学性。

第三，管理者的权威性。管理组织和管理者的权威决定着行政指令被接受和执行的程度。一般的，权威越高，指令被接受和执行的效率越高，反之亦如此。

(2)行政方法在大众网球管理中的应用

在大众网球管理的实际工作中，可以采用以下几种行政方法来实现科学管理。

第一，依靠各级体育行政部门的领导，将大众网球工作纳入其工作计划和规划。

第二，争取单位行政领导的支持，并且将大众网球管理纳入单位的工作计划、工作目标，积极向单位领导进行宣传，争取得到领导的指示。

第三，正式向行政领导或有关部门提出请示或报告，争取得到领导或有关部门的批示。文字方面的依据，对于大众网球管理工作的开展和实现是有着积极的推动作用的。

第四，纳入领导议事日程，形成工作决议。争取把大众网球工作问题纳入领导的议事日程，并形成决议，形成决议之后，还要注意应该认真贯彻执行。

第五，将一些行之有效的制度制定出来，除此之外，在一个基层单位或一个小环境中制定锻炼制度、竞赛制度、检查身体的制度等一些制度也是可行的。

第六，将基层大众健身的计划和规划制定出来，当这些计划和规划经领导批准，则可以它为依据来加以执行，其中，较为典型的当属竞赛活动的计划、场地设施建设的规划等。

第七，将一些对基层网球活动开展起到积极的促进作用的规定和标准制定出来。

2. 经济方法

(1)经济方法概述

使用经济的手段，利用经济利益的后果影响被管理者的方法。采用经济的方法进行管理时，常用的形式有拨款、投资、赞助、奖金、罚款等经济手段和经济责任制、承包制、招标制等经济制度，这就是所谓的经济方法。采用经济的方法手段进行管理，要想取得理想的管理效果，需要对两个方面加以注意：一方面，是不能脱离主要的管理目标；另一方面，是不要忽略社会效益。

(2)在大众网球管理中的应用经济方法的主要方式

在大众网球管理的实际工作中采用经济方法，具体的形式主要有以下几种，具体要根据实际情况和需要进行选用。

第一，争取资金投入。开展基层大众网球工作，使广大群众的体质与健康水平都得到有效的提高，这就在一定程度上体现出了对群众生活的关心，同时，也将其是企业文化、社区文化、村镇文化、校园文化等建设的重要内容反映了出来。对于大众网球管理者来说，善于争取到这部分资金，能够使资金方面的压力有所减缓，这对于网球运动的发展是有所助益的。

第二，广泛争取赞助。在社会上开展网球活动的资金来源有很多，其中赞助是最常见的一种形式，这种赞助可以是钱，也可以是物。

第三，集资搞活动。搞大众网球运动可以通过集资、自己负担自己等形式来获得部分资金。

第四，奖励与处罚的办法。对一定条件下奖励与处罚的标准进行明确的规定。不管是个人，还是集体，这种办法都是适用的。奖励与处罚的具体形式没有限制，物或者精神方面的都是允许的。同时需要强调的是，奖励或者处罚的度要适当，能够起到相应的作用。除此之外，还可以在奖励和处罚中注意调动集体的荣誉感，用集体利益调动或制约个人行为。

3. 宣传方法

大众网球管理的一项重要方法是宣传方法。人们之所以参与到网球运动中,往往是遵循自愿原则的,因而通过有效的宣传,可以使人们加强对网球的理解,从而自觉自愿地投身到大众网球活动中来。

(1)宣传方法概述

宣传的形式多种多样,其中,口头宣传,还有广播、壁报、通信等最为常见的。另外,在有条件时,应该争取向报刊、电台投稿;在举行大型活动时,还可以争取电视台转播。越是广泛运用宣传工具,收到宣传效果就越显著。

(2)大众网球管理中宣传方法的主要作用

要充分发挥宣传方法在基层大众网球管理中的作用,可采用以下方式进行宣传。

一方面,加强对基层领导宣传,宣传的内容主要包括:党和国家的大众网球方针政策,大众网球改革的新思路、新举措、新观点,以及先进单位的典型经验。

另一方面,加强对群众的宣传活动,宣传的内容主要包括:科学的网球知识和方法,科学健康文明的生活方式,参加网球活动的好处,并且动员更多的群众参与到网球运动中来。

(3)宣传方法在大众网球管理中的应用方式

在基层开展大众网球工作,还需要借助于一定的方式,其中,较为具体且实用的方式主要有以下几种。

第一,进行分类指导。对不同单位、不同人的情况进行有效的区分,因人、因地、因时制宜,有针对性地提出不同的要求,并在工作中给予相应的具体指导。

第二,开展竞赛活动。基层开展大众网球活动,通过竞赛,能够对大众网球管理工作的开展起到积极的推动作用,更形象地说,是“杠杆”作用。

第三,通过评比,将典型树立起来,并且对其进行表彰,鼓励先进，激励后进，找出差距，不断提高。通过这种方式，能够通过对人的向上心理和竞争机制的利用，来对网球管理工作起到积极的促进作用。通过典型经验，对网球管理的全局工作起到推动作用。

第四，要将各方面的关系都协调好。这一方式具体来说，就是树立大众网球管理工作机构和成员的良好形象。将方方面面的关系协调好，疏通好各种工作渠道，求得各方面的支持。

第五，检查与评价。督促、检查完成计划的情况，对于任务的落实有着非常有力的保证。不管是什么样的工作，都要布置且对其进行检查，否则，是很难完成任务的。同样的，对于评价来说，也要依据一定的标准进行，使实施者有所遵循，也便于贯彻落实。

二、大众网球的活动组织

（一）大众网球活动组织原则

大众网球活动组织需要遵循一定的原则，具体来说，主要有以下几个方面。

1. 以人为本原则

当前，以人为本已经深入人心，人们对其的理解也越来越深入，人们对健康的追求、投资与共享是非常热衷的。大众网球活动的组织与开展，对参与者身心健康水平的有效提高以及体质的不断增强起到积极的促进作用，同时，这对于参与者者的价值观与道德观向健康的方向发展，使健身者的生活质量上升一个台阶也是非常有利的。大众网球活动的开展对和谐社会的构建也是有利的，究其原因，主要是由于参与者在网球活动的过程中，对于使人际关系变得和谐，对社会矛盾进行有效的解决都是非常有利的。与此同时，大众网球活动的开展对参与者不同需要和自我价值实现需求的满足也是十分有利的。

从相关的研究中可以得知,大众网球运动是对文明病与社会心理问题进行预防与解决的一个重要方法,并且往往能够取得理想的成效。不管是发达国家还是发展中国家,大众网球都在不断发展,日益受到人们的重视,而且已经在国际上发展成为一种潮流。

2. 身体全面发展原则

对网球运动参与者身体机能与素质的全面均衡发展,就是所谓的身体全面发展原则。

尽管参与者参加大众网球运动的具体目的与要求有着一定的差异性,但是,使身心得以全面发展则是大部分参与者的共同目的,因为只有这样,才能够将健康与协调的美展现出来。人体的各个器官与部位都是相互联系的一个统一体,身体某一方面的发展或功能的下降都可能会影响到其他方面的发展与健康状态。

大众网球运动的参与者要想对自身身心的全面发展起到积极的促进作用,就要对合理选择相应的锻炼内容,从而使身体的各个器官与部位都得到有效的锻炼,进而使锻炼效果的全面性得到保证。

3. 区别对待原则

(1)区别对待原则的概念

在组织与开展体育健身活动的过程中,要以不同参与者的年龄、性别、身体素质、训练水平、文化程度、个性心理特征等因素为主要依据,来组织相应的网球运动锻炼,并且要将锻炼的任务、锻炼的内容、锻炼的方法和运动负荷都科学地确定下来,这就是所谓的区别对待原则。

(2)区别对待原则在大众网球活动组织中的应用

对于网球运动的不同参与者来说,他们之间存在着许多差异,不同个体各个方面的条件有所不同,且在网球运动中各人的起点不同，如有的开始进展很快，但后来反而慢下来；有的某些运动素质好；有的能适应大负荷量的训练。随着网球运动锻炼进程的进行，其发展程度也会表现出一定的差别。因此，在开展与组织大众网球活动的过程中，应以参与者个人特点为主要依据，来对网球活动中的各个方面进行科学合理的安排，同时，还要对不同参与者在大众网球运动锻炼中的各种区别性因素引起重视。具体来说，应该从以下两个方面着手。

第一，要以参与者的性别为依据，来进行区别对待。有专家指出，在网球运动中，女子与男子对相同的锻炼计划具有相似趋向的反应，一般锻炼方法同样适用于女子，但是需要强调的是，这并不说明应该与男子进行相同强度的锻炼。具体还是要根据女子的生理特点来有针对性地确定适合的运动强度。

第二，不同人群、不同个体的健康水平存在显著的个体差异，这一点是需要深入认识的。同时，由于训练的起始水平各不相同，人体的身体素质与器官系统的功能水平也存在差异。在运动的强度、频率、时间、手段以及环境等的选择上，就应该以不同的对象的情况、具体问题为主要依据，来将不同阶段、不同时期的运动处方与计划科学地制定出来，从而使其与不同参与者的需求更加相符，进而对参与者网球锻炼效果的提高起到积极的促进作用。

4. 负荷控制原则

(1)负荷控制原则的概念

负荷控制原则是指在大众网球活动的组织与开展过程中，应当对参与者的运动负荷进行科学的安排和控制。具体来说，对参与者运动负荷的控制应结合网球具体的运动任务逐步地有节奏地进行。

(2)在大众网球活动组织中遵循负荷控制原则的基本要求

在大众网球活动组织中贯彻执行负荷控制原则时，应当做到运动负荷逐步增加和负荷结构定向化，具体如下。

① 运动负荷逐步增加

对于大众网球活动的参与者来讲，逐步增加运动负荷，能够对其体能和竞技能力的不断提高起到积极的促进作用。如果安排的负荷总量总是一成不变的，那么参与者可轻松完成而无疲劳感，是很难取得理想的运动效果的，其身体素质和竞技能力的提高也会越来不明显。究其原因，主要是由于在适应原负荷的基础上，使机体经常在超负荷的条件下进行锻炼，从而不断产生新的生理适应。由于人体对之前的运动负荷产生适应后，其生理刺激已经不能再引起机体产生更高水平的适应，这时候如果不再逐渐增加负荷的强度与量，人体的运动能力是不可能再提高的。实践表明，有节奏地波浪式增加运动负荷的方法比较科学，对大众网球参与者安排运动负荷的增加时可按照“适应—加大—再适应—再加大”的规律进行。但是需要注意的是，并不是运动负荷越大越好，也不是越小越好，否则，都不利于理想锻炼效果的取得。

② 负荷结构定向化

不同负荷因素的搭配组合，就是所谓的负荷结构。负荷结构的定向化是体育健身指导员针对健身者的健身目的采用不同的负荷结构，由此可以看出，对负荷结构的方向的选择是非常重要的。具体要根据实际情况和需要有针对性地进行。

5. 适时恢复原则

(1)适时恢复原则概述

适时恢复原则是在人体功能能力和能量储备的“超量恢复”机制的生理学基础上建立起来的。人体运动技能的增强是通过各个系统、器官、组织甚至细胞对运动刺激逐渐产生适应，并经过长时间的工作、疲劳、恢复、超量恢复以及消退等多个阶段的循环最终实现的。

(2)适时恢复原则在大众网球活动组织中的应用

当前，大众网球活动的参与者在进行网球锻炼时往往对刻苦锻炼较为重视，而将休息缓解疲劳忽视掉。具体来说，参与者往往为了获得更好的运动效果和运动技术水平进行刻苦的训练，但是，得到的结果却往往不尽如人意，从而使得运动的不适应现象发生。之所以会出现这种情况，主要原因在于这种方法与适时恢复原则是相违背的，因此大众网球活动的开展过程中要引导参与者及时消除运动过程中所产生的疲劳，从而使身体机能得到更大程度的发挥，进而取得理想的锻炼效果。因此，在指导运动者进行网球运动锻炼的过程中，应该将负荷与恢复有机结合起来。

6. 终身体育原则

在组织大众网球活动的参与者进行网球运动的过程中，要有意识地引导参与者对网球运动的重要性进行深入理解，并使其身体力行地参与其中。由此可以看出，培养大众网球活动参与者的终身体育意识，帮助其养成终身体育的良好习惯，是大众网球活动组织与开展过程中应遵循的一个基本原则之一，具体来说，应该做到以下两个方面的要求。

第一，对大众网球活动参与者终身体育思想的形成起到积极的促进作用。在组织与开展大众网球活动的过程中，要注意对参与者的爱好与技术特长进行留心观察，并对其进行积极的引导，提供相应的帮助，而且要注重对参与者锻炼兴趣的激发，引导其形成终身体育思想，养成持久参与网球运动锻炼的良好习惯。

第二，在大众网球活动的组织与开展过程中，要对锻炼的长期与短期效益进行充分的考量，在重视参与者某项运动技能指导成果的同时，还要与参与者网球运动锻炼的长期效益加以重视，从而使其能够在大众网球活动中终身受益。

（二）大众网球活动的组织方法

一般的，可以按照以下程序来对大众网球活动进行积极的促织，具体如下。

1. 将筹备委员会成立起来

大众网球活动和竞赛开展之前，首先要将筹备组（或筹备委员会)成立起来，筹备组的成员主要有相关的领导(主管社区体育工作)、文教干部、文体中心主任，将为对组织方案进行讨论并制定、对工作机构进行设置作为筹备组的主要职责。需要强调的是，各个工作机构以组织方案的要求为依据对其加以具体的实施。

2. 将组织方案确定下来

组织方案是开展大众网球活动的主要依据，其包含着很多方面的内容，具体来说，主要有以下几个方面。

(1)活动的名称和宗旨

要想将活动名称与宗旨确定下来，是需要在一定依据的基础上进行的，具体来说，主要有三个方面：一个是大众网球活动的方针，一个是大众网球活动的任务，还有一个是本次大众网球活动的性质及要求，三者缺一不可。

(2)活动的主办和承办单位

不管大众网球活动或者竞赛是由一家还是多家主办，都要将主办单位明确地写在组织方案中。承办的单位一般有很多，也都要将这些进行详细的说明。除此之外，还要将大众网球活动的时间和地点在组织方案中确定下来。

(3)活动的内容与规模

以大众网球活动的宗旨为依据，来确定下来活动的内容和每项内容的设项，同时，还要明确各项内容的参加单位和参加人数。

3. 将组织工作机构成立起来

组委会的成立要以大众网球活动规模的大小与设项的数量为依据进行。相关领导与有关方面的代表是组委会的主要成员。组委会中还要对主任、副主任、秘书长和委员的职位加以确立。秘书长要对日常工作负责。组委会下设竞赛组、秘书组、集资组、宣传组等几个分组织。与此同时，还要对各分项组委员进行确立，主要由各项活动或竞赛的承办单位带头进行，各分项组委员主要对各分项活动的组织领导工作加以负责。分项组委员还要设立宣传组、场地器材组、保卫组等一些下级的组织。

4. 将经费预算工作做好

经费预算包括的内容主要有：主会场的会场布置、宣传费用、车辆使用、招待费、印刷费、文具费、工作人员的补贴费和开闭幕式的费用以及各分会场的各项费用等。

5. 将活动日程确定下来

要以大众网球活动的日期为依据，来制定出整个活动的日程总表，分项组委会再以日程总表为依据来将各分项活动日程表制定出来，从而使整个活动组织工作的有序实施得到有力的保证。

6. 将各分项的活动规程制定出来

分项组委会要以大会的组织方案为依据来制定出各项活动规程，其中，活动的目的与任务、活动时间、项目设置、参赛资格、参加单位、活动和竞赛办法、录取名次和奖励等都是其包含的主要内容。

7. 严明纪律、奖罚分明

大会组委会要对各承办单位、参赛队、运动员、教练员、领队、裁判员提出相关的纪律原则，对违反纪律的队给予相应的处理。同时，可设置各类奖项来对表现突出的团队、运动员、裁判、先进社区或单位予以鼓励。这些措施的实行，对于大众网球活动方案的顺利实施会起到有力的保证作用。

8. 将总结工作做好

最后，一定要将收集与整体活动资料的工作要做好，同时，还要建立起大众网球活动档案，以备日后查看。

第五章　网球运动学练学科理论基础

网球运动学练过程中,应对网球运动的各项学科理论基础进行掌握,促进网球运动学练的科学性。具体而言,掌握网球运动动力学原理,能够更有准备地把握网球运动的技术动作用力,促进各项动作的准确性。另外,通过学习网球运动的医学和营养学方面的理论,能够更加有效地促进网球运动学练时人体的康复。

第一节　网球运动力学

一、网球飞行的力学原理分析

(一)网球动态球的力学特征

在理论上,网球的质心即为网球的中心,网球被平击时,作用力会通过网球的质心,从而使得球不旋转。但是在实际上,绝对的平击球是不可能的,都会或多或少的出现一定的旋转。并且,现代网球运动中很多运动员采用旋转的打球方式。因此,有必要对球的旋转的力学原理进行分析。

物体在流体中前进时会产生马格努斯效应(图 5-1),并且在多方面的作用力的影响下,使得球体的轨迹偏离其方向,发生一定的旋转。

当球员进行切削发球时,发出的球会受到重力、空气阻力和马格努斯力三个作用力的影响。

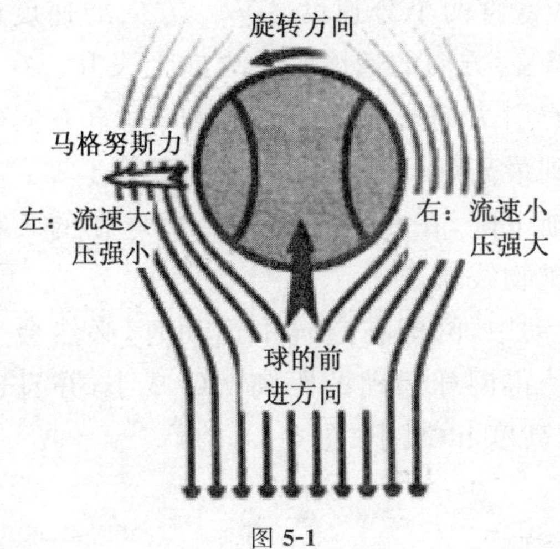

图 5-1

首先，网球在重力（地心引力）的作用下，向地面下落。

其次，网球在空气阻力的作用下，其向前飞行受到一定的阻碍。

最后，网球在马格努斯效应的作用下，产生一定的旋转。

综合来看，网球运动在飞行中，当其绕着与空气阻力相垂直的轴进行旋转时，运动方向与空气阻力方向相同的一侧在网球的带动下从而使得空气的流速较快，压强较小；在另一侧，空气流速相对较慢，压强大。这两侧形成一定的压差，从而使得两侧受力不平衡，使得网球运动的轨迹发生偏移。

（二）网球在空中的运动状态

在网球运动中，网球运动的基本运动形态为斜抛物线运动，具体如图 5-2 所示。

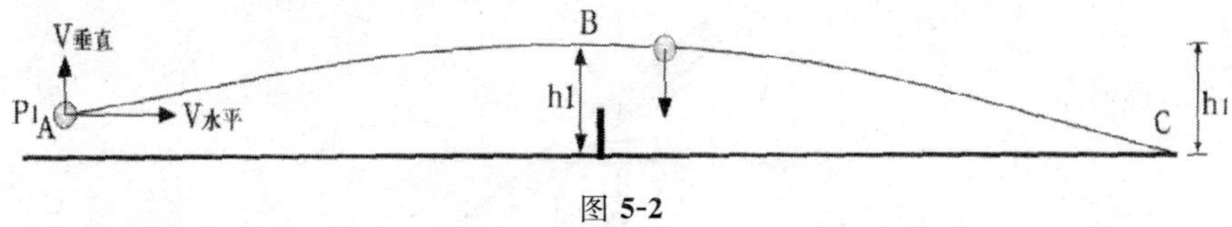

图 5-2

球员在击球时，球在 A 点受击打力 P_1 的作用，从而使得球获得一定的初速度，向空中斜向飞出。网球在飞行时的初速度可分

解为 $V_{水平}$ 和 $V_{垂}$ 直两个分速度。$V_{水平}$ 方向的速度使得球向水平方向前进，而 $V_{垂直}$ 方向的速度则使球向上飞升。在网球飞行过程中，会受到地心引力的影响，从而使得向垂直方向的速度逐渐减小，当网球达到最高点 B 时，其 $V_{垂直}$ 速度等于零。在引力的作用下，球开始逐渐下降，在 C 点时着地。网球在的飞行过程可看作是一个 ABC 抛物线轨迹。

在实际运动中，网球在空气中运动时，必然会受到空气阻力的影响，这就使得网球运动的距离 AC 减小，并且也会使得网球击打后飞出的高度 h_1 减小(图 5-3)。

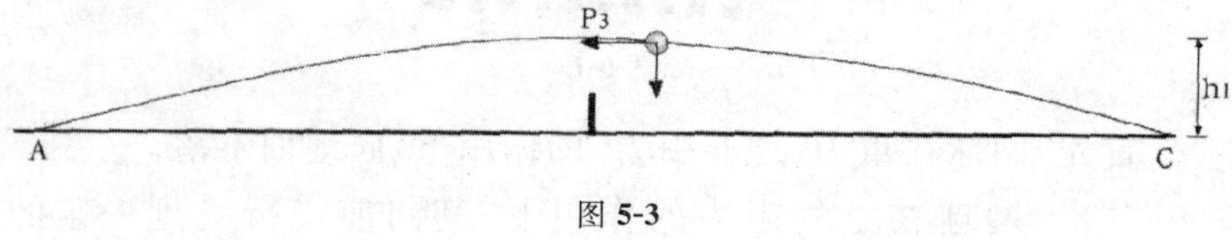

图 5-3

二、网球旋转的力学原理分析

(一)网球旋转受力影响因素

网球在飞行过程中，球旋转的强弱会受到两个方面因素的重要影响，其一为球拍对其的作用力(F)和力臂(L)的长短。根据力学原理，转动力矩＝作用力×力臂(即 F＝M·L)。力臂(L)是球旋转的轴心(O)与作用力线的垂直距离(图 5-4)。

因此可以说，作用力 F 越大，力臂(L)越长，则旋转力也就越长。反之，则越弱。

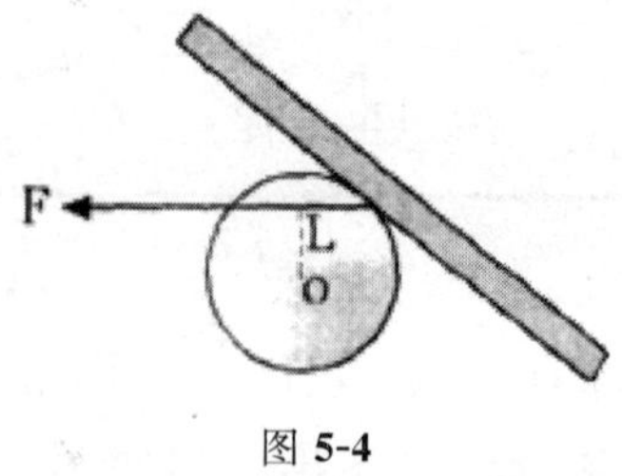

图 5-4

(二)网球不同旋转受力情况

当网球以不同的角度和速率飞离球拍时,不同旋转的球会表现出不同的特点和规律。一般根据球的旋转的不同,可将其分为平击球、旋球、侧旋球、下旋球以及复合旋转球等几种。不同的球的受力情况分析如下。

1. 平击球

平击球即为在挥拍时正对来球,使得在击球的瞬间产生正向击打力 P_1,并且这一力为主击球力(图 5-5)。这一击球方式属于正向击球,球与拍面的碰撞摩擦区域相对较小,并且接触时间也相对较短。

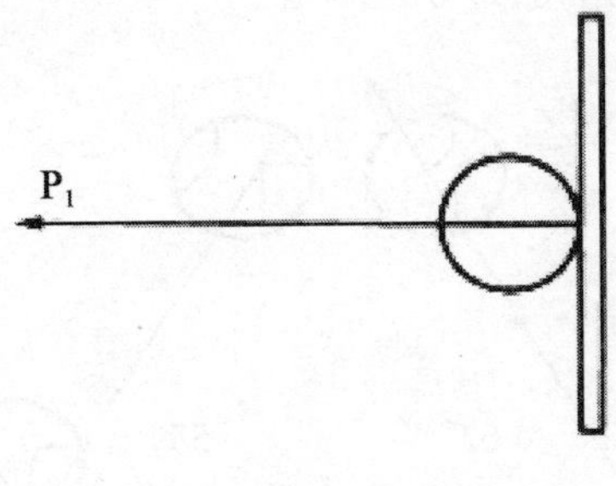

图 5-5

2. 上旋球

在网球运动时,上旋球是绕横轴向前旋转的。网球在旋转过程中,会带动周围的空气一起旋转。球上沿旋转的气流受到迎面空气阻力,从而流速降低;球的下沿的气流与迎面空气阻力的方向相同,因而加快了流速。这样上旋球的上沿空气压强大,下沿压强小(图 5-6)。因此,上旋球的飞行弧度要比不旋转的球的飞行弧线陡,下落速度也较快。

当旋转的球落地之后,球底部的旋转方向与球的运行方向是相反的,这就使得网球在落地时会给予地面一个与其运行方向相反的作用力,地面给予其一个相反方向的反弹力,造成反弹角的不同，虽然球本身没有加速，但是球体更加具有前冲力(图 5-7)。这种还击球具有更大的威胁性。

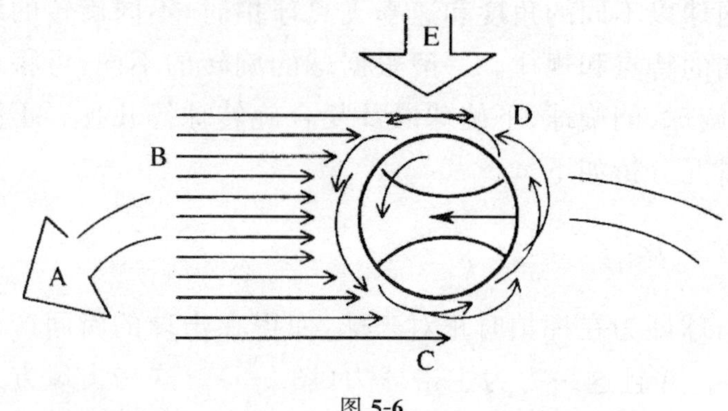

图 5-6

若不转球入射角为 55°，其反弹角为 62°；若上旋球的入射角度为 55°，则其反弹角度为 59°。

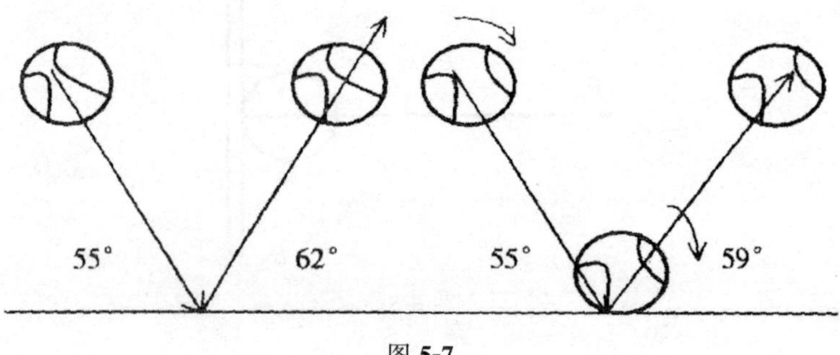

图 5-7

3. 下旋球

网球的下旋球旋转原理与上旋球的受力情况基本一致，但是其正向主击球力的旋转力作用方向是向下的。下旋球在飞行时，绕横轴向后旋转，其飞行弧线相比于不旋转的球要平直一些，下落速度也要慢一些(图 5-8)。

下旋球以一定的角度落在地面时，其底部的旋转方向与球的运行方向是相同的，球在与地面接触时，会形成一个与其运行方向相同的力，使得反弹角度增大，减弱其前冲力。

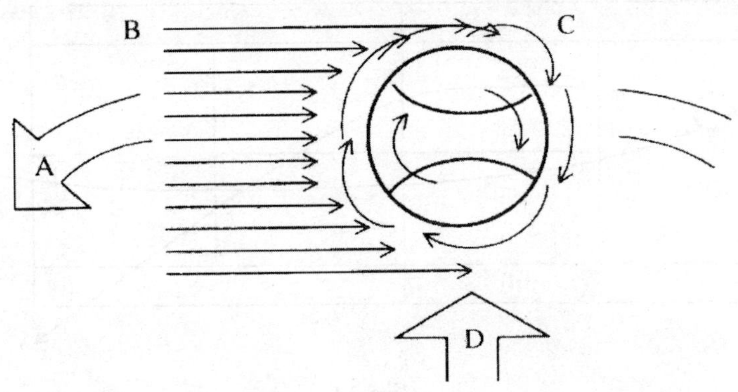

图 5-8

A 飞行弧线，B 为对面来的气流，C 为球体周围的气流，D 为高的压强

4. 侧旋球

网球运动中的侧旋球包括左侧旋球和右侧旋球两种。侧旋球附加的旋转力在球的边侧。在左旋时，球左侧转着的气流受迎面空气的影响，其受力情况如图 5-9 所示，这一情况下，球的飞行弧度向右侧偏转。右侧旋球的飞行弧线正好与左侧旋球相反，向左偏转(图 5-10)。侧旋球在落地之后，其也会按照其飞行方向继续进行偏拐。

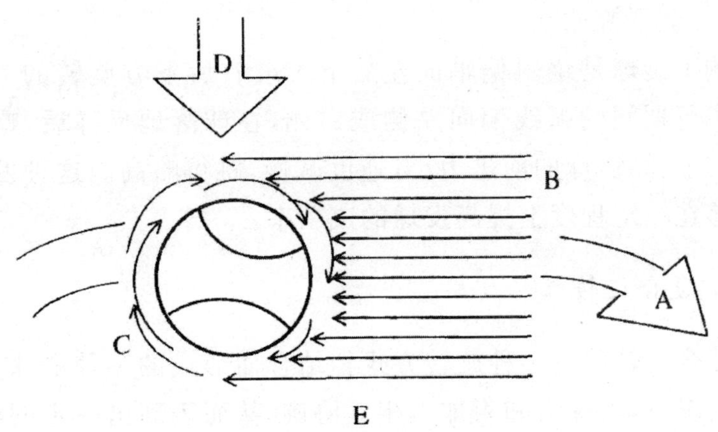

图 5-9

A 为飞行弧线，B 为迎面来的气流，C 为球体周围的气流，D 为高的压强，E 为流速加快

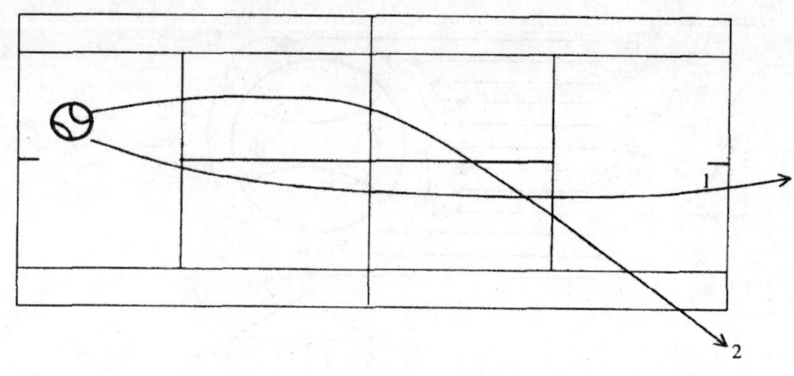

图 5-10

1. 右侧旋;2. 左侧旋

5. 侧上、侧下旋球

在网球运动中,侧上、侧下旋球绕一个斜偏轴旋转的,其运动力学分析如下。

(1)侧上旋球

侧上旋球是绕斜偏轴向左前上方或右前上方旋轴旋转的。这种球具有侧上旋的性质,在飞行过程中略向左侧或右侧斜偏,在落地反弹后,有偏向左前或右前的前冲力。在发球时,通过发出侧上旋球,可使接球者被拉出场外或直接得分。

(2)侧下旋球

侧下旋球是绕斜偏轴向左后下方或右后下方旋转的。侧下旋在飞行期间的弧线偏向左侧或右侧,在球落地反弹后,略向左上或右上弹跳,球的前进力小,速度减慢,跳得略高。这种发球方式能够在一定程度上提高发球的成功率。

6. 复合旋转球

复合旋转球是多种旋转方式相结合而形成的一种击球方法,这种情况下,击球力和附加力相互协调,从而表现出一定的旋转。复旋转球在网球运动比赛中运用较多。

第二节　网球运动医学

一、网球运动损伤

(一)网球运动损伤的特点及预防

网球运动比赛时，双方之间没有身体的对抗，因此出现运动损伤多与球员自身的身体素质有关。一般网球运动者的运动损伤具有如下几方面的特点。

(1)网球运动者的运动损伤多为肌肉、关节处的慢性损伤。

(2)网球运动对于运动者的速度和灵敏度具有较高的要求，容易出现肌肉、韧带和关节的急性拉伤和扭伤。

(3)在开展网球运动时，由于暴力导致的骨折损伤不易出现。

在预防网球运动损伤时，可从以下几方面入手：其一，充分了解自身，做好运动体检；其二，锻炼要适量并循序渐进；其三，掌握正确的动作技术；其四，增强自我保护意识，学习医学保健常识；其五，积极进行准备活动；其六，注意网球准备的合理选择。

(二)常见运动损伤的原因

1. 缺乏对运动损伤预防的正确认识

网球运动者在思想上不够重视运动损伤的发生，对预防运动损伤的重要意义认识不足，或在运动过程中麻痹大意，是造成运动损伤的重要原因。很多球员存在一定的片面认识，在运动中没有采取相应的预防和保护措施，而运动损伤发生之后也没有总结经验教训，从而导致运动损伤的不断出现。

2. 运动安排不合理

(1)缺乏合理的准备活动

准备活动的目的是进一步提高中枢神经系统的兴奋性,增强各器官系统的功能活动,使人体从相对的静止状态过渡到紧张的活动状态,使神经系统、运动系统和内脏器官充分动员,以适应正式运动的需要。如果未做准备活动或准备活动不充分,都将因肌肉的力量、弹性和伸展性不够而致伤;其次,若准备活动量过大或准备活动与专项运动结合得不好或未作专项准备活动,及准备活动未遵守循序渐进的原则等,都容易受伤。

(2)运动负荷过大

在开展网球活动时,如果运动时间过长、频率过高,会造成人体疲劳的积累,人体处在不良的状态下,从而极易出现运动损伤。过度训练是导致运动损伤出现的重要原因。

(3)身体状态和心理状态不良

在参与网球运动时,运动者身体状态不良,如没有休息好,患病初愈,肌肉力量下降,注意力不集中等,在这一状况下进行一些剧烈的运动,或做出一些较难的动作时,会造成人体运动损伤的发生。在运动训练时较为盲目,好胜心强,急躁等,也都会增加出现运动损伤的概率。

(4)环境因素

环境因素也是导致运动损伤出现的重要因素。当网球运动场地不平整,着装不利于运动、缺乏相应的防护器具时,都可能增加运动损伤发生的概率。另外,不良的气候条件,如场地湿滑、气温过高等,也会引发运动损伤的出现。

(5)缺乏医务监督

网球运动者在进行网球运动锻炼时,缺乏必要的医务监督是造成运动损伤的重要原因。运动锻炼的负荷量不科学,缺乏科学合理的安排,是导致运动损伤出现的重要原因。

（三）软组织损伤的“RICE”疗法

当网球运动者出现关节扭伤、肩滑囊炎、跟腱炎、踝扭伤、足弓扭伤等一些软组织损伤时，可立即采用“RICE”疗法来进行自我治疗和康复。

“RICE”其实是由4个英文单词的缩写而成的，R即Rest（休息），I即Ice（冰），C即Compression（压迫），E即Elevation（抬高）。其具体内涵如下。

（1）休息：当出现损伤和疼痛时，应停止使用受伤的部位，以免加重损伤。如果损伤不是很严重，疼痛减轻，可逐渐进行一些活动，保持适当的肌肉收缩锻炼。

（2）冰敷：取一些冰块，将其用毛巾裹住，或放入塑料袋内，敷在受伤部位，能够在一定程度上解除疼痛和肿胀。需要注意的是，在进行冰敷时应避免冻伤，应将冰块砸碎使用。

（3）压迫：用一种带弹性的织物（护腕、护踝、护腿）裹在损伤部位，并把冰裹在其内，要有压迫感，但不能过紧。若有麻木感、痉挛或疼痛加重等现象，说明裹缠过紧。30分钟后，去除压迫和冰敷。再过15分钟，再次裹缠受伤部位30分钟。如此反复做3小时左右。

（4）抬高：把受伤部位置于比心脏更高的平面。如果是腿或足腕损伤，就要躺下，把腿放在被子上，抬高到与肩相平的位置。这是消肿的一项重要措施。

在进行“RICE”疗法时，如果两天没有消除肿痛，则可进行一些热敷。当遇到膝关节损伤，受伤部位出现畸形时，最好请医生进行诊治，当疼痛较为严重，或受伤部位无法动弹时，自我治疗无效之后，应迅速就医。

（四）不同损伤的预防与处理

1. 水泡

（1）原因与症状

当人体一些部位长时间运动摩擦时，会导致皮肤下面出现小范围的组织液渗出现象,这即为水泡。在开展网球运动时,手部和脚部最容易出现水泡。平时锻炼较少,在进行长时间网球运动时,可能会出现水泡。另外,当球拍拍柄太硬,握拍不合理、鞋子(袜子)不合脚时,都可能造成相应部位磨出水泡。当出现水平泡时,会导致这一部位明显的疼痛。

(2)处理方法

当出现水泡时,应避免水泡的破裂感染。可用消毒针刺穿水泡,挤出积液,等患处自然干燥,避免新的摩擦刺激。数日后患处便可自然好转。

(3)预防方法

为了避免水泡的出现,应穿合适的鞋袜,系紧鞋带。在开展网球运动时,应检查网球拍的吸汗带是否平整,养成良好的发力习惯。

2. 扭伤

(1)膝关节内侧副韧带损伤

①原因与症状

当膝关节弯曲时,小腿突然外展外旋,或足和小腿固定时,大腿突然内收内旋,这可能会导致膝关节内侧副韧带的损伤。当膝关节在屈伸时,进行扭转、内外翻可能会导致半月板的损伤。

当膝关节韧带损伤后,会出现一定的肿胀,感觉疼痛,扭伤部位有压痛,周围肌肉痉挛,腿部活动受到一定的限制。当膝侧韧带完全断裂时,触摸伤处能够摸到断裂的凹陷,会造成功能的丧失。当半月板受伤时,膝内常伴有清脆的响声。

②处理方法

当膝关节韧带的损伤较轻时,可外敷内服,消肿止痛。肿痛减轻之后,再进行一些按摩,促进恢复。如果部分韧带撕裂,可在早期进行一些“RICE”疗法,内服止痛药;48 小时之后,进行一些按摩、理疗等。如果韧带完全断裂,应尽早进行手术,在手术之后注重进行积极的功能康复。

(2)裸关节扭伤

①原因与症状

快速奔跑后急停,落地姿势不正确,落地时失去平衡导致踝关节内翻或外翻,这是导致踝关节损伤的重要原因。当出现踝关节损伤时,伤处会疼痛、肿胀。踝关节处韧带损伤会有明显的压痛和皮下瘀血。

②处理方法

当发生踝关节扭伤后,应立即利用“RICE”疗法进行治疗。24 小时之后,根据伤情进行相应的外敷药物和按摩治疗。

为了避免踝关节和膝关节的运动损伤,应注意以下几方面的预防措施。

其一,球员应加强膝关节和踝关节部位的肌肉的锻炼,促进肌力的增强。

其二,对于一些易受伤部位,应加强保护性固定。

其三,应掌握正确的用力方法,当做一些新的动作时,应循序渐进。

其四,在开展网球运动时,应认真检查场上是否存在不平的地方。还应积极进行热身锻炼。

3. 肌肉拉伤

(1)原因与症状

在进行网球运动时,如果肌肉主动进行激烈的收缩,或进行被动的拉长,而超过了肌肉本身的承受能力,就可能造成肌肉的细微损伤、部分撕裂,严重者会造成肌肉的完全撕裂。当出现肌肉拉伤时,会出现轻微撕裂感和剧痛感。肌肉拉伤时,患处会出现肿胀、压痛、肌肉痉挛。

(2)处理方法

出现轻度的肌肉拉伤时,患者在早期用“RICE”疗法进行治疗。在 48 小时之后进行一些理疗、按摩等。当怀疑有肌肉、肌腱完全断裂时,应在局部加压包扎,固定患肢,立即送医院确诊。在肌肉拉伤之后,应量力进行练习。

(3)预防方法

网球运动者应加强易受伤部位的力量和柔韧性训练,促进肌肉力量的相对平衡。

4. 腱鞘炎

(1)原因与症状

腱鞘主要分布在跨越手指、手腕、肩、踝关节等部位的肌腱上,有助于减少肌腱活动时与相邻肌腱的摩擦。在开展网球运动时,腱鞘部位过度摩擦或挤压,从而引起腱鞘发炎。出现腱鞘炎时,相应部位会有疼痛和压痛感。腱鞘炎是一种劳损性伤病,长期进行网球运动锻炼时,可能会造成这一损伤。

(2)处理方法

当出现腱鞘炎时,在急性期应停止进行网球运动练习,积极进行治疗和康复,避免其发展成为慢性腱鞘炎。

(3)预防方法

在进行网球运动时,应避免局部负荷过度,注重运动之后局部的放松活动,也可进行运动后局部的按摩和热敷。

5. 大腿后群肌肉拉伤

(1)原因与症状

大腿后群肌肉拉伤出现的原因主要有两种,其一是该肌群进行强烈的收缩引起,如快速蹬地;其二则是由于该肌群的肌肉运动超出了生理范围,如劈叉时。当出现大腿后群肌肉拉伤时,其主要症状有如下几方面。

其一,出现大腿后群肌肉拉伤时,可能听到断裂的声音。

其二,如果受伤较轻,休息时不痛,重复受伤动作时才痛。

其三,伤情较为严重的患者,疼痛剧烈,行走困难。

其四,大腿后侧肿胀,伤处压痛明显,肌肉发紧,有时能触及硬结;肌肉完全断裂者,可摸到膨大的两断端与中间的凹陷。

其五，受伤肌肉主动收缩或被动拉长疼痛加重。

(2)处理方法

其一，轻度伤者，伤后立即加压包扎，冷敷4～6小时，并抬高患肢休息；24小时后可外敷新伤药，进行痛点药物注射、理疗、按摩等。

其二，重伤者经加压包扎等急救处理后立即送进行诊断和治疗，肌肉完全断裂者应及早进行手术缝合。

(3)预防方法

在进行网球运动时，应充分进行大腿的拉伸练习活动，并注重平时的柔韧性练习。

6. 网球肘

(1)原因与症状

网球肘又称“肱骨外上髁炎”，是网球运动中最常见的运动损伤。当腕指伸肌突然猛烈收缩而使其腕伸肌总腱附着点的骨膜受到牵扯，引起损伤出血，继发粘连，或肱桡关节滑囊的慢性劳损，粘连组织在伸肌群收缩时则会出现疼痛。具体而言，其主要症状表现为如下几个方面。

其一，网球运动者没有明显的受伤史，其症状逐渐出现。

其二，在早期，当做一些动作时，肘关节外侧疼痛；随着伤病的加深，肱骨外上髁部位发生持续性疼痛。尤其是进行一些反手击球、拧毛巾动作时，疼痛尤为显著。当手提重物时，可能会出现突然的无力感而使重物掉落。

其三，伤者的肘关节外侧有明显压痛，前臂桡侧上段软组织有轻度肿胀、压痛及僵硬。

其四，伤肘微屈，前臂旋前，腕关节屈曲，当有外力施加于腕关节背侧时，用力背伸腕关节，则患者的肱骨外上髁产生疼痛。

(2)处理方法

其一，采用综合性手段进行治疗，药物注射、针灸、按摩等综合施治。

其二，如果久治不愈，可考虑进行手术治疗。

(3)预防方法

其一，球员应积极进行准备活动。

其二，积极纠正错误的击球动作和用力方法，并注重手臂肌肉力量的锻炼。

其三，应挑选合适的球拍，适当降低拍弦线的磅数。

二、网球运动性疾病

(一)运动性疾病的特征

运动性疾病是在进行体育运动时出现的体内紊乱现象或功能异常的一种症状。身体素质较差，或缺乏运动比赛经验的人，运动方法和运动量不当都可能会出现相应的运动疾病。运动性疾病的特征主要表现在如下几方面。

1. 运动性疾病与运动密切相关

运动负荷量和运动强度过大是诱发运动性疾病的重要原因。运动性疾病多由于一次或多次使身体承受过多的运动负荷而导致。了解运动者参与运动的基本情况能够对运动者进行综合分析，掌握更多的临床检查资料。

预防运动性疾病的关键在于科学合理地安排运动负荷量。进行运动性疾病治疗时，也应当从调整运动负荷量与运动强度方面入手，这是因为运动负荷量与运动强度不仅是发病的主要原因，而且还是预防与治疗运动性疾病不可缺少的重要因素。

2. 运动性疾病极易与一般内科疾病相混淆

很多时候人们将运动性疾病与一般的内科疾病混淆，从而不利于运动性疾病的治疗和康复。例如，在进行体育运动过程中，很多人常常会发生腹部疼痛，教师或教练员应首先确定这一症状是“急腹症”还是“运动中腹痛”。

(二)网球运动中不同运动性疾病的处理

1. 延迟性肌肉酸痛

(1)原因与症状

在进行大强度的运动训练之后,或者长期不进行运动而突然进行运动锻炼时,运动者的肌肉会出现一定的酸疼现象,这即为延迟性肌肉酸疼。具体而言,其主要症状表现为:一般运动后24小时之内,运动者会出现肌肉僵硬、酸痛和自觉酸痛部位肿胀,有压痛。

(2)处理方法

其一,伸展状态下的静力牵张。疼痛处关节伸直,慢慢拉长肌肉,牵拉2分钟后休息1分钟,反复进行。

其二,按摩疗法。用揉捏法,由轻到重,结束前放松。

其三,服用维生素C。

其四,进行专业理疗。

(3)预防

其一,球员应注意循序渐进地增加运动负荷。

其二,进行大强度力量练习后,应注意进行一些伸展练习和推拿按摩。

2. 肌肉痉挛

(1)原因与症状

人体肌肉在寒冷的情况下,容易发生肌肉痉挛。在进行剧烈运动时,肌肉快速连续性收缩,使得肌肉收缩与放松的协调交替关系遭到破坏,容易发生肌肉痉挛。特别是在准备活动不充分,或情绪过于紧张的情况下,更容易发生这一状况。另外,在大量排汗,失去过多电解质时,也容易发生该症状。

当发生肌肉痉挛时,相应部位的肌肉会剧烈收缩,强硬隆起,疼痛难忍。

(2)处理方法

对于不太严重的肌肉痉挛症状，均匀、缓慢地向相反方向牵引痉挛肌肉，能够缓解症状。还可以配合按摩，促进恢复，重力按压、揉捏和点掐或针刺痉挛肌肉的相关穴位。

对于那些较为严重的肌肉痉挛，有时需进行麻醉才能缓解。在处理过程中应注意保暖措施。

(3)预防

在网球运动之前，应做好充分的热身准备活动，并加强身体锻炼。在进行长时间的运动训练时，应注意盐分和水的补充。在冬季进行锻炼时，应注意保暖措施。

3. 运动性昏厥

(1)原因与症状

运动性昏厥是由于脑部供血不足，氧债不断积累达到一定程度后，发生的一时性知觉丧失。在进行激烈运动时，大量血液集中在下肢，回心血流量减少，从而导致脑部供血量不足。具体症状表现为：面色苍白，手足冰凉，失去知觉昏倒。生理检测表现为：血压降低、脉搏较弱、呼吸缓慢。

(2)处理方法

当出现运动性昏厥时，应立即将患者平卧，足略高于头部，并进行由小腿向大腿、心脏方向按摩，同时指压人中，合谷等穴位。当发生呕吐时，应将患者头偏向一侧，避免呼吸道堵塞。如果患者停止呼吸，则应马上进行人工呼吸。如果症状较为严重，则应在临场处理之后送医治疗。

对于表现出一定的症状而没有发生昏倒现象的患者，则应由他人搀扶进行适当的慢走，并进行深呼吸。

(3)预防

为了预防运动性昏厥，应积极加强身体锻炼，增强自身体质。在进行剧烈的运动之后，不应马上停止运动，而应该逐渐减缓运动，慢慢停下来。如果较为饥饿，则不建议进行运动。

4. 中暑

(1)原因与症状

在夏季阳光直射条件下进行运动时，由于高热环境、阳光暴晒，以及大量出汗，会造成周围循环衰竭，表现为面色苍白、头昏、头痛、呕吐、脉搏细弱，有时会丧失意识。另外，头部在强烈阳光直射下，红外线和紫外线穿透颅骨引起脑组织充血和水肿，也会而导致呼吸和周围循环衰竭，患者体温正常或稍高，但头部温度很高。

(2)处理方法

其一，患者应迅速脱离阳光直射和高温环境，至阴凉通风处平卧，解开衣服，喝清凉饮料。

其二，及时饮用含盐饮料。

其三，对患者进行降温，重点是进行头部迅速降温，冷敷、50％酒精擦浴均可。

其四，对症状较重者，在积极进行急救的同时，应迅速送医治疗。

(3)预防

其一，气温较高时，应避免进行剧烈运动。

其二，高温季节安排好运动时间，做好防晒降温的保护工作。

其三，备好清凉消暑或低糖含盐的饮料。

5. 运动性贫血

运动性贫血是运动训练中经常会出现的一种“一过性”身体机能低下的状态。正常情况下机体的红细胞生成与破碎处于动态平衡状态，使得机体的红细胞数目和血红蛋白浓度处于正常水平。当运动训练的外部因素干预造成机体红细胞的破碎速率大于生成速率时，使红细胞的动态平衡失调，造成运动性贫血的发生。

自由基增加导致的溶血和铁代谢紊乱导致的铁缺乏，是造成运动性贫血的主要因素。因此，补充抗氧化剂和铁是预防和治疗运动性贫血的主要手段。

(1)补充抗氧化剂

应用抗氧化剂以对抗由于运动训练造成的自由基急剧增加所引起的溶血性贫血已取得了良好的效果。

(2)合理营养膳食铁与补充铁制剂

铁对于维持血红蛋白的特殊功能具有重要作用。在运动性贫血中，运动性缺铁性贫血占较大的比率，尤其是女性运动员。有效的补充膳食铁和铁制剂对预防缺铁性贫血具有重要意义。

①膳食铁的补充

不同的膳食成分其含铁量也各不相同，对于进行大负荷运动训练的网球运动员来说，为了预防由于运动训练造成的铁缺乏应有目的地摄入含铁量高的食物(表 5-1)。

表 5-1　常用食物中铁含量(毫克/100 克)

名称	含铁量	名称	含铁量	名称	含铁量
稻米	2.4	标准粉	4.2	富强粉	2.6
小米	1.6	大豆	7.6	红小豆	5.2
绿豆	3.2	豆腐干	7.9	酱豆腐	12.0
芝麻酱	58.0	桂圆	44.0	黑木耳	185.0
银耳	30.4	肉(瘦)	2.4	猪肝	25.0
猪血	15.0	牛肝	9.0	羊肝	6.6
鸡肝	8.2	鸡蛋	2.7	蛋黄	2.7
虾子	69.8	海带	150.0	带鱼	1.1
小油菜	7.0	大白菜	4.4	芹菜(茎)	8.5
菠菜	2.5	干红枣	1.6	西瓜子(炒)	8.3
杏仁	3.9	葡萄干	3.8	南瓜子(炒)	6.7

②铁制剂的补充

因膳食中铁含量较低，以及膳食中存在大量的限制铁吸收的因素，同时又因运动员对铁的需要量增加，往往造成铁摄入不能满足运动员对铁的需要，因此需要额外补充铁制剂，以满足运动员对铁的需要。

目前，铁制剂主要包括非血红素铁和血红素铁两种形式，其生物利用度不同，而且不同的铁制剂所产生的副作用也不一样。血红素铁具有多方面的优点，是预防铁缺乏和缺铁性贫血的最佳铁制剂。

第三节 网球运动营养

一、人体所需的营养素及其补充

(一)蛋白质

蛋白质是组成人体细胞和组织的重要成分，没有蛋白质就没有生命。人体的蛋白质种类众多，其都是由 20 多种氨基酸组成。

1. 蛋白质的功能

蛋白质是构成和修补人体组织的主要原料，它是人体肌肉、内脏、皮肤、毛发、大脑、血液、骨骼等组织的组成部分。人体的代谢、更新需要蛋白质的参与；人体受到外伤后，需要大量的蛋白质对损伤的组织进行修补；各种酶和激素对体内生化反应的调节，维持肌体正常的免疫功能。

人体缺乏蛋白质的表现：未成年人表现为生长发育停滞、贫血、智力发育差，视觉差；成年人会表现为肌肉消瘦、肌体免疫力下降、贫血，严重者将产生水肿。需要注意的是，蛋白质在体内不能贮存，如果摄入过量，将无法吸收，可能还会引起代谢障碍。

2. 蛋白质的来源及供给量

(1)蛋白质的来源

蛋白质的食物来源主要有鱼、蛋类、肉类(如牛肉、猪肉、鸡肉、羊肉)、豆制品、坚果(如花生、葵花籽、杏仁)、小麦、乳制品等。

(2)蛋白质的补充及需要量

网球运动者在进行大强度的耐力训练时,当食糖、能量摄入充足时,每日所需蛋白质的量是1.0～1.8克/千克体重。

(二)脂肪

脂肪是由一分子甘油和三分子脂肪酸化合组成的。脂肪酸在人体内不能合成,应由食物供给,故称为必需脂肪酸,它是维持人体正常生长发育和健康所必需的。

1. 脂肪的功能

在人体进行长时间运动时,通过消耗脂肪为人体提供能量。脂肪是组成人体细胞的重要成分,它利于脂溶性维生素A、D、E、K的吸收,以维持人体正常的生理功能。体表的脂肪能够减少体热散失,还能够保护脏器。

人体缺乏脂肪的表现:出现皮肤干燥、脱发、影响机体的正常生长发育。而当脂肪摄入过多时,会导致机体过于肥胖,致使心血管疾病发生。

2. 脂肪的来源及供给量

(1)脂肪的来源

肉、鱼肝油、骨髓、蛋黄等食物主要提供饱和脂肪酸,鱼类含很多不饱和脂肪酸。植物性食物中的油料作物含油量较丰富,以不饱和脂肪酸为主。

(2)脂肪的供给量

应按动物脂肪0.3和植物油0.7的比例配合使用。另外,成人应把脂肪摄人限制在每天总热量的20%～25%为宜;儿童运动健身饮食的脂肪供给量应占每日总能量的35%。

(三)糖类

糖类也称为"碳水化合物",其也是人体的重要能源物质,它主要有由碳、氢、氧三种元素组成。

1. 糖类的功能

糖类在人体内转化的热能不仅量多,而且速度快;糖类还可促进其他营养素的代谢,与蛋白质、脂肪结合成糖蛋白、糖脂,组成人体具有重要功能的物质;糖类还具有保肝解毒作用,当肝糖原贮存充足时,肝脏对毒物有很强的解毒作用。

人体缺乏糖类的表现:生长缓慢、出现消瘦、低血糖、头晕、无力,甚至休克。当糖类过量时,则会导致肥胖、血脂升高。

2. 糖类的来源及供给

(1)糖类的来源

我们的一日三餐的主食中含有大量的糖类,可供日常生活、工作的需要。多糖类主要存在于谷类、米、面、土豆中,双糖类存在于蔗糖、牛奶、糖果、甜食中,单糖类存在于水果、蜂蜜中。

(2)补糖的方法

通过膳食补充网球运动中消耗的糖类,可分为运动(比赛)前、运动中和运动后三种。

①运动(或比赛)前补糖

运动前补糖有助于提高人体的抗疲劳能力,对于维持血糖稳定具有明显的效果。运动前补糖以提高膳食含糖量为主。网球运动前2～4小时吃高糖指数膳食可明显增加肌糖原、肝糖原的含量。

②运动中补糖

网球运动过程中补糖是为了节约肌糖原,维持血糖浓度的平衡,提高球员承受负荷的能力。运动中补糖是以运动饮料的形式补充糖。网球运动过程中,每隔15～20分钟补充一次含糖饮料,补糖量一般推荐每小时40～60克。

③运动后补糖

尽快使运动中所消耗的糖原得到恢复是运动后进行补糖的主要目的。网球运动后开始实施补糖的时间对糖原的恢复影响很大。糖的恢复是在运动结束后即刻就开始的,应在运动之后即刻服用糖类饮料,开始补糖的时间越早越好。

(四)维生素

虽然维生素的需要量甚微,但是由于人体不能合成,使其成为人体的必需有机化合物。维生素不参与机体的组成,各种维生素都其特殊的生理功能。维生素可分为两大类:水溶性维生素(维生素C族、维生素B族)和脂溶性维生素(维生素A、D、E、K等)。

膳食中维生素长期不足和缺乏可能会引起代谢紊乱或维生素缺乏症。长期轻度缺乏,不一定出现临床症状,但可使人的劳动能力、运动能力及抵抗能力下降。

(1)维生素A:维持正常视力。维生素A是眼内感光物质的主要成分,对维持正常视力有重要作用。如果维生素A缺乏,感光物质合成则会受到影响,在黄昏和光线较暗时就会失去正常视力,这称为"夜盲症"。

(2)维生素B_1:维生素B_1在能量代谢和糖代谢生成ATP的过程中起着重要作用。缺乏时,其代谢物丙酮转化为乳酸,乳酸堆积会导致疲劳,影响正常神经活动和传导,并使消化功能和食欲受到影响。研究表明,维生素B_1,对运动员的肌肉耐力有直接影响。维生素B_1的主要食物来源为粗糙的粮食(米、面、花生、核桃、芝麻和豆类)。

(3)维生素B_2:维生素B_2与人体细胞呼吸有关,因此,在有氧耐力运动中起重要作用。它还是糖酵解酶的有效功能物质,因此对无氧运动也具有重要作用。维生素 B_2 主要集中在少数食物中，以肝、肾含量最丰富，牛奶、黄豆和绿叶菜中也较多。

(4)维生素 B_6：维生素 B_6 作用于蛋白质和氨基酸代谢，促进糖原、血红蛋白、肌红蛋白和细胞色素合成，并是糖原合成和分解过程中糖原磷酸化酶的一种成分。运动加强了维生素 B_6 的代谢，因此经常从事网球运动的人对其需要量增加。

(5)维生素 C：维生素 C 是一种重要的抗氧化剂。大运动量训练会使人体维生素 C 的代谢加强。运动后补充维生素 C 有利于减轻疲劳，缓解肌肉的酸痛，增强体能及保护细胞免于自由基损伤，但不宜过量补充。

(6)维生素 E：维生素 E 是一种重要的抗氧化营养素，有消除自由基，减少脂质氧化的作用。有研究表明，增强维生素 E，可防止细胞膜磷脂的氧化，从而有助于运动期间保护血红球的完整性。运动后补充维生素 E 有提高最大吸氧量、减少氧债和血乳酸的作用。

人体所需主要维生素的来源和功能见表 5-2。

表 5-2 人体所需主要维生素的来源和功能

维生素	食物来源	功 能
A	动物肝脏、奶类、蛋黄、鱼肝油、蔬菜	维持眼底视网膜的正常功能 促进钙化作用 预防眼干燥症 维持表皮黏膜细胞的功能
B_1	米糠、全麦、燕麦、花生、西红柿、茄子、牛奶等	促进发育 促进食欲 预防及治疗脚气病
B_2	动物肝脏、肾脏及谷类、肉类、奶类。绿色蔬菜维生素 B_2 见光易分解	促进细胞中的氧化还原作用 维持皮肤、神经系统和细胞的正常功能

续表

维生素	食物来源	功　能
C	绿叶蔬菜、青椒、番茄、辣椒、菜花、猕猴桃、柑橘等水果	预防及治疗坏血病 维持牙龈、皮肤和血管的正常功能 促进荷尔蒙分泌及伤口愈合 增强免疫系统能力 促进体内的氧化作用
D	鱼肝油、肝脏、蛋黄、鱼	增进钙化 维护骨骼和牙齿的正常机能 增强免疫力
E	糙米、麦芽、大豆、绿叶蔬菜、干果	预防心血管疾病有显著效果 维持血红蛋白及循环系统的正常功能 抗氧化作用，延缓老化

各种食物所含维生素的种类和数量的差异很大，而且有的维生素性质很不稳定，容易在食物加工和烹调过程中受到破坏。因此，合理地选择食物，正确地加工和烹调，对保证人体获得必要的维生素是很重要的。

（五）水

水是人体内含量最多的一种重要化学物质，也是人类赖以生存的重要条件。

1. 水的功能

水参与体内许多代谢过程，转运生命必需的各种物质及排除体内不需要的代谢产物，通过水分蒸发及汗液分泌散发热量来调节体温，对关节滑液、呼吸道及胃肠道黏液均有良好的润滑作用。泪液可防止眼睛干燥，唾液有利于咽部湿润及吞咽食物。

2. 水的来源与供给

人体所需水主要来源于饮料与食物，健康的成年人每天的水需要量为每千克体重125～150毫升。

适时适量补充运动饮料，能够预防脱水发生，以及预防能源物质的消耗对运动能力的不利影响。运动饮料的合理应用对于改善机体代谢过程、促进体温调节、维持正常生理机能以及提高运动能力具有重主要作用。符合运动饮料必须具备的条件是糖的种类、糖的浓度以及电解质的含量。

3. 运动饮料的使用方法

(1)运动前水负荷法：在进行网球运动前的30分钟左右补充300～500毫升的低温运动饮料(15℃左右)。炎热天气进行网球运动时，还需要额外增加运动前补充运动饮料的量。

(2)运动中补充：运动中补充的原则是少量多次。一般为每小时补充运动饮料约800毫升左右。

(3)运动后补充：以摄取含糖—电解质饮料效果最佳，以少量多次为原则，切忌暴饮。网球运动结束后即刻体内糖原合成速率开始达到最大，这时机体迫切需要合成糖原的原料。一般情况下，网球运动后的饮水应每小时不超过800～1 000毫升为宜。

(六)矿物质

矿物质是人体内无机盐等统称，其是构成人体组织的重要原料，是维持正常生理功能不可缺少的重要元素，有助于调节体内酸碱平衡、肌肉收缩、神经反应等。其在人体内无法产生、合成。

在进行网球运动过程中，体内矿物质代谢可能发生变化。运动量大时，尿中钾、磷和氯化钠排出量减少，而钙的排出量增加。大强度长时间的运动时，机体对铁的需要量高，铁丢失严重，膳食中应加强铁的摄入；在进行强度运动时，运动者硒的摄入量应为平时的4倍，以每天约200微克为宜。

人体所需主要矿物质的来源和功能见表5-3。

表 5-3　人体所需主要矿物质的来源和功能

矿物质	来源	功能
钙	牛奶及奶制品、大豆及所有豆类、花生、绿色叶菜、甘蓝类蔬菜、西兰花、核桃、葵花籽等	促进体内钙化 节制心肌伸缩 调节其他矿物质的平衡 帮助血液凝固
铁	动物肝脏、桃、瘦肉、贝类、坚果、芦笋、菠菜、燕麦、豆类等	防止贫血 增进氧的运输
锌	肉类、动物肝脏、海鲜、啤酒、南瓜子、栗子、蛋、乳品、芝麻、芥末等	维持再生器官的正常发育和前列腺的正常功能 加速伤口和骨折的愈合 保持皮肤健康 支持免疫系统 与角蛋白——一种存在于头发和指甲的物质的形成有关
镁	无花果、坚果、杏仁、深色绿叶蔬菜、香蕉等	是与能量代谢有关的酶活性所需要的一种重要催化剂 在钙、维生素 C、磷、钠、钾等的代谢上，镁是必需的物质，镁能帮助它们的吸收 在神经肌肉的机能正常运作、血糖转化过程中扮演着重要角色
磷	鱼类、瘦肉、蛋、谷类、干果类等	组成细胞核蛋白质 构成软组织 保持酸碱平衡
硒	海产品、动物肝、肾、麦麸、洋葱、西红柿、芹菜、西兰花、草菇、牛奶等	硒是天然抗氧化剂，维持组织弹性 支持免疫系统，防止癌症
铜	豆类、全麦、花生、草菇、橄榄、动物内脏、虾、贝类、蟹等	铜可促进铁的吸收，有助于血红蛋白和血细胞的形成，可保护机体预防动脉粥样硬化的发生 胶原、某些激素和酶的合成也依赖于铜的水平

二、营养补充的原则

在参加网球运动的过程中，使体内的营养素代谢和需要发生变化。通过合理的营养可以调节器官、组织和细胞的功能，促进运动后的恢复。网球运动中营养补充的具体要求如下。

（一）营养补充应为网球健身运动者提供适宜的能量

网球健身运动需要及时的营养补充，主要有以下两方面的原因。

首先，网球运动以能量消耗为基础，但人体内可能快速动用的能源储备有限。如果无充足可利用的能源物质，即体内糖原水平极低时，就不能满足运动中需要不断合成 ATP 速率的要求。应使运动者具有适宜的体重和体脂成分，并保证运动中能源物质的良好利用。因此，运动者应注意摄取含糖类丰富的食物以保证体内有充足的肌糖原和肝糖原储备，保证网球运动中 ATP 再合成速率的需要。

其次，能源物质在体内储存或分解需要一系列辅酶的催化，维生素和微量元素多数是辅酶的组成成分或激活剂。提供充分的维生素和微量元素营养，可促进运动者体内代谢并提高抗氧化能力，满足运动中水分和电解质的生理需要，有利于改善运动能力，增进健康。而这些营养素的缺乏会降低运动能力。

（二）营养的补充应延缓和减轻疲劳

网球运动者参加网球运动产生运动性疲劳的常见原因包括：脱水引起体温调节障碍所致的体温增高，酸性代谢产物堆积，电解质平衡失调造成的代谢紊乱，能源储备耗竭等。合理的营养补充可以保持良好的身体机能状态，延缓疲劳的发生或减轻疲劳的程度。

(三)营养的补充应为防止运动损伤提供物质保证

据有关研究表明,肌纤维中能源物质(糖原)的水平与运动外伤的发生有直接的联系。当快收缩肌纤维中糖原耗尽时,人体会发生疲劳,控制和纠正运动动作的能力会受损害,运动外伤的发生也随之增加。因此,体内糖原储备充足,有利于预防外伤。

(四)营养的补充要有助于运动后的恢复

网球运动者在参加完网球运动后,身体功能的恢复在于恢复身体的能量供应及其储备(包括肌肉和肝脏糖原)、代谢能力(包括有关酶的浓度,如维生素和微量元素)、体液(保证体内的血容量和微循环体液量)、元素平衡及细胞膜的完整性(如铁、锌、钾、钠、镁等)。营养的补充应促进这些物质的恢复。

三、促进人体恢复的营养补充剂

(一)抗氧化剂补充

网球运动时机体对能量的需求量会迅猛增加,新陈代谢旺盛,骨骼肌细胞的耗氧量增加100~200倍,此时组织中自由基的生成也随之增加。随着运动强度、时间的增加,自由基的产生急剧增多,且超过了机体自身清除自由基的能力,组织抗氧化剂的水平下降,机体则产生氧化应激状态。运动性氧化应激是组织损伤、运动性疲劳的主要原因之一。

网球运动后,应补充抗氧化剂以对抗运动中生成的大量自由基是延缓运动性疲劳的发生、快速消除运动后疲劳以及迅速恢复身体机能的一个重要手段。抗氧化剂的补充最为重要的形式是食物中的补充,当食物补充不满足机体需要时应当以补剂的形式进行补充。目前经常使用的抗氧化剂见表5-4。

表 5-4　常用的抗氧化剂

抗氧化剂营养品	具有抗氧化能力的天然食品及中药
β-胡萝卜素	生大蒜、辣椒
叶酸	西红柿、洋葱
辅酶 Q	胡萝卜等蔬菜
维生素 C、维生素 E	猕猴桃、柑橘
番茄红素	山楂、大枣等水果
结合亚油酸	西洋参、沙棘
螺旋藻类产品	丹参、知毋宁
谷氨酰胺及谷酰胺肽胶囊	黄芪等中药
牛磺酸等	微量元素硒

(二)免疫增强剂补充

经多项研究证实,长期大负荷的运动训练会造成机体免疫机能降低。运动员在大负荷训练期间易出现免疫机能低下的开窗期,从而使运动员比一般人更易于感染疾病。因此,运动训练期间,补充合理的营养能够缓解和提高因大量运动训练造成的免疫机能抑制。

目前免疫增强剂的种类众多,根据其来源和(或)化学组成主要分为蛋白质类、天然物质及提取物、氨基酸和短肽类、中药制品、化学合成等物质。

1. 蛋白质类

国际奥委会医学委员规定,任何外源性的非治疗的静脉注射或点滴都属于违禁。目前的研究表明,补充乳清蛋白、牛乳分离蛋白、α-白蛋白等蛋白质均可以促进运动员免疫机能的提高。

2. 氨基酸和短肽类

促进机体免疫机能提高的氨基酸是当前运动员应用较多的免疫增强剂,其中谷氨酰胺、谷氨酰胺肽、谷胱甘肽是最为普遍的。

3. 天然物质与植物提取物类

应用较多的这类免疫增强剂有番茄红素、螺旋藻、胡萝卜素、大蒜素、壳聚糖、多种真菌多糖、维生素 C、维生素 E 等。

(1)番茄红素

番茄红素具有独特的化学结构可消除自由基,尤其是氧自由基,从而预防人体细胞的损伤。近来研究表明,番茄红素具有增强人体免疫功能的作用,其在提高人体的免疫功能方面比维生素 E 强 100 倍,是一种提高免疫机能效果非常好的天然物质。在很多天然水果和蔬菜中都含有番茄红素,因此它非常容易从饮食中得到。

(2)螺旋藻

螺旋藻几乎含有人体所需的全部营养素,其蛋白质含量高达 60%~70%,其含有的氨基酸种类齐全,比例平衡。螺旋藻是至今为止世界上最丰富、最全面的天然食物之一。

螺旋藻是通过促进机体糖原的恢复、促进乳酸的消除、抗氧化、抗贫血等来提高运动员的运动能力。此外,螺旋藻还具有提高机体免疫机能的作用。其通过多种途径来缓解机体的免疫抑制、促进免疫机能提高。

(3)壳聚糖

壳聚糖是甲壳素的脱乙酰化产物。目前壳聚糖主要提取自海洋生物蟹和虾壳。壳聚糖能增加人体免疫力、抑制肿瘤、调节血脂和血压等作用。

4. 中药制品

我国很多中药复方具有促进机体免疫机能提高的作用。此类复方中药的主要中药成分包括人参、黄芪、茯苓、刺五加、白术、山药、龙眼、山楂等。

5. 化学合成物质

许多化学合成物质具有提高机体免疫机能的作用,这类物质主要包括 28 烷醇、维生素 C、维生素 E 以及维生素 EC 合剂等。

(三)中药的使用

中医理论是主要汉族创造的传统医学为主的医学。其是在不断的实践应用中发展而来的,目前很多中医理论有待进行科学验证。运动界常使用的中药主要有以下几类。

1. 补血、活血类

氧气维持生命活动,而血红蛋白具有运输氧气的作用。当血红蛋白含量下降时,其不但会影响氧气的运输能力,而且也会影响身体的机能状况。活血中药具有促进血液循环的作用,可以促进营养物质运输和代谢产物的消除。补血、活血类中药具有促进机体造血机能和血液循环的作用,对维持运动员的身体机能水平具有重要意义。补血、活血类中药主要有枸杞、当归、田七、阿胶、红花、熟地、牡丹皮、龙眼肉、灵芝、何首乌、鸡血藤等。

2. 补肾益气类

中医理论认为,肾为先天之本,肾藏精、主髓,对体力的产生起着重要作用,补肾壮阳使肾精充足,肾气旺盛以推动脏腑功能活动,从而达到强壮体力的目的,同时补肾壮阳还具有促进自身睾酮分泌之功效,从而促进运动员身体机能水平的提高。补肾壮阳类中药大都以淫羊藿、肉苁蓉、巴戟天、仙灵脾、虫草、鹿茸、熟地、人参、黄芪、党参等为主要成分组成。

3. 补脾理气类

脾居中焦、为后天之本;脾主运化、统血,为气血生化之源;是机体消耗吸收之本;脾主肌肉,脾之运化才能营养肌肉。脾失健运,则精微物质和水液运化不健,肌肉疲惫、四肢倦怠无力。因此,健脾理气具有很好地调节脾胃、促进营养物质的消耗吸收、提高肌肉的做功能力的重要作用,可有效提高网球运动员的运动能力以及抗疲劳能力。补脾理气类的中药主要是由黄芪、白术、茯苓、刺五加、山楂、山药、人参、龙眼等组成。

第六章　网球运动学练科学体系构建

网球运动教学与训练是运动学练的重要构成部分。针对网球运动爱好者和网球运动员来说，科学掌握网球运动教学与训练的科学原理，对个人网球运动一般与专项素质的提高均具有非常重要的促进作用。此外，要对自身的网球运动学练进行客观、全面、系统地评价，以针对评价结果科学地调控网球运动学练实践，最终促进网球运动技能与水平的科学有效提高。

第一节　网球运动教学与训练理论体系构建

一、网球运动教学理论体系构建

（一）网球运动教学任务

良好网球运动教学效果的取得，应以积极吸引学生的关注，提高学生的运动参与兴趣为前提。教师应根据学生的身心特点，促进学生素质全面的发展，使得其德、智、美等方面共同提高。在德育方面，应注重培养学生顽强的意志品质，树立遵守道德规范的意识；在智育方面，应提升学生快速判断、分析、思维、想象的能力，促进其智力水平的提高；在美育方面，提升其对于运动美的欣赏能力，使学生的德、智、美综合素质得到全面发展。

具体来说，网球运动教学的主要任务如下。

1. 增强学生的身体素质

网球运动教学是体育教学的重要方面，体育教学的重要任务之一就是促进学生身体素质的发展，网球运动教学自然也不例外。在网球运动教学中，教师应有组织、有计划地组织学生进行锻炼，促进学生的正常发育，全面发展身体素质和活动能力。为学生更好地学习相应的网球技战术奠定良好的身体素质条件。

2. 提高学生的网球知识与技能

网球运动知识和技能是网球运动教学的重要内容，也是学生必须掌握的学习内容。网球运动教学的基本任务之一就是使得学生掌握网球的基本理论和技战术，能够在实践中运用相应的网球技战术。

3. 培养学生的良好品质与行为

网球运动对抗性较强，要想提高自身的网球技术，就需要具有顽强的意志品质。网球运动教学的重要任务就是培养其顽强拼搏的意志品质，发扬不畏困难的精神，促进学校网球文化的建设，养成学生在许多方面的良好人格。

网球运动被称为是一项“绅士运动”，网球运动具有历史悠久的比赛礼仪、观赛礼仪。参与网球能规范个人行为，通过网球运动教学应让学生遵守规则、尊重对手，讲礼貌，养成良好的行为举止。

4. 激发学生的创新意识和能力

任何内容的教学都应注重学生创新意识和创新能力的发展。网球运动的创造性极强，运动者需要根据场上的变化来灵活采用相应的技战术。教师应设法激发学生的创新意识和创造能力，以促进学生社会适应能力和创造力的发展。

（二）网球运动教学原则

网球运动教学原则是网球运动教学中必须遵守的，有助于网球运动教学过程的科学开展，并有助于良好教学效果的取得。具体来说，在网球运动教学过程中应遵循以下基本原则。

1. 兴趣主导原则

兴趣主导就是在网球教学中重视对学生学习和参与网球兴趣的培养，这是网球教学的首要原则。在高校网球课程教学中，体育教师应最大限度地发挥学生参与网球运动的积极性，使学生更自觉地、主动地完成学习任务。具体来说，应注意以下几个方面。

(1)教师应重视学生正确体育价值观的培养。通过多种教学手段，让学生逐步树立起自觉学习和参与网球运动的态度和动机。

(2)教师应精心设计网球运动教学过程和内容，捕捉时机，因势利导，善于激发学生的兴趣，引导其兴趣向正确的方向发展。如在教学开始阶段以游戏和玩耍的形式开展教学，调动学生的网球学练的积极性。

(3)采取丰富多样的教学方法，并注意运用各种符合不同年龄学生个性心理特征的手段，以激发学生参与网球课程教学训练的兴趣。

2. 直观性原则

网球运动教学的直观性教学原则要求教师积极利用学生的感官和已有的经验，通过视觉、听觉和肌肉本体感觉，使其对网球技战术进行感觉、认识和理解。这对学生更进一步地深入学习和掌握网球技战术具有重要的意义。具体在教学中应注意以下几点。

(1)根据学生特点、教学任务、教学目标，选择合理的网球运动教学内容、教学手段和方法。

(2)教师应充分利用学生的视觉、听觉和肌肉本体感觉，通过各种直观的形式来使学生产生清晰的表象。

(3)网球教学实践中，应注意直观性的教学教具和准确的语言讲解，启发学生思维，使学生能举一反三、提高学习效率。

3. 渐进性原则

渐进性原则符合个体的一般认知规律。坚持渐进性原则，要求在开展网球运动教学时，从单一到综合、从低级到高级，使得学生逐步掌握网球技战术。教师在网球运动教学中贯彻循序渐进原则，应注意以下几点。

(1)教学内容时要有系统性，由浅入深、由易到难、由简到繁，并成体系。

(2)训练的时间和量应逐步提高，运动负荷应与学生的生理和心理特点相符。具体应按照适应—加大—再适应—再加大的规律有节奏地增加运动负荷。

(3)根据网球运动技能形成的规律安排教学内容和教学方法，从认知定向阶段、巩固提高阶段到熟练程度阶段，都要按照网球运动技能形成的阶段性特点及其规律来组织网球运动教学活动。

4. 因材施教原则

因材施教是教育教学活动的重要原则，同样适用于网球运动教学。所谓因材施教，就是要求教师应根据学生的特点，来针对不同的学生采取不同的教学方法，尊重学生之间的差异性。网球运动教学中坚持因材施教原则应注意以下几方面。

(1)教师应了解学生的个体差异性，教学应符合学生特点，掌握不同学生的详细情况，区别对待。

(2)网球教学应在符合学生特点和需求的基础上，充分考虑网球运动教学的季节、地区、场地器材设备条件等客观条件，使教学更有针对性。

(3)在网球运动教学中,教师应从整体进行把握,促进全体学生网球技能的提高,同时,兼顾不同层次学生的学习需求,为身体素质较好的学生创造更好的条件;帮助素质差、基础薄弱的学生完成学习任务。

5. 巩固提高原则

在网球运动教学中,应经常复习所学知识和技能,使学生能够逐步得到提高和发展。具体应做到以下几点。

(1)层层深入地推进教学过程,不要盲目追求进度,要在每一个阶段的教学中,都使学生奠定良好的知识、体能、技能基础。

(2)增加运动密度和动作重复的次数,反复强化,不断巩固运动条件反射,提高技术水平、身体素质和体育能力。

(3)教师要给学生布置适量的课外网球作业或家庭网球作业,将课内课外结合起来,达到巩固提高的目的。

(4)不断提出新的学习目标,培养学生进行网球运动的兴趣和进取动机。

6. 终身体育原则

网球对学生的身心发展影响可以影响其一生,是一项可以终身从事的体育运动项目,在高校网球教学中,教师应重视学生终身从事网球的意识和习惯。此外,体育教学应重视终身体育习惯的养成,也是新《体育(与健康)课程标准》对当前体育教学的基本要求。网球运动教学遵循终身体育原则应做到以下几点。

(1)培养学生的终身体育意识。教师要善于发现学生的网球爱好与特长,并正确引导,培养学生长期从事网球运动的兴趣。

(2)重视综合考虑网球教学的长、短期效益,为学生终身从事网球运动奠定扎实的网球运动知识、体能和技能基础。

(三)网球运动教学体系的优化发展

网球运动教学体系的优化应从网球运动教学体系各要素的

优化入手，通过对网球运动教学目标、教学内容、教学方法的优化来实现网球运动教学体系的优化发展。

1. 网球运动教学目标优化

(1)以人为本

网球运动教学应坚持以人为本，具体就是指以学生为本。

在网球运动教学实践中，教师应将学生作为教学过程的主体，教师应将满足学生的实际需求作为教学的前提。教师在教学时应设定多种教学情境，使学生与教学情境相融合，让其融入课堂。网球运动教学的目标的设定必须以学生发展为本。教师在教学时应保持积极的心态，创建良好的教学氛围。在课堂上教师应多多运用表扬这一手段，肯定学生的进步，鼓励学生，使其始终保持网球学练的自信心和主动性。

(2)师生共创

在网球运动教学实践中，教师与学生具有不同的地位、扮演不同的角色。教师是学生学习的领路人，是网球教学活动的主导者；学生是教学的对象，是教学活动的主体。

在网球运动教学中，教师不仅仅是一个知识技能的传递者，其应该更多地促进学生的学习。学生应主动地参与教学并创新教学。网球运动教学工作需要教师和学生共同合作才能够取得良好的效果。教学实践中，应让学生更多地参与到教学大纲的制定当中来，而并不是由教师和领导直接决定。通过学生的积极参与。只有师生共同积极参与下的网球运动教学才能收到良好的教学效果。

(3)多元评价

教学评价是对教学质量的判断，有助于为教师提供教学反馈，提高教学质量。教师应在教学评价上实现评价方法、评价内容的多元化，积极转变思想，使得学生主动积极探索。教师应对网球运动教学中学生各方面的要素进行评价，促进学生全面发展。

2. 网球运动教学内容优化

(1)传统教材内优化创新

教材是学生学习的参考,传统网球教学内容经过长期的教学实践验证,具有权威性和科学性特点,但也具有很大的局限性,其内容往往落后于网球运动的现代发展。因此,应注重对传统网球教材内容进行适当范围内的创新。具体可以从以下几方面入手。

第一,重组、整合传统教材内容以满足当下教学实际。教材的课程内容需经过网球教师的加工讲解,才能真正成为教学内容展现给学生。因此在教学过程中,教师可根据教学目标和实际情况对教材内容进行取舍,并补充一些顺应时代发展的新事物。

第二,通过情境的设定将教学内容背景化。在教学中,针对较难的知识,教师可以通过一定的情境设定,或者从背景知识入手,使学生更加容易理解这些知识。

第三,将网球运动教学内容过程化,积极引导学生进行观察、调查、研究,最终掌握教学内容中的各知识点。

(2)新网球课程内容开发

现代网球运动发展迅速,各种新的理论知识、运动规则、技战术发展都在不断进行更新,因此,要注意结合网球运动的发展进行教学内容的开发。

3. 网球运动教学方法优化

(1)教学方法多元化

丰富多样的教学方法有助于提高学生的网球学练兴趣和良好网球教学环境和教学效果的获得,在网球教学中,不能僵化采用几种教学方法。单一的教学方法容易使学生失去学习的兴趣,可能导致教学目标的无法达成。

(2)教学方法最优化

教师应注重教学方法运用的合理性,整个教学过程中教学方法使用应具有系统性和操作性。教师应对教学过程具有整体的把握,最优化教学方法的使用。

(3)教学方法现代化

现代社会科技发达且更新换代快,许多科技在体育教学中得到了应用并收到了良好的教学效果。在科技发展迅速的大环境下,网球运动教学方法的优化创新应当积极吸收现代的先进科技,教师应将现代科技作为教学媒介,推动网球运动教学水平的提高。

二、网球运动训练理论体系构建

(一)网球运动训练原理

1. 生长发育规律

人体的生长发育规律是客观存在的,不以人的意志为转移。具体来说,人体的生长发育在不同的年龄阶段,会表现出一定的年龄阶段特征和性别特征,但总体来看,人体生长发育的过程是连续、不断完善的过程。

网球运动训练应抓住机体不同素质有其不同年龄阶段发展的敏感期,有针对性、有重点地安排具体训练内容。

2. 新陈代谢原理

新陈代谢是生命活动存在的基础。根据人体的新陈代谢原理,学生在进行网球训练期间,物质和能量代谢过程会较平时得到加强,能量的消耗也会随之增大。从事有效的网球训练能够提高人体组织细胞内酶系统的适应性,促进人体的代谢过程完成和能量物质恢复,从而达到比锻炼前更高的水平,人体各器官系统的功能也得到进一步增强,这是网球训练增强人体体质的重要原因。

结合机体运动训练的物质和能量代谢特点，应注意在网球运动训练中保持充足的能量供应，以使学生保持充沛的体力和获取良好训练效果。

3. 机体适应理论

所谓适应，就是在一定运动强度刺激下，逐渐使学生能够提升运动技能，这种适应具有阶段性和层次性。

机体的适应能力是一种生理本能，正常人的机体一般都具有一定的适应能力，具体表现在人的机体有适应外界环境的能力，当个体长期经常性地从事运动训练时，其身体为了适应活动需要机体发生的一系列生物化学变化，如肌肉体积会加大、力量增强，心肌变厚，脉搏减少，肺活量增大，血压降低等。

机体的适应原理要求在网球运动训练过程中，教师应遵循学生机体机能的接受刺激和机体适应刺激的变化规律，科学控制教学进度和安排技术动作学练，以提高网球训练质量，促进学生身体素质的健康发展和网球运动技能的有序提高。

4. 超量恢复原理

生理学研究表明，机体运动消耗的能源物质在运动结束后一段时间不仅恢复到机体原有的水平，而且很有可能超过原来水平，这种现象就是“超量恢复”，又称“超量代偿”，会在维持一段时间后消失，技能和体能与运动前水平基本一致。

在网球训练中，以超量恢复原理为主要依据，可以将人体的训练过程分为三个阶段，即运动时各器官系统工作能力下降阶段、运动后工作能力复原阶段、工作能力超量恢复阶段（图 6-1）。只有经历这三个阶段，才能使体质得到增强，技术水平得到发展和提高。

一般来说，大脑和神经中枢的恢复最快，此后依次是心血管系统的恢复、肌肉和心理的恢复；机体不同能源物质的恢复速度不同；不同运动负荷下机体的恢复速度也不同，负荷越小，恢复越快；不同训练水平的学生恢复速度不同，训练水平越高，恢复速度越快。此外，超量恢复在一定程度上还受到疲劳程度、运动量的大小和营养供给等因素的影响。在网球运动训练中，在一定范围内，运动量越大，人体内各器官和肌肉的功能动员得就越充分，能量物质消耗得就越多，超量恢复也就会越显著。但切忌运动量的过大或过小，运动量过大，会延长恢复过程，可导致过度疲劳；运动量过小，身体得不到充分运动，超量恢复效果不明显，不利于获得良好网球运动训练效果。

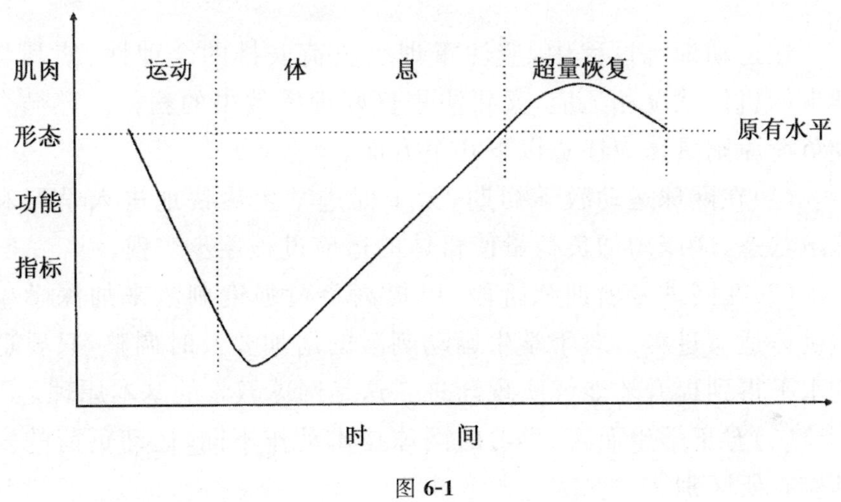

图 6-1

（二）网球运动训练原则

1. 积极自觉原则

网球运动训练应注意调动学生的积极性与自觉性，使其自觉主动地投入到运动训练之中，从而起到事半功倍的效果。提高学生参与网球训练的自觉性应重视做好以下工作。

(1)加强训练目的与价值观教育：注重教育学和心理学手段的运用，使学生树立正确的行为动机和态度。如将优秀的运动成绩与个人、家庭、国家之间的关系联系起来，激发学生训练的积极性，发掘其顽强拼搏的精神。

(2)激发学生参与训练和比赛的兴趣:针对不同类型的学生的心理特征开展训练。如青少年运动学生活泼好动,因此,在训练过程中,应注重增加一些趣味性和游戏性的训练形式,从而使其获得心理上的满足。

(3)充分发挥教练员和教师的榜样作用。教师应善于说服教育,并以自己的知识、能力和表率作用,为人师表、做好榜样,潜移默化地影响学生参与网球运动学练。

2. 合理安排负荷原则

在运动训练过程中,应注重训练负荷安排的合理性,使其与学生的机体状况相适应,又要注重良好训练效果的获得。遵循合理负荷原则具体应注意以下几个方面。

(1)在网球运动教学初期,为了促进学生尽快地进入学习和练习状态,应以增加负荷量使机体的适应过程逐步实现。

(2)在网球专项训练阶段,以提高负荷强度刺激来加深学生的机体适应过程。对于学生运动刺激的增加要及时调整,只要适应水平得到提升才能够实现渐进。这是网球教学的基本原理。

(3)对于学生而言,学习的网球技术动作不同,运动负荷的安排应有所区别。

3. 全面发展与针对性训练相统一原则

全面性原则是指网球训练应注重学生的全面发展,各器官组织、各项身体素质以及心理品质等方面都要得到发展。

针对性原则是指网球训练应针对学生的实际情况,以及外界环境条件的影响,选择合适的训练目的和训练负荷。

网球运动是一项综合性的运动项目,对学生各方面的素质都会有一定程度的要求,在网球训练实践中,除了应安排与网球专项运动相关的专项训练内容之外,还应该注重训练多样化、网球运动训练突出专项特点。

4. 一般训练与专项训练相统一性原则

一般训练是全面和综合提高学生的基础运动素质的训练，并非网球技战术方面的训练；网球专项素质训练则是对网球专项技战术的提高。在现代网球运动训练过程中，应注重将一般训练和专项训练结合起来，这样才能更好地提高学生的网球运动水平。

(三)网球运动训练体系的优化发展

1. 丰富训练方法

运动训练科学理论研究的深入和体育科技的发展促进了运动训练方法的多样化发展。

在网球运动训练中，应将新的训练方法与传统的训练方法相结合，使得网球训练更加科学、有效，进而不断促使学生提高运动水平、创造优异成绩。

2. 引入先进技术

现代体育科技的发展对体育运动实践的指导作用越来越大。现阶段，充分利用各种科学技术能在网球训练实践中，有效地指导和促进运动者的训练。如利用生理、生化指标控制运动量和运动强度、利用先进测试仪器评价运动者训练水平、利用高速三维摄影仪分析运动者的技术动作等，对运动者运动技术水平的提高都具有重要的促进作用。网球运动训练也应重视先进技术的应用。

3. 重视以赛带练

针对网球运动员的训练，要重视通过以赛代练来提高运动者的网球技能和运动水平，重视和利用竞赛的杠杆作用，以赛促练，增加运动者参赛机会，使其在比赛中吸取教训和总结经验、提高网球运动实战能力。

第二节　网球运动体能与心理素质学练

一、网球运动体能素质学练

（一）网球体能素质构成

体能素质主要包括五个方面，网球运动体能素质也分为五个方面，主要包括力量素质、速度素质、耐力素质、柔韧素质和灵敏素质。

力量素质指人体肌肉系统工作时克服或对抗阻力的能力。它是人体运动的基础，是最基本的身体素质，它是运动者掌握网球运动技能、技巧以及提高运动成绩的最重要的基础。

速度素质指人的身体（人体的某个部位）进行快速运动的能力，也就是人体或人体某一部位快速做出运动反应、快速完成动作、快速移动的能力。良好网球速度素质对于运动者快速完成动作、快速经过规定某种距离具有重要影响。

耐力素质指个体克服工作过程中所产生疲劳的能力。它是体现个体的健康水平或体质强弱的重要标志。网球运动中，耐力素质越强，运动者在训练和比赛中克服由于身体活动和肌肉活动而引起的体力上的疲劳的能力就越好。

柔韧素质指人体关节活动幅度大小以及跨过关节的韧带、肌腱、肌肉、皮肤及其他组织的弹性和伸展能力。网球运动者如果缺乏柔韧性，不仅会影响到其专项技术的掌握，还会更容易出现运动损伤。

灵敏素质指个体在各种环境条件下迅速、准确和协调完成动作的能力。灵敏素质是一种综合性的运动素质，受网球运动者运动技能、运动感觉和各种身体素质的综合影响。

(二)网球力量素质训练

1. 上肢力量素质训练

(1)腕屈伸:身体直立(或坐着),前臂固定在膝上或凳子上,两手反握或正握杠铃(或哑铃、杠铃片)做腕屈伸(或交替腕屈伸),腕屈伸至最高点,稍停顿,再还原。反复练习。

(2)坐姿摆臂前移身体:举在地板或垫子上,双腿并拢。双手持重物或徒手快速摆臂,带动身体前移。

2. 下肢力量素质训练

(1)原地摆腿:练习者侧对肋木站立,左手握肋木,左腿支撑,右腿尽量向上摆踢;练习几次之后换左腿摆踢。

(2)原地快速高抬腿:上体保持正直,肘关节弯曲约 90°。前摆手摆到约肩部高度,后摆手摆到臀部之后。大腿摆到与地面平行的姿势。

(3)悬垂摆腿:双手抓住肋木身体悬垂,摆动腿向身体对侧的上方迅速摆动。反复进行训练。训练时可以在摆动腿的脚或小腿上负重进行训练。

(4)快速举腿:练习者仰卧在垫子上,然后做快速折叠起;仰卧在垫子上,两脚夹球,快速做收腹举腿运动。

(5)直膝大步走:左腿直膝向前迈步,以足踵滚动着地至前脚掌。当身体重心前移超过支撑点的垂直部位时开始后蹬。在后蹬即将结束瞬间,右腿直膝向前迈步,两腿交替前进。

(6)原地转髋跳:原地跳起,在空中快速左右转动髋部。

(7)踝屈伸跳:双腿直膝跳起后足尖翘起,反复练习。

(8)立足跳远:面对沙坑或垫子,双脚以肩宽左右开立,双臂上举并充分伸展身体。下蹲后双腿迅速蹬伸,向前上方跳起,前引双脚落地。

(9)跳深:采用 8～10 个高 60～80 厘米的跳箱,间距约 1 米依次横向排列。练习者从跳箱上跳下，再迅速跳上下一个跳箱。

3. 躯体力量素质训练

(1)体前屈；肩负杠铃，前脚掌垫高 4 厘米左右，向上快速蹬起练习；肩负杠铃，做快速的半蹲起。

(2)挺身展髋：原地挺身展髋、双脚连续起跳挺身展髋。训练过程中，要求身体动作要准确、到位，并注意动作的保持时间，以 3 秒钟为宜。

(3)元宝收腹(静力)：两手置脑后，平躺地上或垫子上，上体卷起时，两膝收至髋部上方。上体卷起和收膝同时进行，直到两肘碰到两膝为止，稍停 2 秒钟(或保持静止 30～50 秒)，反复练习。

(三)网球速度素质训练

(1)信号反应训练：信号反应练习是对各种信号做出反应动作，这种方法适合于短跑项目及初学者。

(2)选择性信号反应训练：要求练习者按事先确定的信号做出正确的选择，或按相反口令，相反动作完成选择性的反应练习。

(3)摆臂：两腿并拢，上肢以短跑动作前后摆臂，肘关节弯曲约 90°。前摆手摆到约肩部高度，后摆手摆到臀部之后。目的在于提高运动员摆臂动作效率和固定正确的上体跑动姿势，要求训练的技术动作要准确(图 6-2)。

(4)俯卧快速提转哑铃：发展练习者肩部、臂部肌肉群的速度力量和爆发力。将球垫在胸部，身体完全伸直。双手持哑铃，上臂外展，前臂垂直向下。提拉上臂，当上臂到达水平姿势时，前旋前臂进一步提升哑铃高度(图 6-3)。

(5)两人拍击：两人一组，面向开立，听到开始的口令后，设法拍击对方背部，而又不被对方击中自己。在规定时间内(如 1 分钟)，拍击对手多者为胜(图 6-4)。

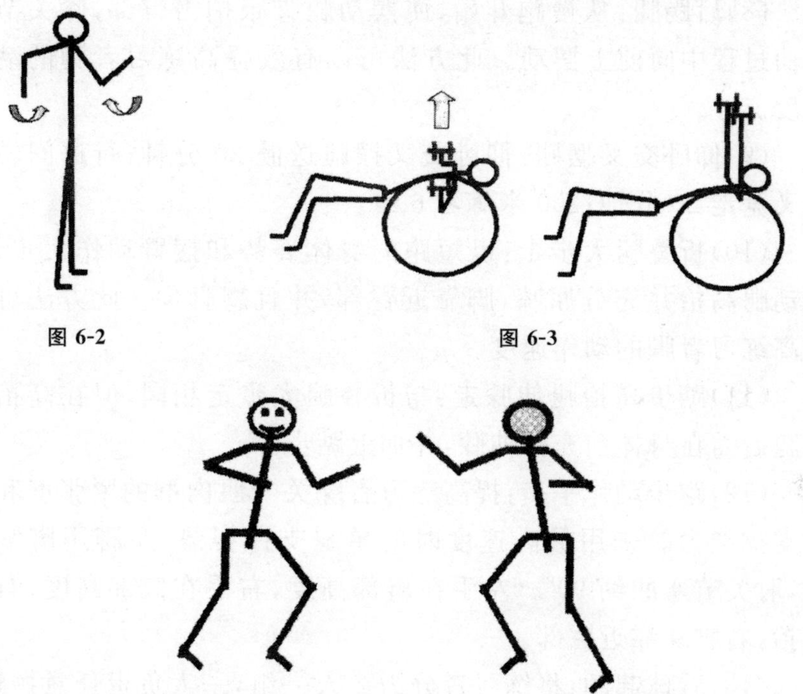

图 6-2　　图 6-3

图 6-4

(6)原地快速高抬腿:以短跑动作前后摆臂,肘关节弯曲大约 90°。前摆手摆到约肩部高度,后摆手摆到臀部之后。大腿摆到与地面平行(图 6-5)。

(7)持实心球侧蹲:双脚以肩宽左右开立,向左侧分步进入侧蹲姿势,重心移到左腿上。充分快速前伸双臂前送实心球,保持姿势 2 秒钟。左右腿交换重复练习(图 6-6)。

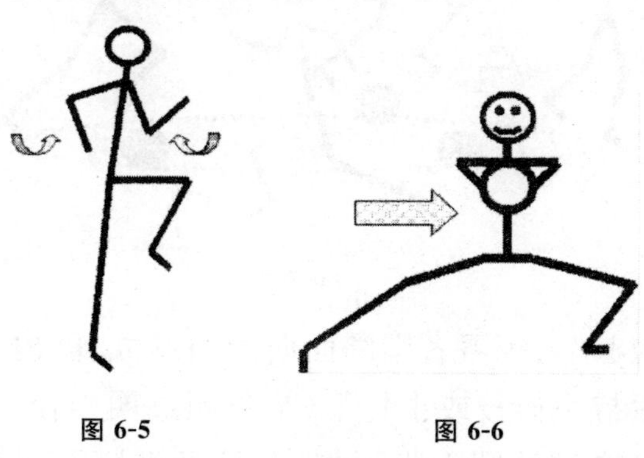

图 6-5　　图 6-6

(8)后踢腿：从慢跑开始，使摆动腿脚跟拍击臀部，膝关节在弯曲过程中向前上摆动。此方法可以有效提高练习者脚的动作速度。

(9)仰卧交叉摆腿：仰卧交叉摆腿送髋 20 分钟；行进间转髋交叉竞走 20 分钟；100 米练习 6 组。

(10)折叠腿大步走：以短跑的身体姿势和摆臂动作大步走。摆动腿高抬并充分屈膝，脚靠近臀部，并且翘脚尖。此方法可以提高练习者脚的动作速度。

(11)踮步高抬腿伸膝走：与折叠腿大步走相同，但在高抬摆动腿后需在身体前充分伸膝，并加上踮步。

(12)跑步动作平衡：提高练习者踝关节肌肉群的紧张度和稳定支撑能力。采用最高速度时的单腿支撑姿势，左脚用脚掌支撑，肘关节弯曲约 90°。左手在肩部高度，右手在髋部高度，右腿高抬，右脚踝靠近臀部。

(13)看球起动：将练习者分为 2 人一组，一人负责任意抛球，另一进行移动接球，双方互换角色反复练习。

(14)抢球：准备“练习人数减一”个实心球，球围成一个圆圈，训练开始，学生绕球圈外慢跑，听到信号各人就近抢球，淘汰没有抢到球的练习者，继续，直到剩最后一人(图 6-7)。

图 6-7

(15)反应起跳：练习者围圈面向圈内站立，圈内 1 至 2 人，站在圆心附近手持小树枝或小竹竿(竿长超过圈半径)。游戏开始，持竿者将竹竿绕过站圈人脚下划圆，竿经谁脚下即起跳，不让竿打上脚，被打即失败进圈换持竿者（图 6-8）。

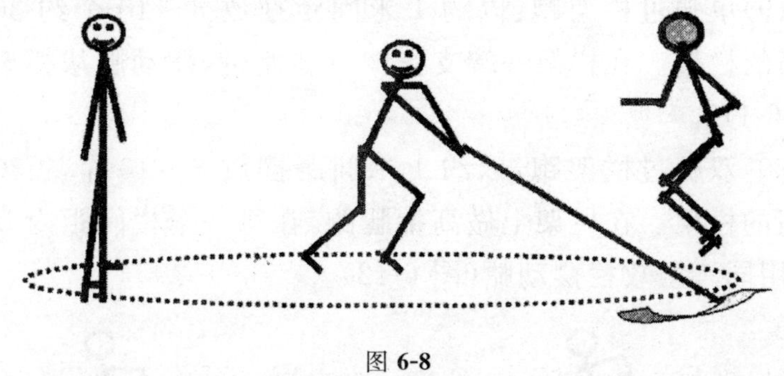

图 6-8

（16）单腿跳：单脚重复起跳和落地。跳起高度不要太高，起跳腿在身体腾空中前摆，大腿与地面平行，上体保持正直（图 6-9）。

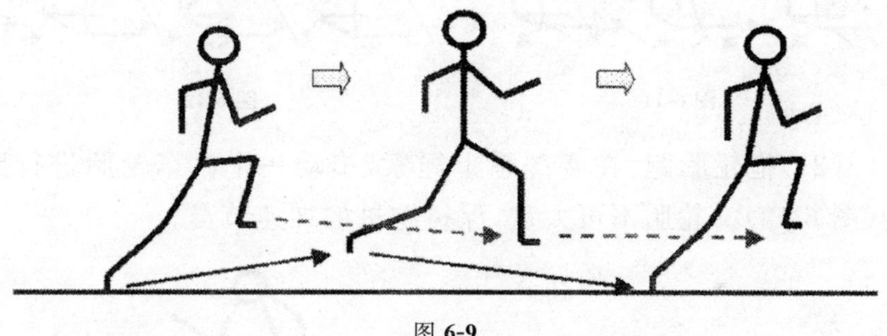

图 6-9

（17）跨步跳：双脚交替起跳和落地。跳起高度不要太高，摆动腿大腿与地面平行，步长大于正常跑进。在脚落地时注意不要前伸小腿，并采用主动扒地方式快速落地（图 6-10）。

图 6-10

（18）高抬腿跑绳梯：双脚在同一格内落地，尽快跑过每格约

50 厘米间距的绳梯或小棍。

(19)单腿过栏架跑:以约 1 米间距摆放 8～10 个约 30～40 厘米高的栏架。在栏架一端支撑腿直膝跑进,摆动腿从栏架上越过(图 6-11)。

(20)双腿过栏架跑:以约 1 米间距摆放 8～10 个约 30～40 厘米高的栏架。在栏架上做高抬腿跑,在每一个栏间距内双脚落地,采用同一条攻栏摆动腿(图 6-12)。

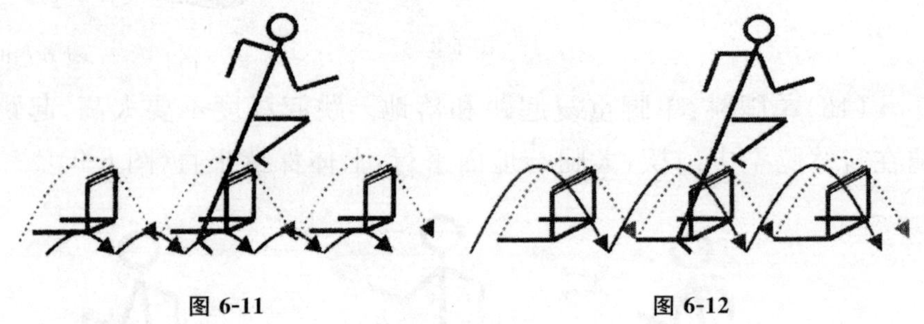

图 6-11　　图 6-12

(21)拖轮胎跑:在腰部系上绳索,拖动一个汽车轮胎进行跑动(图 6-13)。轮胎不可太重,保持跑进的加速节奏。

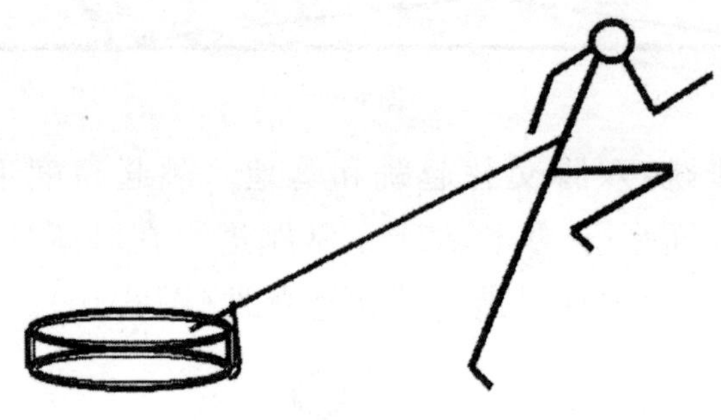

图 6-13

(22)越野跑:越野跑 1 小时,跑的速度可以适当变化,心率控制在 150～170 次/分钟。

(四)网球耐力素质训练

(1)大步走或交叉步走:选择场地、公路或其他自然环境,练习大步快走或交叉步走,也可在练习过程中几种走交替进行。每组练习走 1 000 米左右,组间间歇 3～4 分钟,共练习 4～6 组,训练强度控制在 40%～50%。

(2)水中快走或大步走：选择一个深 30～40 厘米的水池，练习快速走或大步走，每组练习走 200～300 米或 100～150 步，组间间歇 5 分钟，共练习 4～5 组。训练强度控制在 50%～55%。

(3)定时走：训练环境选择同上，要求按规定时间做自然走或者稍快些自然走。练习半个小时左右，训练强度控制在 40%～50%。

(4)定时跑：在场地、公路或树林中做 10～20 分钟或更长时间的定时跑。

(5)定时定距跑：在场地、公路上做定时跑完固定距离的训练。如要求在 14～20 分钟内跑 3 600～4 600 米。

(6)高抬腿跑转加速跑：行进间高抬腿跑 20 米左右转加速跑 80 米练习。共练习 5～8 组，组间间歇 2～4 分钟。训练强度控制在 80%～85%。

(7)间歇后蹬跑：练习行进间做后蹬跑，每组 30～40 次或 60～80 米，共练习 6～8 组，组间间歇 2～3 分钟。训练强度控制在 80%。

(8)间歇车轮跑：练习原地或行进间做车轮跑，每组 50～70 次，共练习 6～8 组，组间间歇 2～4 分钟。训练强度控制在 75%～80%。

(9)反复加速跑：练习加速跑 100 米或跑更长距离。跑完后放松走回再反复跑，共练习 8～12 组。训练强度控制在 70%～80%。

(10)反复跑台阶：在每级高 20 厘米或 50 厘米的台阶上进行连续跑，每次练习跑 30～40 步台阶，每步 2 级，共练习 6 组，组间间歇 5 分钟。训练强度控制在 65%～70%。

(11)匀速持续跑：运动时间在一小时以上。心率控制在 150 次/分钟左右。训练时要保持跑动的持续性，不能有停顿。

(12)变速越野跑：训练中练习者的加速或快跑的距离为 1 000～1 500 米，训练强度控制在 60%～70%。

(13)间歇快跑：以接近 100%强度跑完 100 米后，接着慢跑 1 分钟，间歇练习。快慢方式对照组成一组，反复训练 10～30 组。

(14)持续接力跑：以 100～200 米的全力跑，每组 4～5 人轮流形式进行接力跑。如果人数充足也可以分成若干组进行训练比赛。

(15)短距离重复跑:采用300～600米距离,每次练习强度为80%～90%,进行反复跑。

(16)俄式间歇跑:采用固定练习中间休息时间,随训练水平提高逐渐缩短中间休息时间的方式进行训练。如在跑400米练习中,用规定速度跑完100米后,休息20～30秒,循环训练。

(五)网球柔韧素质训练

1. 手腕柔韧性训练

(1)跪撑正压腕:双膝和双臂直臂撑地,双手间距约与肩同宽,手指向前。呼气,身体重心前移。恢复开始姿势,反复训练(图6-14)。

(2)向内旋腕:自然站立,双臂伸直,双手合掌。呼气,尽量内旋双手手腕,双手分离(图6-15)。反复训练。

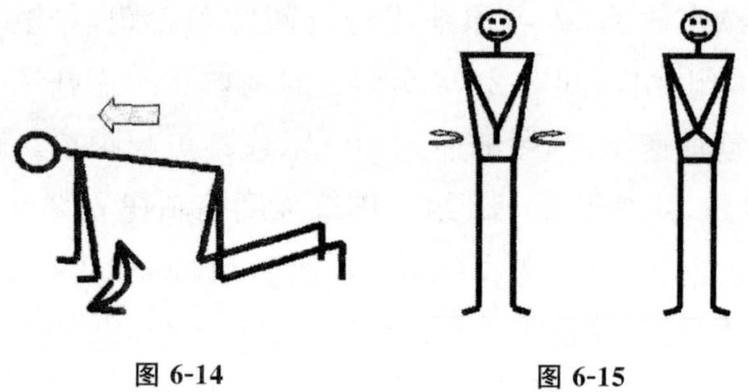

图6-14　　图6-15

2. 颈部柔韧性训练

(1)团身颈拉伸:身体由仰卧姿势开始,举腿团身,头后部和肩部支撑体重,双手膝后抱腿。呼气,向胸部拉大腿,双膝和小腿前部接触地面。反复多次训练。

(2)持哑铃颈拉伸:双脚并拢站立,右手持哑铃使肩部尽量下沉。左手经过头顶扶在头右侧。呼气,左手向左侧拉头部,使头

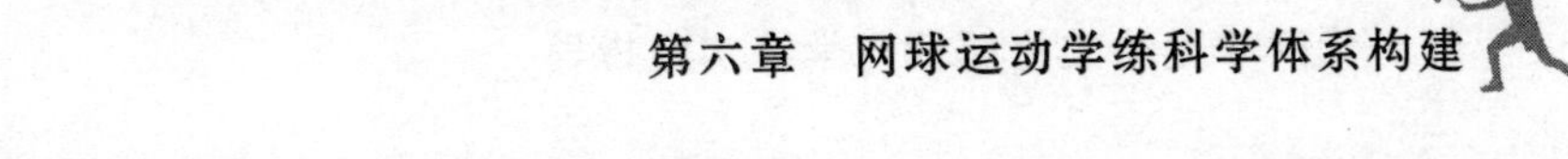

左侧贴在左肩上。左右交替练习。

3. 肩部柔韧性训练

(1)向内拉肩:站立或坐立,抬起一只臂肘关节至肩部高度,屈肘与另一只臂交叉。另一只臂抬起至肩部高度抓住对侧肘关节,呼气,向后拉(图 6-16)。左右交替练习。

(2)背向压肩:与肩同高直臂扶墙,手指向上。呼气,屈膝降低肩部高度(图 6-17)。反复训练。动作结束应保持 10 秒左右。

(3)向后拉肩:站立或坐立,在背后双手合掌,手指向下吸气,转动手腕使手指向上。吸气,向上移动双手至最大限度,并后拉肘部(图 6-18)。反复训练。

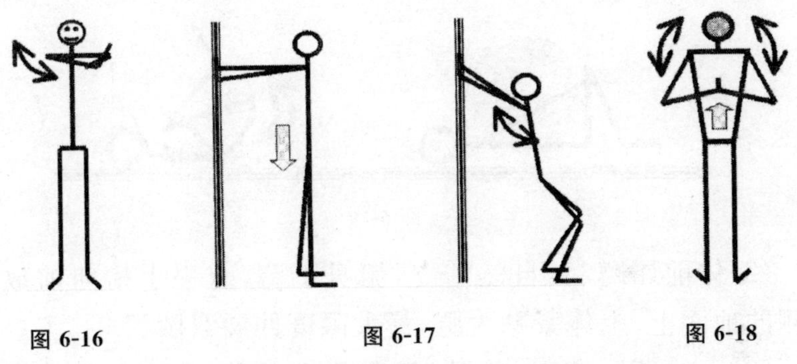

图 6-16　　图 6-17　　图 6-18

(4)单臂开门拉肩:在一扇打开的门框内,双脚前后开立,拉伸臂肘关节外展到肩的高度。拉伸臂前臂向上,掌心对墙。呼气,上体向对衡转动拉伸肩部。

4. 胸部柔韧性训练

(1)坐椅胸拉伸:坐在椅子上,双手头后交叉,背靠在椅背上。吸气,双臂后移,躯干上部后仰,拉伸胸部。反复训练。动作要缓慢进行,保持 10 秒左右时间。

(2)直臂开门拉胸:在一扇打开的门框内,双脚前后开立,双臂向斜上方伸直顶在门框和墙壁上。双手掌心对墙。呼气,身体前倾拉伸胸部。

5. 背部柔韧性训练

(1)站立伸背:双脚并拢站立,上体前倾至与地面平行姿势,双手扶在栏杆上,略高于头。四肢伸直,屈髋。呼气,双手抓住栏杆下压上体,使背部下凹形成背弓。

(2)坐立拉背:上体正直坐立,双膝微屈,躯干贴在大腿上部,双手抱腿,肘关节在膝关节下面。呼气,上体前倾,双臂从大腿上向前拉背,双脚保持与地面接触。反复训练。

6. 腰部柔韧性训练

(1)仰卧团身:仰卧在垫上,双膝屈起,双手自然扶握在膝关节下部。双手向胸部和肩部牵拉双膝,并提起髋部(图 6-19)。

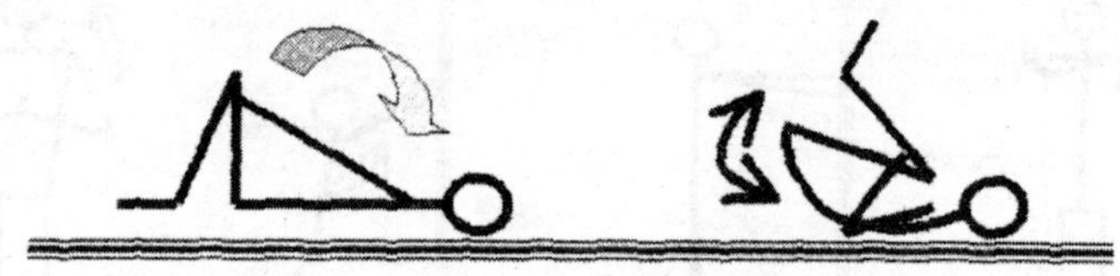

图 6-19

(2)体前屈蹲起:自然站立,俯身下蹲,双手手指向前放在脚两侧的地面上,上体紧贴大腿,最大限度伸展双膝。

(3)上体俯卧撑起:俯卧,双手掌心向下、手指向前放在髋两侧。呼气,用双臂撑起上体,头后仰,形成背弓。反复训练。

7. 髋部和臀部柔韧性训练

(1)仰卧髋臀拉伸:平卧躺在台子边缘,髋外移,使外侧腿悬垂。吸气,内侧腿屈膝,用双手抱膝缓慢拉向胸部。动作幅度尽量大,保持 10 秒左右。

(2)弓箭步压髋:弓箭步站立,前面腿膝关节成 90°,后面腿脚背触地,脚尖向后。双手叉腰。屈膝降低重心,后面腿的膝部触地。呼气,下压后面腿髋部。

8. 四肢柔韧性训练

(1)上臂颈后拉:站立或坐立,左臂屈肘上举至头后,左肘关节在头侧，左手下垂至肩胛处。右臂屈肘上举，右手在头后部抓住左臂肘关节。呼气，在头后部向右拉左臂肘关节。两手交替反复训练。

(2)背后拉毛巾：站立或坐立，一只臂肘关节在头侧，另一只臂肘关节在腰背部。吸气，双手握一条毛巾逐渐互相靠近。两腿交替反复训练。

(3)坐压腿：双腿分开坐，一条腿伸展，另一条腿屈膝并将脚跟紧贴伸展腿的内侧。上体前倾贴近伸展腿的大腿。两腿交替反复训练。

(4)直膝分腿坐压腿：坐在地上，双腿最大限度分开，转体，上体前倾贴在一条腿上部。两腿交替反复训练。

(5)体侧屈压腿：侧对一个约与髋同高的台子站立，两脚与台子平行。将一只脚放在台子上。双手在头上交叉，呼气，向台子方向体侧屈。两腿交替反复训练。

(6)扶墙拉小腿：面对墙，双脚内旋，以肩宽间距左右开立，直臂双手扶墙。头、颈、躯干、骨盆、双腿和踝成一直线，直臂屈肘，人体向墙倾斜。头和肘接触墙面。

(7)交叉腿坐毛巾拉小腿：右腿伸直，左腿交叉压在右腿上，将毛巾套住右脚掌，双手握毛巾两端。呼气，双手向躯干方向拉毛巾。两腿交替反复训练。

9. 脚踝柔韧性训练

(1)跪撑后坐：跪在地面，双脚并拢，双手双脚掌支撑。呼气，向后下方移动臀部。两腿交替反复训练。

(2)踝关节向内拉伸：坐在地上，一条腿的小腿放另一条腿的大腿上。两手自然抓住小腿和脚。呼气，同时向内(足弓方向)拉引踝关节外侧。两腿交替反复训练。

(六)网球灵敏素质训练

(1)正踢腿转体：一腿支撑站立不动，另一侧腿从下向前上方踢起至最高点时，以支撑腿为轴向后转体 180°，两腿交替进行。练习 3 组，每组 20 次。

(2)弓箭步转体：由(左)弓箭步姿势开始，两臂自然位于体侧。听到“开始”信号后，两脚蹬地跳起，身体向左(右)转 180°成右箭弓步姿势。连续跳转 10 秒/组，共练习 3 组。

(3)前、后滑跳移动：两脚前后开立，上体稍前倾，两腿微屈，两臂垂于体侧。听到“开始”信号后移动身体，前滑跳时，后脚向后蹬地，前脚向前跨出，身体随即向前移动；当前脚落地后迅速蹬地，后脚向后跳，身体随之向后移动。练习 30 秒/组，共练习 2～4 组。

(4)快速移动跑：自然站立，听到信号或看到手势后，按照指挥方向进行前、后、左、右快速变换跑动。连续指令的间隔时间不超过 2 秒。每组 15 秒，共练习 3 组。

(5)越障碍跑：面对跑道。听到“开始”信号后，通过跑、跳、绕各种动作，越过跑道上的各种障碍。练习 2～3 组。

(6)模仿跑：2 人一组，前后站立，间隔 3 米。听到“开始”信号后，前者在跑动中做出变向、急停、转身、跳跃等不同动作，后者则模仿前者。练习 15 秒/组，间隔 30 秒，共练习 4 组。

(7)躲闪摸肩：2 人站在规定的圈内跑动做一对一巧妙拍摸对方左肩的练习。记录 30 秒内拍中对方肩的次数，重复 2～3 组。

二、网球运动心理素质学练

(一)网球运动心理构成

1. 运动知觉

对于运动员而言，精确的运动知觉是其所应具备的重要心理竞技能力之一。

网球运动训练和比赛中，运动者的感知主要是通过视觉、听觉、动觉和触觉等方面的器官和系统的感知来实现的。运动者通过对各种感觉和感知器官搜集和分析人体和物体运动的各种信息,正确感知自身和物体运动的方向、快慢、位置等。

2. 注意力

网球运动中,高度集中、稳定的注意力,有助于运动者科学把握转瞬即逝的进攻和防守的最佳时机,争取比赛主动权。

3. 思维

竞技运动要求运动者具有敏捷的思维,当面临问题时,能够迅速做出相应的应答反应。随着运动竞赛水平的日益提高,对运动员的应变能力也提出了越来越严格的要求。

网球运动比赛节奏快速,技术多样,持续时间长,这都要求运动员始终保持缜密、冷静的思维,正确应对场上各种变化,结合比赛经验和运动知识完美解决每一个击球。

4. 情绪

情绪对人具有重要的影响,在运动过程中能够保持积极良好的状态能使运动者正常发挥能力水平,而消极的情绪状态则会导致运动能力失常,甚至出现重大失误。可见稳定、积极的情绪对网球运动员的重要性。

5. 意志品质

良好的意志品质是运动员比赛获胜的重要保证。一场高水平的网球比赛中,双方运动员的体力会消耗极大,这时是对竞技运动员心理素质的极大考验,运动员要能够实现自我的调节,正常发挥技战术,坚持到比赛的最后一刻。

(二)网球一般心理训练

网球一般心理训练与调控是培养和发展运动员所必备的各

种基本的心理品质和心理能力的训练过程。主要包括集中注意训练、意志训练、念动训练和生物反馈训练。

(三)网球比赛心理训练

1. 集中注意力训练

(1)日常训练中,注意排除各种心理干扰因素的影响,避免练习中的情绪波动。

(2)训练过程中将感觉专注于某一点,训练中达到忘我的情境,这有利于培养日常训练与比赛中专注的能力。

(3)通过听技战术要领,以及观看技战术后进行复述的练习,培养运动员集中注意力的习惯。

(4)教练员可通过提示语和警示语等培养运动员在训练和比赛中集中注意力的能力。

2. 自我暗示

自我暗示训练,是利用语言等刺激物对人的心理施加影响,调节人的认知、情感和意志过程,进而控制个体行为。

采用暗示应建立在运动员对这一方法深刻的理解和科学认知的基础上,利用积极语言消除大脑的消极想法。例如,"观众很吵闹,真让人讨厌"替换为"观众在为我加油","别紧张,别着急"替换为"放松,稳住"等。

3. 实战模拟

模拟训练是一种重要的训练方式,通过安排与将要进行的比赛条件相似的一种实战心理训练方法。通过该种训练方法能够使运动员适应运动比赛的环境条件,从而能够在比赛中平稳发挥。

4. 放松练习

通过放松练习,缓解运动员紧张和过度兴奋的状态,稳定运动员情绪。放松练习一般通过意念和呼吸等方式使全身的肌肉得到充分的放松，从而使其内心得到平静和放松。

第三节　网球运动季节学练注意事项

一、春季网球运动注意事项

（一）做好充分的热身活动

刚进入春季时往往寒冬的低温还存在，身体代谢较低、肢体动作僵硬，加上由于冬季的寒冷，一些运动者可能很长一段时间参与网球运动。因此，进行学练网球时，运动量和运动强度最好稍小一些，一定要充分做好热身活动。

初春乍暖还寒之时，身体肌肉、关节、韧带等生理机能并未彻底从冬季状态调整过来，尽量避免在网球运动的一开始，就练习一些高难度技术动作。连续几次的上场活动之后，再逐渐调整加大运动量和运动强度。

（二）防范春季沙尘暴

春天宜在早晨到野外步行，以焕发机体生命之气。但是，在我国北方地区，春季是沙尘暴多发的季节，沙尘暴是一种灾害性天气现象，可对人体的皮肤、耳、鼻和肺部产生损害，因此，在春季沙尘暴不太严重的天气进行网球运动应着长衣长裤、戴口罩，在沙尘暴比较严重的地区应禁止避免在户外开展网球运动。

（三）及时增减衣物

网球运动初期，应当多穿少脱，随着热身效果的逐渐增强再适当地脱掉衣服，切不可一上场就穿得太少。

网球运动过程中，身体开始微微出汗，需要脱掉衣服时，尽量确保最外面的衣服能挡风保温，以运动风衣最佳。

网球运动结束后，应立即将汗湿的内衣换掉，以免着凉感冒。

（四）网球用具使用注意

一般来说，冬季参与网球运动次数会相应减少，入春以后，再次上场，会感觉到水平大降，这不仅与很长时间没有打球有关，还有可能是拍弦需要更换了；或球内的压力有了变化，让人不适应。因此，要注意拍弦和球的及时更换。

二、夏季网球运动注意事项

（一）做好充分的热身活动

夏季天气炎热，体力会有所下降，一上场就进行大强度的对抗会使身体极易疲劳，或造成运动损伤。因此，越是天气较热，身体越是懒散，越应做好热身活动。

（二）运动负荷控制

在炎热的夏季，运动强度不要过大，保持平常练习的70%左右即可；练习时间同样要避免过长，避免中暑。

（三）运动防晒、降暑

夏季天气炎热，太阳光线强，如果长时间在阳光下运动长，阳光中的紫外线会灼伤皮肤、导致体液大量流失。夏季进行网球运动训练，应注意防晒和降暑。

1. 避免长时间阳光暴晒身体

夏季，烈日当空，如果长时间地把身体暴晒于恶毒的阳光下，不但会让身体更快疲劳，还容易中暑。最好选择在阴凉处，避免夏日阳光直射。同时，应避免在阳光最强的时候进行，要避开每天上午 11 时到下午 4 时。

阳光对皮肤的损伤是不容忽视的。在烈日下打球，可戴上太阳镜、太阳帽，并涂抹防晒护肤品，做好保护措施。切记不可光着上身锻炼，应吸汗、透气、舒适的棉质运动服装。

2. 要适当、多次地喝水

在炎热的夏季练习或比赛，一般在前一个小时左右要先补充 300～600 毫升的水。喝经过稀释的运动饮料最佳，不仅口感好，而且能补充体内流失的水和电解质。

网球练习和比赛中，要经常、多次地喝水，每次一两口即可。

网球练习和比赛后，避免“暴饮”，也不要喝“冰水”。

3. 及时更换湿淋淋的 T 恤

夏季打球应尽量多带上几件全棉 T 恤，及时更换汗湿的 T 恤。一方面，可避免湿衣服风干过程消耗掉体内更多的热量，使人更易疲劳。另一方面，可有效避免“汗斑”和皮肤细菌的滋生。

4. 避免运动后即刻冷水刺激

无论是打球过程中还是打球刚结束，都不要往头上浇水纳凉；也不要急于跳入泳池或用凉水冲身。热的身体突然感受到冷刺激会对身体机能造成一定的伤害，如产生“静脉曲张”或导致肌肉痉挛。

三、秋季网球运动注意事项

（一）运动负荷控制

秋季晨起打球，要以球感、球性和基本技术练习为主，运动强度和运动量都不要太大。以免在运动结束后，进入正常的学习或工作时，产生运动后的疲劳发困。

（二）注意保暖御寒

秋天傍晚气温会下降得很快。如果此时衣着单薄，运动强度不是很大，很可能会着凉。因此，在傍晚打球要注意及时添加外衣。

随着秋意渐浓，尤其是在晚间灯光球场打球更要适当增加衣服。

（三）注意科学补水

秋季气候干燥，温度降低，湿度减少，应及时补水，防止干燥。

(1)运动时饮水以少量多次为宜，如每锻炼 20 分钟喝 150 到 200 毫升水。

(2)运动后一定要多喝温开水、冰糖梨水、冬瓜汤等食物，多吃水果、新鲜蔬菜等柔润食物，以保持上呼吸道黏膜的正常分泌，防止咽喉肿痛。

(3)如果出汗较多，可在饮用水中加少量食盐或喝一些含电解质的运动饮料，以维持体内酸碱平衡和防止肌肉痉挛。

(4)如果运动时间较长，可饮用适量的糖开水，以防低血糖等症。

四、冬季网球运动注意事项

（一）做好充分的热身活动

一般来说，网球运动者冬季在室外打球时，能够注意到热身活动的重要性，而在室内打球则容易忽视热身活动。一些球员认为室内温暖，又比较珍惜场租时间，不认真充分地做热身活动前就开始上场练习或比赛，很容易造成运动损伤和关节慢性劳损症状等。

在寒冷的冬季，身体的肌肉、关节、韧带通常处于冷缩状态。进入室内球场后，感到温暖实际上只是体表的温度提高了，身体仍处于寒冷状态，因此必须重视做好热身活动。

（二）气候、场地、时间选择

（1）选择正常气压下进行网球锻炼。寒冷的天气会使旧球显得太软、太重，增加手腕和手臂的负担，造成手的损伤，要及时更换旧球。

（2）不在有雪或有薄冰的场地上打球。冬季打球，如果网球场有降雨、雪，不要贸然上场，否则容易摔伤。

（3）冬季一天内的网球运动适宜时间，一般应选择在较暖和的 10～15 点之间进行，在太冷的环境中打球，不仅对球拍和球有影响，还会增加身体的负担，容易造成损伤。

（三）注意网球拍弦的调整

冬季气温低，会使球拍和拍弦收缩。一般来说，球拍的热胀冷缩系数要小于拍弦，会觉得拍弦比往常更硬、更紧。此时，要把穿弦的磅数适当地调低一点，保证在打球时的状态正常。

（四）防止风寒侵袭

冬季天气严寒，应注意保暖，抵御风寒。

（1）冬季打球应多穿些衣物，衣物要轻软，不能过紧。

（2）冬季打球结束后，身体发热出汗，可脱去外层的一些厚衣服，但不可站在有风的地方吹风，应尽快回到室内，并擦干汗水，换上干净的衣服。

第四节　网球运动学练的科学评价

网球运动学练效果的评价方法有很多，对于网球运动员来说,有专业的指导员和仪器设备可提供系统、全面的训练评价,如生物评价方法、心理评价方法和社会评价方法等,评价过程比较复杂。这里主要针对网球运动爱好者和参与网球训练的学生的日常体能训练的科学评价进行详细分析。

一、网球运动学练效果测评指标

(一)形态指标

形态指标主要包括身高、体重、身体各部位围度。经常参加网球运动学练的人身体各部位围度都会有所变化,而且在整个体形形态和气质上都会有较大的改善。

(二)机能指标

通过与运动锻炼关系密切的相关身体机能指标的变化,可以了解网球运动学练情况,常用指标主要包括心率、血压、肺活量和最大摄氧量。具体分析如下。

1. 心率

心率是指心脉每分钟跳动的次数。正常成年人的心率为60～100秒/分钟。心率的测量比较简单,可以在桡动脉、颈动脉和足背动脉处测脉搏次数表示。

2. 血压

血压是指流动的血液对血管壁的侧压力,常说的血压是指动脉血压。血压值随心动周期的变化呈现出高低变化,最高值为收缩压,正常值为100～120毫米汞柱,最低值为舒张压,正常值为60～80毫米汞柱。血压可用血压计和听诊器测定。

3. 肺活量

肺活量是最大深吸气后,再做最大呼气时所呼出的气量。正常成人，男性为 3 500～4 000 毫升，女性为 2 500～3 500 毫升。肺活量受个体体质、体位等多种因素影响，可通过肺量计测定。

4. 最大摄氧量

最大摄氧量常用于反映个体的心肺功能，当人体进行长时间的剧烈运动时，每分钟摄氧量达到的最高水平，称为最大摄氧量。最大摄氧量的测量方法有很多种，最简单的方法是台阶试验。

二、网球运动学练效果测评方法

（一）主观评价

1. 运动者自我评价

科学的网球运动训练之后，运动者可表现和感受到精神振奋，情绪高涨，身心愉快等状态，这表明运动者的网球运动效果是好的。

如果在网球运动训练之后，运动者非常疲劳，对下次参与网球运动的兴趣不高，有抵触、惧怕心理，且运动后无食欲，晚上睡眠质量不好，容易盗汗，第二天身体疲劳仍不能恢复，则表明此次网球运动训练负荷太大或超过运动者身体承受范围，效果较差。

2. 指导者评价

教师（或指导员）是学生（或运动员）训练计划的制订者，对学生（或运动员）的训练效果应及时做出评价，这对于学生（或运动员）网球运动学练效果的促进具有积极的作用。教师要精心组织锻炼过程，注意观察学生网球运动学练情况，并根据学生（或运动员）的学练效果反馈及时做出计划调整。

（二）客观评价

网球运动学练效果的客观评价是指训练者采用量化的指标

对训练效果进行评价。科学地掌握客观指标对于及时调整运动者的网球运动负荷及合理地安排学练内容具有重要的指导意义。

关于网球运动学练的负荷强度大小,可以用锻炼强度指数这一客观指标进行评定。

锻炼强度指数=运动时的平均脉搏(次/分钟)/安静时脉搏(次/分钟)

表 6-1 锻炼负荷强度指数表

运动负荷强度	大强度	较大强度	中强度	小强度	较小强度
指数	2 以上	1.8～2	1.5～1.8	1.2～1.5	1.2 以下

此外,个体运动负荷还可以通过个体最大心率测定,一般认为,合理的运动负荷应在本人最高心率的 65%～85%之间,计算方法如下。

最大运动心率=220－年龄

合理运动负荷上限=最大运动心率×85%

合理运动负荷下限=最大运动心率×65%

除上述客观评定指标外,也可以通过晨起脉搏、血压的检查判断前一日的网球运动学练活动安排是否适宜。如果运动后的几日内脉搏、血压持续上升,则说明运动负荷偏大,存在过度疲劳。

第七章 网球运动技术学练指导

网球运动技术是网球区别于其他运动项目的最重要特征。不仅如此，对网球技术的掌握程度也在很大程度上决定了比赛的走势。网球属于小球类运动项目，这就使得其球体不论是在线路、弧线还是旋转等方面都表现出较为复杂的性质。因此，要想顺利掌握网球运动技术，对其技术理论和实践学练都要予以重视。本章主要对这些内容进行论述。

第一节 网球运动技术理论

一、击球技术原理

(一)击球技术的动作结构

网球击球的技术动作是多种多样的，尽管方法要领各有不同，但在击球动作的结构方面却有共同的规律。击球动作一般由以下四部分组成。

1. 后引球拍

后引球拍是把球拍拉向身后，准备击球。这个动作除握拍需要用力外，身体其他部位应保持放松，肌肉不要过于紧张，特别是肩部。从自然放松状态转向集中全力于球拍触球的一瞬间，这种发力方法所获得的击球效果最佳，这和鞭打的动作极其相似。要注意球拍不能拉得太后，应伴随身体扭转的动作将球拍后引。后引球拍可采用直接向后引拍、小回环引拍和大回环引拍。现代的网球技术以争取速度为主，若球拍向后摆动过大，势必影响向前挥拍击球的速度。

2. 向前挥拍

向前挥拍是把引向身后的球拍，从后向前挥动去迎击来球。

3. 球拍触球

球拍触球是指球拍击中来球的瞬间。为了克制来球的撞击力，应牢牢固定球拍击球时的拍面，这时如果球拍的角度稍有变化，使拍面晃动，就会引起较大的误差。初学者由于击球瞬间球拍握得不牢，经常会出现击球不稳或击球失误现象，应引起重视。使还击的球旋转，也是在向前挥拍与触球这段过程中形成的。球拍从后下向前上挥动，还击的球具有上旋性质；球拍从后上向前下挥动，还击的球具有下旋性质；向侧上挥拍，使还击的球具有侧上旋性质；向侧下挥拍，使还击的球具有侧下旋性质。球拍触球时，拍面所指的方向决定击球路线，拍面角度决定触球部位，并直接影响动作的准确性。

4. 随球挥拍

随球挥拍是指球拍击球后有一段随球前挥的动作。这一动作有利于增大击球的力量，更好地控制球，并在击球的结束阶段，保证击球动作的准确性、协调性和完整性，该动作也称为随挥。

（二）击球点与挥拍方向

在网球比赛中，击球点的位置决定了击球瞬间的挥拍方向。为了更好地提供较长的挥拍轨迹和易于掌握击球的时机，现在网球选手在运用网球技术时都要求将击球点保持在身体的侧前方，这样易于挥拍和发力，但不易打出直线球。球员可以采取以下方法打直线球：一是通过改变手腕的屈伸程度来改变拍形，从而使拍面在身体侧前方指向直线；二是调整挥拍的轨迹，向直线方向发力挥拍，使在身体侧前方挥拍方向仍旧能指向直线。

控制好击出球的方向，一般主要采取以下几种方法。

(1)挥拍方向越超前或拍面仰角越小，击出球的飞行弧度越平。

(2)挥拍方向越朝上或拍面仰角越大，击出球的飞行弧度越高。

(3)挥拍方向越向右、击球时机越晚或手腕屈伸程度越大，击出球的飞行方向越偏右。

(4)挥拍方向越朝左，击球时机越早或手腕屈伸的程度越大，击出球的飞行方向越偏左。

(三)击球点与球的性能

在网球比赛中，击球点的选择对网球的发球和回球质量的好坏具有至关重要的作用。

在击底线球时击球点的高度应与膝关节保持同等高度，但是也有例外，如反弹较高的上旋球不可避免地会使击球点高于肩膀；而反弹较低的下旋球则往往使击球点在膝关节的左右两边。然而，在击球时还是会发生各种各样的问题，如当击球点过高时，某些握拍法的击球就要非常讲究，否则其击球就会较为困难；击强力上旋球时较为困难；击球之前球员须降低重心；击上旋球时须加大力量；当击球点较低时，为了避免击球下网，拍面进来不要与地面保持垂直。

(四)击球部位与拍面角度

击球部位指拍与球撞击时，拍碰撞击球的位置。拍面角度指击球时拍面与地面形成的角度。球的后半部是拍撞击球的有效部位。将球的后半部的球体，从纵向分为上、中、下，从横向分为左、中、右。这样一来，在后半部半个球体的凸面上，即可分为9

个部位，也就是左上、中上、右上；左中、正中、右中；左下、中下、右下。击球时，拍面角度不同，触球的部位就有所不同；触球部位不同，击出球的飞行轨迹也就有所不同。击球时如果选择拍与球的撞击部位，有助于掌握好还击球的方向。

拍面垂直：指拍面与地面的角度为 90°，击球部位为中部。

拍面稍前倾：指拍面与地面的角度接近并小于 90°，击球部位为中上部偏中部位。

拍面前倾：指拍面与地面的角度小于 90°，击球部位为中上部偏上部位。

拍面稍后仰：指拍面与地面的角度接近于并大于 90°，击球部位为中下部偏中部位。

拍面后仰：指拍面与地面的角度大于 90°，击球部位为中下部偏下部位。

拍面向上：指拍面与地面的角度接近 180°，击球部位为球的下部偏底部部位。

拍面向下：指拍面与地面的角度接近平行，击球部位为球的上部偏顶部部位。

因为使球产生旋转的主要原因是在击球时使作用力线偏离球心，这就要求击球的瞬间采用不同的拍面角度和挥拍方向。平击球一般要求拍面垂直，并向前挥拍；上旋球要求拍面前倾，并向前上挥拍；下旋球要求拍面后仰，并向前下挥拍；如果拍面垂直并向下挥拍，也可削出下旋球；如果拍面垂直并向上挥拍，也可拉出上旋球（图 7-1）。

（五）击球技术的方向判断

准备击球时，眼必须看清它的飞行路线、速度、飞越过网的高度和它落地反弹的跳动。注视来球特别要注意球离开对手球拍瞬间球的飞行方向。只有准确判断，才能及时移动到位。击球者对来球判断越清楚，就越有可能根据需要用拍面的中部准确撞击球。因此在反复击球的动作过程中，要学会及时转移视线，在自己完成击球动作并等待对手还击时,应重点观察对手。

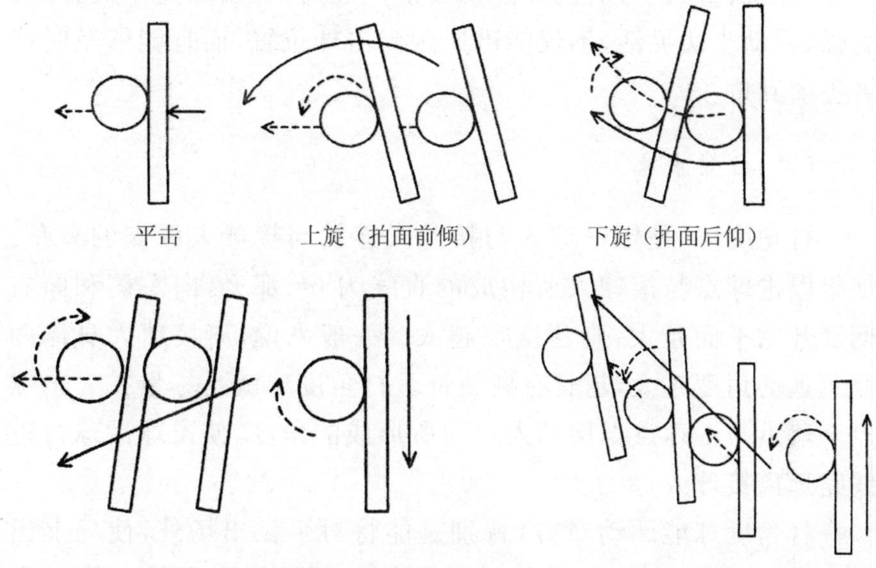

图 7-1

二、网球的打法原理

无论是在快速球场(草地、水泥地等),还是在慢速球场(沙土地等)比赛,也无论运动员技术水平高低、打法如何,在比赛中,决定运动员胜负的最基本打法主要有以下三种。

(一)打球速度

打球速度是指网球运动中的反应、判断、移动和击球动作速度。当对方场上出现空当时,运动员可把握时机凭借打出球的角度或击球力量创造得分机会。速度快的运动员会得心应手将球适时还击,在速度上取胜对手。使用截击球回球速度最快,威胁性也最大;其次是回击落地球时,应尽快提高挥拍速度,以增大击球爆发力;另外,压低球飞行的弧线,缩短球在空中飞行的时间,也能使回球速度加快。加强专项速度素质的训练,有助于提高反应、判断和移动速度。

一般而言，优秀的网球运动员上网速度快，击球速率高，爆发力强，移动步法灵活，不仅能迅速跑到击球位置，而且能够及时或者提前到位。

（二）打角度球

打角度球，是指击球人与接球人连线与接球人两侧的夹角。如果以击球点与接球人所构成的直线为 0°，那么，向左侧和向右侧展开的平面越大，则角度也越大。一般来说，离接球人身体两侧越远的角度越大，越具有威胁性。打角度球就是尽量扩大击球点至落点与击球点至接球人之间所形成的角度，使击球后球行进线路远离接球人。

打角度球能调动对方，特别是能将对手拉出场外，使场上出现空当，继而击球得分；打角度球有时也可以直接得分，特别是在破网技术中运用效果更佳；打角度球还可迫使接球人在移动中回击球，降低了回击球的质量，而且还可以消耗对方体力，使动作的准确性降低。另外，打角度球还可以减少自己回场地中部的跑动距离。

（三）打球深度

打球深度是指网球运动员击球过网落在场内，其球的落点距对方底线远近的程度。距底线越近即谓打球深，距底线远即谓打球浅。把球打深能使自己有充裕的时间对来球做还击的准备。球飞行距离长，容易争取时间做出下一次击球的反应，是使自己摆脱被动争取主动的一个好办法。把球打深可以阻止对方上网，因为对方从底线击球以后，再跑到网前，奔跑距离长，很难上网进行截击；把球打深还可以缩小对方回球的角度。如果对方从底线中间击球，回过来的球角度小，一般移动 2～3 步即可还击；如果对方从中场中间还击，回过来的球则角度较大，需要移动 5～7 步才能还击；若对方在网前击球，那么回球角度就很大，需要移动

8～11 步才能还击，难度逐渐加大。

如果俯视还击球（图 7-2），在网前中间还击角度为 64°（左右各 32°），在中场还击角度为 46°（左右各 23°），而在后场还击对方打来的深度球，还击角度仅为 30°（左右各 15°）。把球打深，不言而喻对缩小对方回球角度是十分有利的。总之，打深度球能使自己有充裕的时间对来球做还击的准备，使对手左右跑动难以上网，从而给自己创造上网进攻机会。

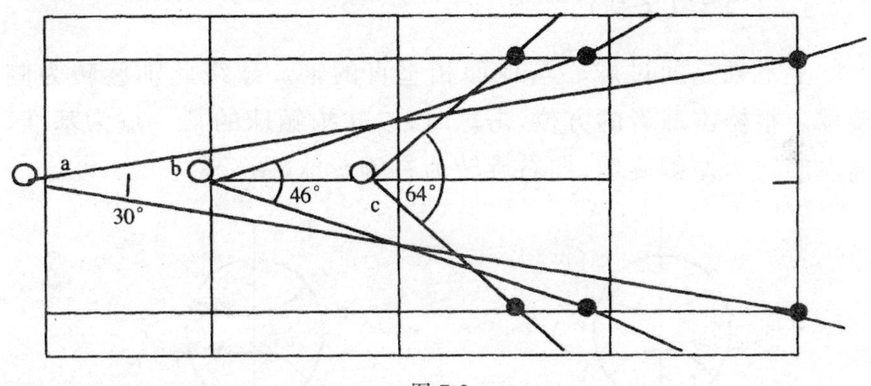

图 7-2

值得注意的是，网球比赛中三种基本打法的结合运用，即“深度球＋角度球”“深度球＋速度球”“角度球＋速度球”“深度球＋角度球＋速度球”，更能发挥击球威力，取得比赛主动，从而能占据场上优势。

三、网球的旋转原理

为了战胜对方在现代网球技术中网球的旋转越来越引起重视，还击球的旋转强度不断增加，旋转的性质更加复杂，旋转的变化也越来越大。因此，了解网球的旋转性能，对于提高网球技战术水平具有重要的影响。

（一）网球旋转的成因

网球产生旋转的原因是挥拍击球时作用力不通过球心，球就会产生旋转。如果击球时作用力通过球心，球只产生平动而不会转动。但在实际运用中，运动员每击一球，作用力或多或少都会偏离球心而产生一定程度的旋转。

（二）网球的基本旋转轴

网球本身是一个无固定旋转轴的物体，但当它旋转起来就自然产生了旋转轴。球旋转的种类很多，其旋转轴也是多变的，主要分析以下几种最常见的旋转轴。

1. 上下轴（竖轴）

上下轴是通过球心与地面相垂直的轴。球绕此轴旋转为侧旋球。根据击球者的方位，击球时，以球拍触球的某一点为基准，向左旋转为左侧旋球；向右旋转为右侧旋球（图 7-3）。

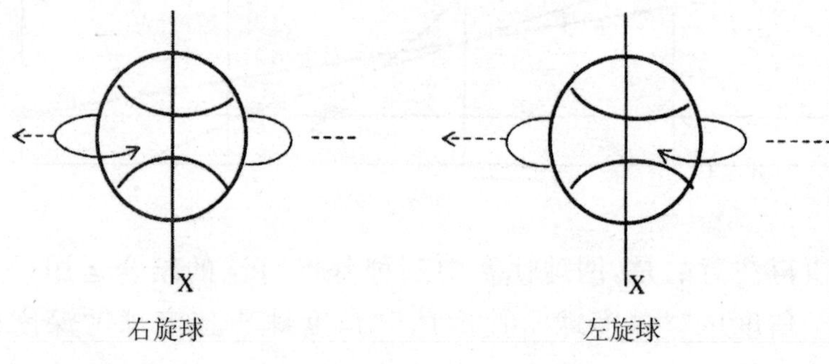

图 7-3

2. 左右轴（横轴）

左右轴是通过球心与网球飞行方向垂直的轴。球的上半部绕此轴向前旋转，即为上旋球。若球的上半部绕此轴向后旋转，即为下旋球（图 7-4）。

3. 矢状轴（前后轴）

矢状轴是通过球心与球的飞行方向相平行的轴。球绕此轴按顺时针方向旋转为顺旋球，球绕此轴按逆时针方向旋转为逆旋球（图 7-5）。

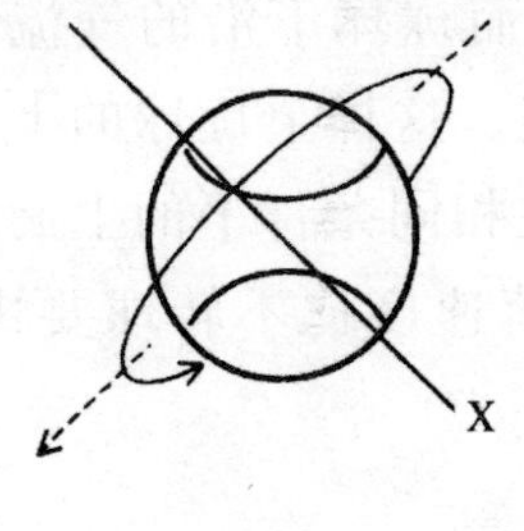

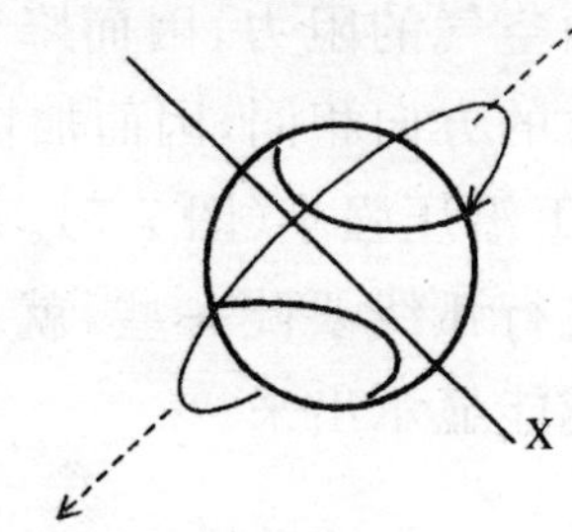

上旋球　　下旋球

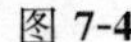
图 7-4

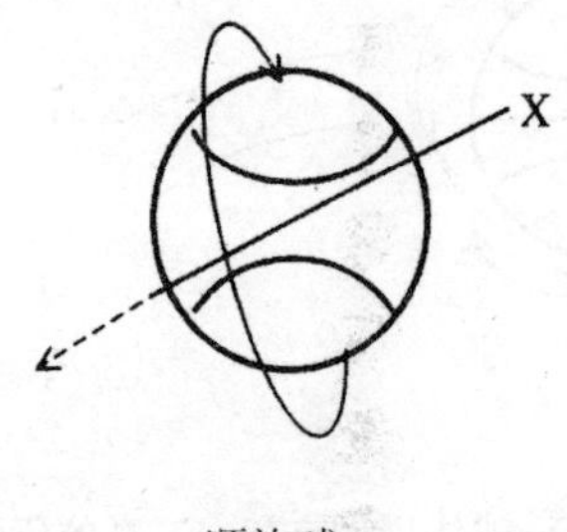

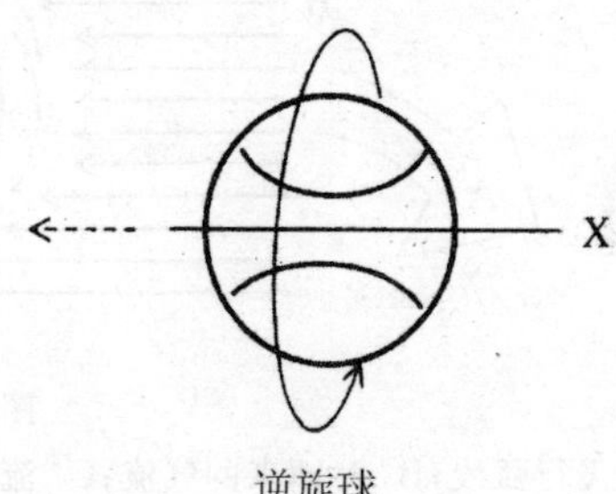

顺旋球　　逆旋球

图 7-5

在运动实践中,单纯的按横轴、竖轴、矢状轴转动的球是很少见的,大多数的上下旋球都带有侧旋性质,侧旋球也都带有上下旋的性质,如侧上旋球和侧下旋球(图 7-6)。

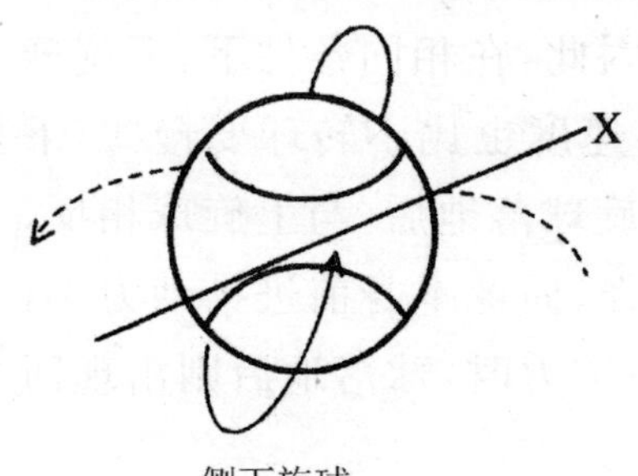

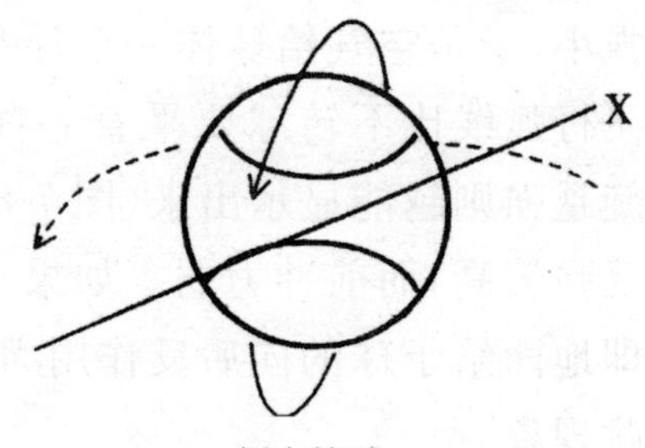

侧下旋球　　侧上旋球

图 7-6

(三)网球的旋转特性

1. 上旋球

上旋球是绕横轴(左右轴)向前旋转的。球在旋转时,带动球体周围的空气一起旋转。当球向前飞行时,球体上沿旋转的气流受到迎面空气的阻力，因而降低流速；而球体下沿的气流与迎面空气阻力的方向相同，因而加快了流速。这样上旋球的上沿空气压强大，下沿压强小（图 7-7）。因此，在相同条件下的上旋球比不转球的飞行弧线要陡一些，就是说下落速度比不转球要快，上旋越强则越能显示出来。

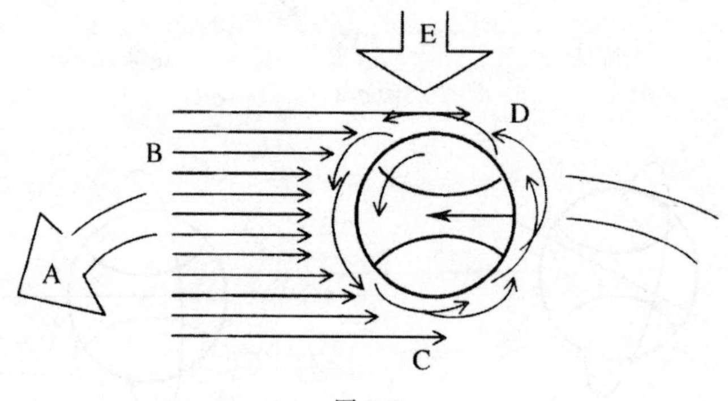

图 7-7

A. 飞行弧线；B. 对面来的气流；C. 流速加快；D. 球体周围空气；E. 高的压强

2. 下旋球

下旋球绕横轴（左右轴）向后旋转，与上旋球相反。当球向前飞行时，球体下沿空气流速慢，压强大；球体上沿空气流速快，压强小，于是空气给球体一个浮举力。因此，在相同条件下，下旋球飞行弧线比不转球要平直一些，下落速度也比不转球要慢些，下旋越强则越能显示出来（图 7-8）。下旋球落地后，与上旋球相反，反弹较高，而前冲力弱。如果下旋很强，而球本身前进推动力小，即地面给予球的向后反作用力大于前进力时，球落地后则出现回跳现象。

3. 左、右侧旋球

根据绕上下轴旋转的道理，左侧旋转球旋转飞行时，球体左侧转着的气流受到迎面空气的阻力，因而流速慢，而球体右侧的气流与迎面空气阻力的方向相同，因而流速加快。左侧旋球的左侧空气压强大，右侧压强小（图 7-9）。因此，左侧旋球的飞行弧线向右偏拐；而右侧旋球的飞行弧线正好与左侧旋球相反，向左偏拐（图 7-10）。侧旋球落地后不因左右侧旋而变化其对地面的作用力，所以落地后其飞行弧线按照原来的方向顺势继续偏拐。

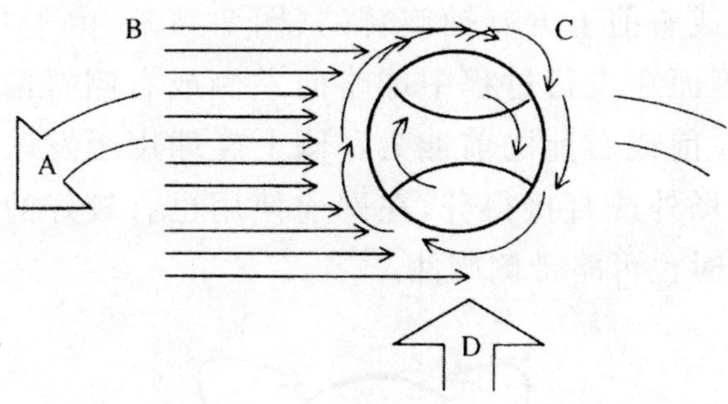

图 7-8

A. 飞行弧线；B. 对面来的气流；C. 球体周围的气流；D. 高的压强

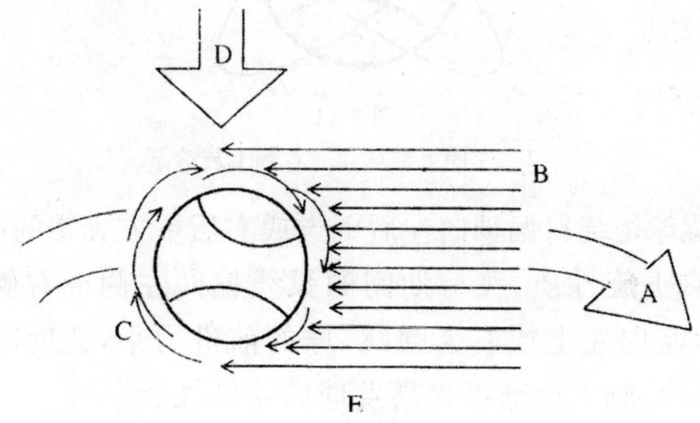

图 7-9

A. 飞行弧线；B. 迎面来的气流；C. 球体周围的气流；D. 高的压强；E. 流速加快

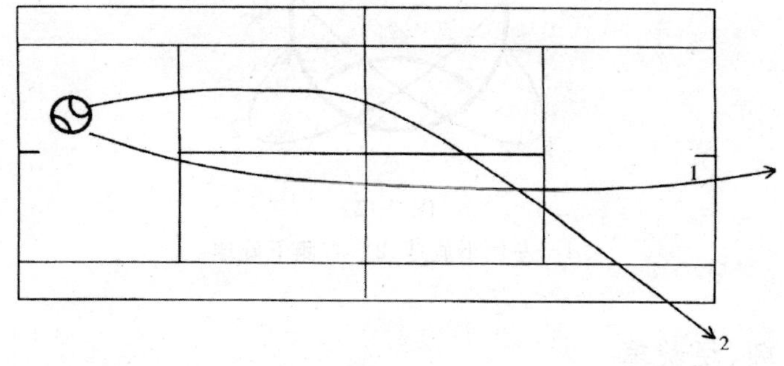

图 7-10

1—右侧旋；2—左侧旋

4. 侧上、下旋球

侧上、下旋球是绕一个斜偏轴旋转的。侧上旋球是绕斜偏轴向左前上方或右前上方旋轴旋转的(图 7-11)。由于它具有侧上旋的性质,因而在飞行过程中球略向左侧或右侧斜偏,落地反弹后,有偏向左前或右前的前冲力。侧上旋球用于发球,可以使接球者被拉出场外或直接得分,在网前使用也有较好的效果,底线拉上旋球有时也可略带侧旋性。

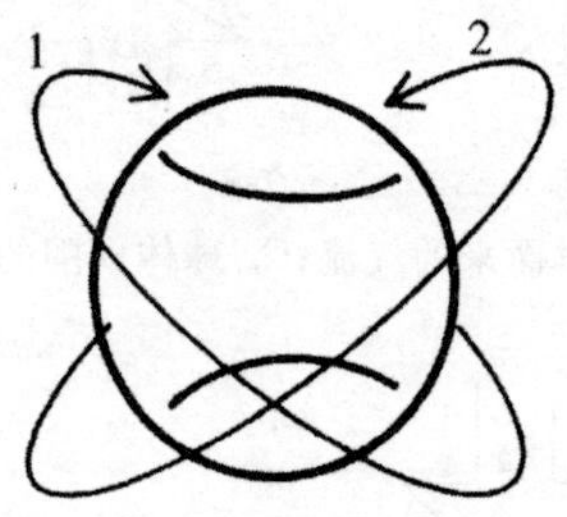

图 7-11

1—左侧上旋球;2—右侧上旋球

侧下旋球是绕斜偏轴向左后下方或右后下方旋转的(图 7-12)。由于它的侧下旋性质,飞行期间的弧线偏向左侧或右侧,在球落地反弹后,略向左上或右上弹跳,球的前进力小,速度减慢,跳得略高。采用发侧下旋球可提高发球的稳健性。

图 7-12

1—左侧下旋球;2—右侧下旋球

5. 顺、逆旋球

顺旋球落地后给球一个向左的摩擦力,地面也给球一个向右的反作用力，球反弹后向右侧拐转。逆旋球则相反，球给地面的摩擦力是向右的，因此球反弹后向左拐转(图 7-13)。

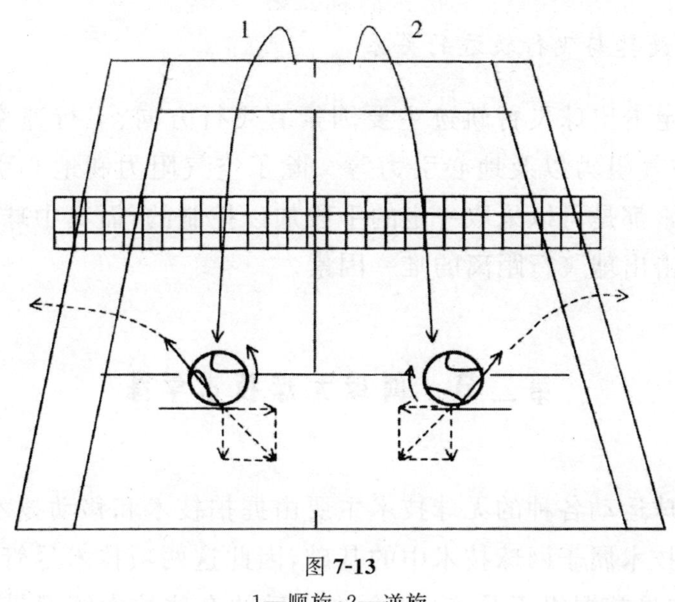

图 7-13

1—顺旋；2—逆旋

(四)网球旋转的几个关系

1. 旋转与速率的关系

现代网球比赛中，运动员掌握的技术越来越呈现出多样化的趋势，只凭单一技术就获得比赛的胜利几乎是不可能的。运动员击出的球都独具自己的特点，而这些特点是通过球的旋转与飞行速率表现出来的。击出的球要想带有特定的旋转与飞行速率，就必须要以特定的挥拍方向与速率来击打球。

2. 旋转与反弹的关系

当运动员将球击出后，落地时，球本身的旋转、速率和反弹的角度均会发生明显的改变，而不同材料的场地所导致的变化也是有所不同的。当球落地后，会在地面滑行一段距离，而在滑行的过程中，不同的场地则会给球以不同的摩擦力和弹力。一般来说，摩擦力和弹性较大的场地会增加球的旋转，反之则会减弱。

3. 旋转与飞行轨迹的关系

决定击出球飞行轨迹主要因素有飞行方向、飞行速率、球的旋转、空气阻力以及地心引力等。除了空气阻力和地心引力外，其他因素都是可以采取一定的手段加以控制的，而其中球的旋转是决定击出球飞行距离的唯一因素。

第二节　网球无球技术学练

网球运动各种的无球技术主要由握拍技术和移动技术组成。这两项技术属于网球技术中的基础，因此这两项技术尽管看似简单，但如果掌握得不扎实，则会给日后的有球技术练习带来一定的困难。本节就重点对网球运动中的无球技术——握拍和移动进行指导。

一、网球运动握拍技术

（一）握拍技术教学

网球拍的握法有四种，即东方式、西方式、大陆式、双手握拍法，每一种握拍法都各有优点和缺点，握拍时手在网球拍拍柄各个部位的放置是不同的，一般的，我们将网球球拍拍柄分为图 7-14 所示的几个部分。

1. 东方式握拍法

（1）东方式正手握拍法：拍面与地面垂直，手握拍柄的感觉好像与人握手一样，将握拍手的虎口对正拍柄右上侧棱，手掌根与拍柄右斜面紧贴，拇指垫握住拍柄的左垂直面，食指稍离中指压住拍柄右垂直面，五指握紧拍柄(图 7-15)。

(2)东方式反手握拍法：从正手握拍法把手向左转动 90°(或拍柄向右转动 90°)，虎口对正拍柄左侧棱面上，以手掌根压住拍柄的左上斜面，拇指直贴在拍柄的左垂直面上，食指压住拍柄右上斜面(图 7-16)。

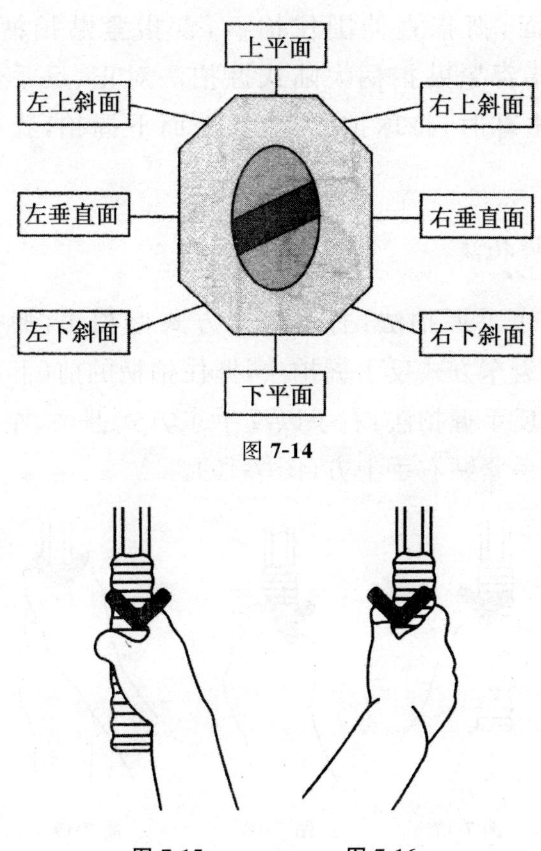

图 7-14

图 7-15　　图 7-16

2. 西方式握拍法

西方式握拍法的正反手击球都使用网拍同一个面，比较适合打跳球和齐腰高球(图 7-17)。

(1)西方式正手握拍法：拍面与地面平行，用手从拍上面抓住拍柄，手掌根贴在拍柄右下斜面，拇指和食指都不前伸，拇指压在拍柄上部小平面，食指下关节握住拍柄的右下斜面。

(2)西方式反手握拍法：握拍手的虎口"V"字形向右转动，对准拍柄右垂直面，掌根贴往右下斜面，与拍柄底部齐平。

3. 大陆式握拍法

握拍手虎口对准拍柄上面棱面正中间，手掌根抵住拍柄上部的小平面，拇指直伸围住拍柄，食指紧贴拍柄右上斜面，无名指和小指都紧贴拍柄大陆式握拍法对正、反手击球都无须变换握拍。击球时，将球拍侧立，从上而下握拍，犹如手握铁锤柄(图 7-18)。

4. 双手握拍法

(1)双手正手握拍法：右手为东方式握拍法，握在拍柄的后(上)方，左手为东方式反手握拍法，握住拍柄的前(下)方。

(2)双手反手握拍法：右手以反手东方式握法，左手以正手东方式握法，左手紧贴右手上方(图 7-19)。

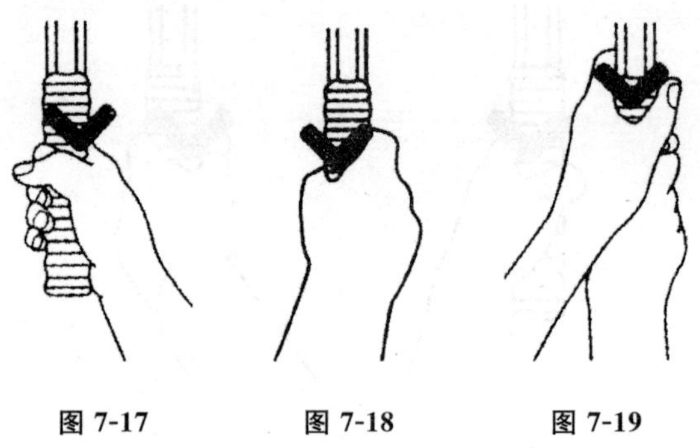

图 7-17　　图 7-18　　图 7-19

(二)握拍技术训练

网球握拍技术主要是通过徒手模仿练习和手持网球拍进行挥动练习两种方法来进行训练的。练习过程中，应严格按照各种握拍法不同的动作要求进行。在学练中要体会各种握拍法的异同之处，思考各种握拍法使用的情况。

二、网球运动移动技术

（一）移动技术教学

1. 滑步

滑步是指运动者面对球网两脚向左或向右平行移动，向左滑步时左脚先向左侧迈出一步，右脚同时迅速跟上；向右滑步时右脚先向右侧迈出一步，左脚同时迅速跟上（图7-20）。

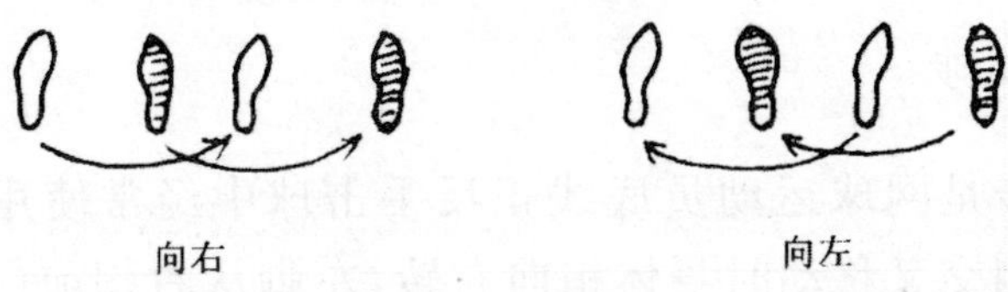

图7-20

2. 跨步

跨步是指运动者前膝部弯曲，上体前倾，身体重心移至跨出脚上的移动技术。跨步时，一腿用力蹬地，另一腿向来球方向跨出一大步，后腿随重心前移自然跟上。

3. 跨踏步

跨踏步是网球运动员在准备接发球的瞬间或随球上网击球和发球上网后准备再次击球之前采用的移动技术。两脚左右交换支撑跳动或向前快速运动时，突然急停，双脚同时以前脚掌着地，与肩同宽，脚跟稍提起，上体稍前倾，重心在双脚之间偏前处（图7-21）。

4. 跑步

跑步是网球运动员一脚蹬地起动，另一脚迅速向前跟上，两脚交替进行的移动技术。移动过程中，两臂配合摆动，保持击球前的姿势，随时准备击球。

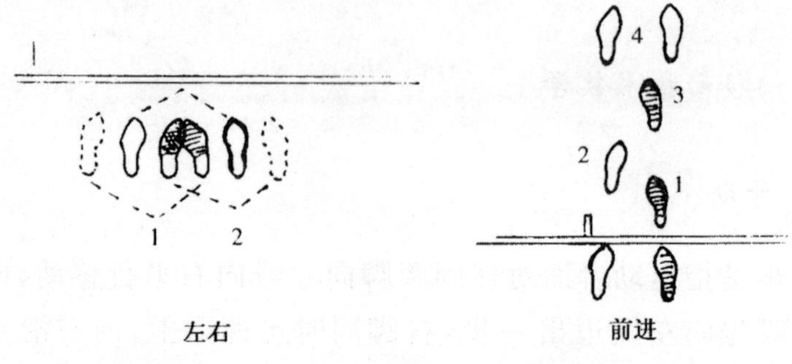

图 7-21

5. 交叉步

交叉步是网球运动员底线正反手击球中经常使用的移动技术。向右侧交叉移动时身体稍向右转，左脚从右脚前向右后交叉迈出一步，然后右脚再向右侧方向跨出一大步，同时重心移至右脚，身体转向来球方向，保持击球前的姿势(图 7-22)。

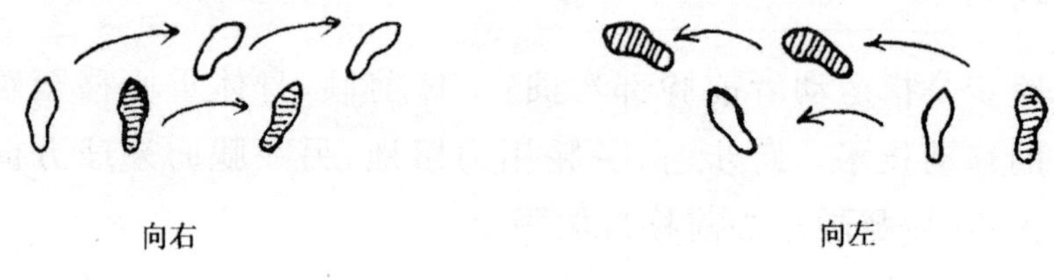

图 7-22

6. 垫步

垫步是网球运动员在移动过程中最后一步的制动技术，该技术要求运动员的两脚应同时落地，身体重心下降，两手持球拍于体前，为下一步击球做准备。

(二)移动技术训练

(1)听口令或看手势运用各种步法移动练习。

(2)持拍拍球，在垫球过程中练习各种步法的移动。

(3)两人一组，一人抛球，另一人运用各种步法在球落地前将球接到。

第三节　网球有球技术学练

网球运动的有球技术种类较多，它主要用于在比赛中的击球和接球环节。娴熟掌握并且能够在比赛中根据实际情况灵活运用有球技术是技术水平高超的重要表现，这也是在比赛中能够占据主动的决定性因素。因此，本节就重点对网球运动的有球技术的学练方法进行指导。

一、网球运动击球技术

(一)击球技术教学

网球运动中的击球技术分正手击球和反手击球两种。其中，正手击球是网球技术中最基本的击球方法，是初学者最先学习的击球技术。正手击球，击球有力、速度快，适用于初学者将球打过网并且要落在球场内，有经验的运动员也是依靠正拍击球来创造机会进而得分的。反手击球是网球基本技术中最常见的击球方法，初学者一般是先学习正手击球后再学反手，当正手有了一定的基础后，再学反手比较容易，反手击球动作技术与正手基本相似。常见的网球击球技术主要有以下几种。

1. 正手击球

右手握拍，左肩对网，左臂屈肘前伸，协助保持身体平衡，左脚与底线约成45°，右脚与底线平行。当右手引拍到两肩在一条直线上的时候，拍头向上略高于手腕，拍面要保持平放，拍头指向身体后面。击球时，以肩关节为轴，手腕关闭，用大臂挥动，带动小臂、手腕及球拍，球拍面在击打过程中始终保持与地面垂直或者略开一点。球拍从后引开始到向前挥击，应是一个完整动作。当球拍击中球的瞬间，应该是球拍的“甜点”（网球拍的中点）击在球体水平轴的后部。球拍与球撞击后，持拍手手臂继续向前充分随挥，将球拍停在左肩的后上方（图 7-23）。

图 7-23

2. 反手击球

(1)单手反手击球

右手握拍，左脚为轴，向左转肩转髋，同时右脚跨出一步，使两脚与肩同宽，身体右侧对球网，重心移至左脚上。转肩同时左手转动拍颈使右手成东方式反手握拍，并带动球拍后引与身体平行，击球肘贴近身体，左手轻持拍颈，拍头略低于来球。击球时身体重心移至右脚，左手放开拍颈，以右脚为轴向右转髋转肩，带动右手臂由下向前上挥拍，击球中部偏下，击球点在右脚侧前方。击球后，持拍手手臂握拍随惯性继续挥至右肩上方（图 7-24）。

图 7-24

(2)双手反手击球

双手握拍,看准来球,及时移动到位,制动的最后一步应保持右脚在前,身体右侧朝向来球方向。双手握球拍向左后方摆动,右臂伸展较大,左臂弯曲。在迎球过程中,挥臂与转体动作配合,使球拍由低向高挥动,击球点在右脚侧前方,拍面垂直,触球的中部。击球后双手随势挥至右侧头部高度,身体重心移向右脚(图 7-25)。

图 7-25

(二)击球技术训练

(1)听口令,原地徒手模仿做分解的慢动作,然后做完整动作。

(2)做无球挥拍练习,先原地挥拍再进行移动后挥拍练习。

(3)原地击固定球,先做分解动作,然后再过渡到完整的击球动作。

(4)两人一组,一人挥拍做动作,另一人在其体后抓住拍头,使其体会腰部发力击球。

(5)两人一组,一人抛球,其余人击球,循环击一定数量的球。

(6)对墙站立,正手击打落地球上墙,反弹落地两次后再连续正手击打,反复练习,然后进行反手击球练习(图 7-26)。

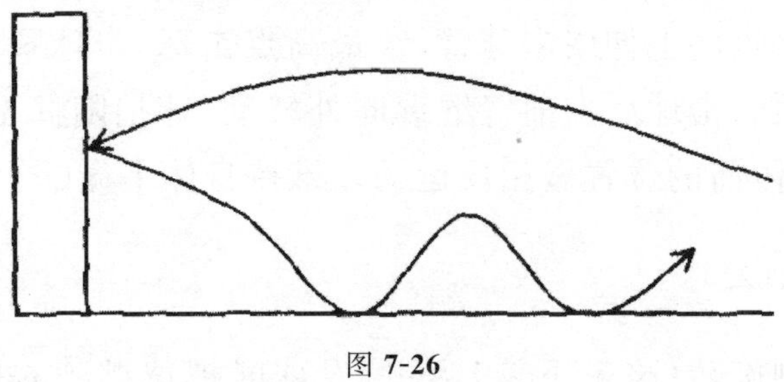

图 7-26

二、网球运动发球技术

(一)发球技术教学

发球是网球基本技术之一,是网球比赛中唯一不受对方影响的技术,发球的好坏直接关系到一分的得失。网球运动的发球技术一般分为平击发球、切削发球和旋转发球三种。其中,切削发球可以用于第一发球和第二发球,是初学者必须练习和掌握的技术,切削发球带有侧旋,发球成功率高、对方回球困难、速度较慢;平击发球几乎没有旋转,球的运行轨迹比较直、力量大,一般用于第一发球,发球成功时可直接得分,但失误率较高;转发球综合了侧旋和上旋的特点,球的飞行弧线高、落地迅速、落地后反弹高,但发球难度较大。网球运动中常见的发球技术主要有以下几种。

1. 平击发球

右手持拍,侧对球网站立,前脚与端线约成 45°,指向右侧网柱,身体重心在左脚上,左手托住球拍的拍颈,手臂稍弯曲并保持在胸部的高度。双臂同时稍下放,在其最低点抛球手臂与击球手臂分开,但以不同的速度向上摆动;同眼高时,将球抛出,击球臂向后、向下、向上引拍,身体重心移至右腿上;在手臂伸展到最高点时,身体重心又移到左腿上,同时,通过髋关节前移,降低身体重心;左腿支撑身体向前、向上运动。击球肩膀转向前面,前臂旋内,充分向前、向上伸展击球臂,在最高点击球,击球瞬间,拍面几乎垂直地面。击球后右前臂继续向外转动,球拍随挥至身体的左侧,左臂在体前的位置做相反运动以维持身体平衡(图 7-27)。

2. 切削发球

以左侧旋转(略带下旋)为主,发球时把球抛到右侧斜上方,球拍快速从右侧方至左下方挥动。击球部位在球的中部偏右侧，使球产生快速的右侧旋转。

图 7-27

3. 旋转发球

以上旋发球为例，发球时尽量隐蔽，看上去像是在发平击球或切削球。抛球比平击球和切削球抛得更靠近身体，击球时球拍应向上并翻越过球以得到所需要的旋转，与切削球和平击球发球有不同的击球位置和明显的扣腕动作。击球后，使球在空中有强烈的上侧或伴有侧旋，落地后弹跳比平击发球要反弹较高，给对方造成一定的困难。

（二）发球技术训练

（1）徒手挥拍模仿发球时的技术动作。

（2）进行自抛球自接发球练习和自抛球对墙发球练习。

（3）在发球区对网进行多球发球练习。

（4）在发球区内不同的落点设立目标练习“打靶”，以提高命中率和准确性（图 7-28）。

（5）在两侧网球柱上各竖起一根小棍，用绳子拉起，约高出球网 0.5 米左右，练习越过较高球网的发球（图 7-29）。

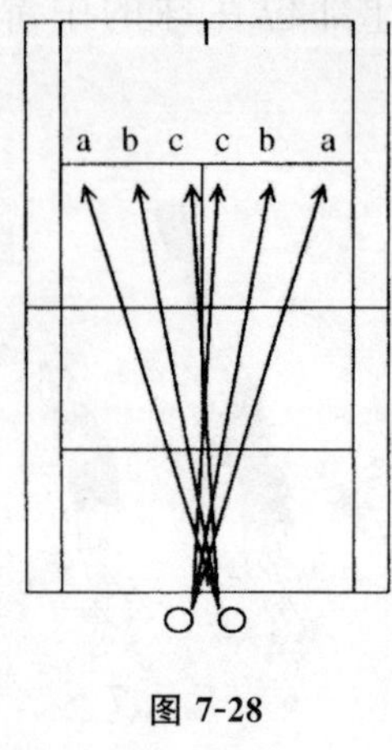

图 7-28

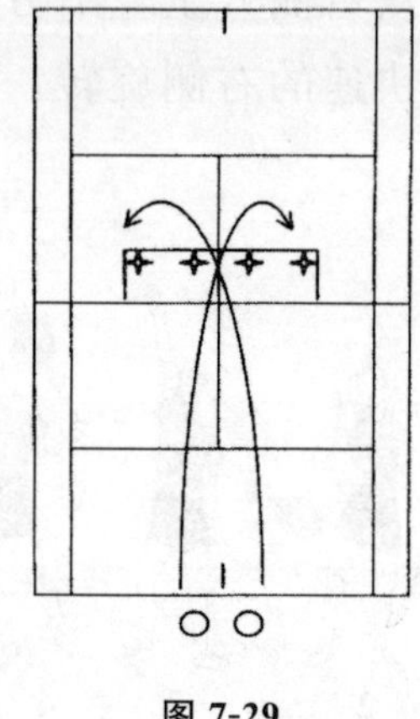
图 7-29

三、网球运动接发球技术

(一)接发球技术教学

网球接发球技术是指还击对方发球的技术,接发球的好坏将直接影响整个网球比赛局势的变化。对方发球后,应看准来球,抓住时机,主动迎击,击球后迅速调整位置,准备下一次接球。网球运动的接发球技术主要包括以下几个环节。

1. 握拍、引拍

接发球时,握拍法应根据习惯来决定,当球一离开对方的球拍,就应该决定是否要转变球拍。和平时练习或比赛中人们正手击球的机会远多于反手击球不同的是,接发球中,大多数发球员都会将球发向接球员的反手,除非接球员反手击球明显优于正手击球,因此采用东方式反握方式握拍为宜。如果对手打来正手球,从反握换成正握也比较容易。

引拍时应保持松动,但从网拍接触球前的一刹那,要紧紧握住网拍,特别是拇指、食指和无名指要用力抓拍,加之手腕固定保证拍面稳定,即使不能有力还击,也可用牢固的拍面顶住来球或以合适的拍面角度控制还击方向。

2. 准备姿势

准备姿势以要能用最快的速度还击来球为原则，比较常见的准备姿势为两脚平行站位，比肩略宽，右手持拍者一般右脚稍前，两膝微屈，上体稍前倾，脚跟提起，将球拍置于体前。当对方发球前，膝盖可弯曲，两腿叉开，拍头向上，身体向前弯下，重心放在前脚掌；当对方抛球时，重心上升，两脚快速交替跳动；当对方准备击球时，可提升重心，在对手球拍触球的一瞬间，两脚快速交替跳动，可做一个小“跨踏步”，以便能快速起动。

3. 站位

接发球位置的选择结合第一发球和第二发球选择，一发接球一般站在底线后稍远的地方，二发接球则相对较近一些，可以在场地内。一般的，网球运动员的站位多位于端线附近，在有效发球最大角度的分角线上或略偏于反手位置，接近于单打边线处，前后的位置应根据对手发球方式和力量大小来确定，力求在接发球时能前移击球。

4. 击球

击球时应根据对方的来球情况进行有针对性的还击。具体如下。

(1)当来球为平网高度的球时，用正常的打法还击，球与拍面接触的一刹那要准确控制拍面角度，针对对手站位情况确定球的飞进方向与落点。

(2)当来球高过肩时，应积极上步，立足于早打。击球时锁住肩关节，固定手腕，身体重心明显下压，借助于转体，手臂大力挥击。

(3)当来球带有较大的下旋或侧旋时，可迅速上步，以后仰些的拍面积极地向前推出并加以削切，使球既有速度又能落地后弹起较低或变向。

（4）当来球过头又不足为高压球时，应切忌下压击球，注意不要使拍面过早关闭，也不要将球击向发球区，要向高处挥击，似乎是要将球打向对手的挡网，然而由于拍子的走向在体前，击球后拍面趋于关闭式。

5. 落点

落点的控制可结合对方的站位来灵活处理，当然，落点的控制取决于击球的方式和方法，因此，运动员在还击球之前要观察对方行动，对自己的回球路线和落点要有所考虑。选择好接发球落点，以便压制对方，掌握比赛主动权。

6. 随挥

由于网球击球用力大，因此在球拍触球后手臂有一个随挥的动作，运动员在比赛中不要限制击球后的跟进动作，尽量加长球拍接触球的时间，球拍应先跟着球出去，然后做充分的随挥动作。一般情况下后摆动作小，随挥也小，后摆动作大，随挥也大。

（二）接发球技术训练

（1）徒手做接发球跑动、挥拍练习。

（2）进行准备姿势和接一发球的站位、接二发球的站位练习。

（3）多球练习。先练习按固定位置的球速较慢地发球，然后再增加发球的力量速度；接发球技术水平提高后进行接各种变化的发球练习。

（4）两人一组，进行发接对抗练习。

（5）两人一组，配合进行接发球练习。同伴喂球，练习者进行不同形式的接发球练习。如接发球破网。接发球时，直接突破对手的网前拦截；接发球抢攻。接发球时，迅速有力地回球攻击对方；接发球随球上网。接发球后快速跟进到网前，准备网前进攻。

（6）多人轮流发球，练习者把球回击到指定的区域内。

四、网球运动截击球技术

(一)截击球技术教学

网球截击球技术是指对方来球未落地之前，在空中进行拦截的技术，是网前技术中的一种攻击性击球方法，良好的网球截击技术是优秀网球运动员必须具备的，比赛中常被采用在发球上网或正反手击球后上网截击，截击球技术回球速度快，力量重，威胁大，特点在于缩短击球距离，扩大击球角度，加快回球速度，是网球比赛中重要的得分手段和进攻性打法，谁能控制住网前球，谁就能掌握比赛的主动权。网球运动常见的截击球技术主要有以下几种。

1. 正手截击球

当来球飞向正手时应用正手截击球，运动员应站在网前 2～3 米的位置，准备姿势与一般击球基本相同，但球拍要举得高一些，约与眼部同高。截击时后摆动作要小，击球点保持在身体前方，拍触球瞬间手腕固定，用力握紧球拍，略加向前推击的动作(图 7-30)。截击较近的球时，左脚跨出一小步；截击较远的球时，左脚跨出一大步；截击高球时，拍面应处置向前下击球；截击低球时，拍面应打开相合，击球的中下部并向前搓顶过去。

图 7-30

2. 反手截击球

当来球飞向反手时应用反手截击球，反手截击球的准备姿势同正手截击球。击球点比正手截击球靠前一些，及早跨出右脚，重心置于右脚。击球时手腕固定，用力紧握球拍，拍面稍前倾，触球中上部。击球后右臂伸展，向前下方压送（图 7-31），注意击球后的跟进动作要短，即刻停止，且不需要恢复到预备姿势。

图 7-31

3. 截击高球

当来球高度较高但又不够高压的高度球时，应在体前截击高球。截击高球要有一定的后摆，触球前要握紧球拍，手腕绷紧并朝上，击球时球拍对准球，重心向前，然后用简短的随挥动作，对着球推击向前下方送出，准备下一次回击。反手截击高球时，扶拍手帮助球拍向后摆，同时，控制好拍面，球拍后摆幅度不要太大，拍头朝上，目视来球，击球挥拍时扶拍手放开，触球刹那，手腕绷紧，球拍从高到低向前下击球，击球后做好随挥动作。

4. 截击低球

当来球较低，低于球网时应采用截击低球的方法回击来球。截击低球时应降低身体重心，屈膝至球的适当高度，否则仅靠垂下拍头去击球，那么就会以无力的手腕动作将球向上勾起。在采用前弓步击球时，有时膝盖可触及地面，拍头略低于手腕，拍面开放些，在身体前面击球，击球时最好加以上旋或侧旋，尽量把球打在深处，以迫使对手向上击球，击球后做好随挥动作，注意随挥动作应短促（图 7-32）。

图 7-32

5. 跨步截击球

跨步截击球通常在中场进行,具体是指在本方发球线附近截击来球的技术动作,通称为一拦,即第一次拦击,一般在发球上网战术中使用。在网球运动实践中,发球上网或随球上网不可能冲至近网,上网途中在发球线附近有一短促的停顿和重心转换,然后迎球做中场截击。中场截击一般站位于发球线中点附近。在腰部以下的部位击球,注意精确的击球点和拍面的角度,当来球力量较小时,应加大后摆引拍动作和前摆力量,以加大回球力量,尽量回击到对方深区的空当,以便于及时占据网前的有利位置。击球后做好随挥跟进动作,注意跟进动作应稍长些,但不能太长,以免影响下次击球(图 7-33)。

图 7-33

6. 近网截击球

近网正拍截击球的站位一般在位于中线发球线前 1～1.5 米处,多位于对方破网的直线和斜线之间所形成夹角的平分线上,并多注意保护直线空当。击球时,身体重心向前,左脚应向侧前方跨出，同时重心落在左脚上，肘关节与身体距离不应太远（除扑击球外），以便顶住重球，后摆动作小，转体带动后摆同时也完成后摆动作，击球点在身体侧前方。击球后随挥动作要小，迅速准备下一板截击球。

近网反拍截击球的前期准备动作与近网正拍截击动作相同，要求重心向前，后摆动作小，根据来球高低，调整后摆位置高低及击球部位。击球时，右脚跨出，重心在后脚上，以肩关节为轴，由上向下或由后向前顶撞击球，手腕紧固，以前臂发力控制落点，随击动作短小有力（图 7-34）。

图 7-34

7. 近身截击球

在网球运动中遇到“追身球”时，应采用以防御为主的近身截击球技术，把球拍迅速放在身体前面，并使反拍面向前。击球时，手腕绷紧，拍面在身体正前方挡击来球。如果在截击球过程中需要加力，击球时，身体应向左转，直接把球击出，无后摆动作。击球后，随击动作要小（图 7-35）。

图 7-35

(二)截击球技术训练

(1)做无球状态下挥拍动作练习。

(2)距墙 2 米左右,用球拍颠球两次,然后正手将球推送上墙,再用球拍接住球。反复进行。

(3)两人对面击球。

(4)两人在网前进行直线的连续正手截击/反拍截击练习,距离可适当拉开。

(5)两人一组,同伴在发球线后多球喂送,练习者分别进行定点的正手截击练习和定点的反手截击练习,要求分别达到指定的目标区域内。

五、网球运动挑高球技术

(一)挑高球技术教学

挑高球的基本技术同正反手击球相似,只是拍面上仰,击球的后下部,并带有向上送球的动作。实际比赛中,可根据具体情况打出上旋球、下旋球和不旋转的高球。网球的挑高球技术可以分为进攻型挑高球和防守型挑高球,可结合具体情况选择进攻或防守。具体如下。

1. 进攻型挑高球

进攻型挑高球又称为上旋挑高球,技术难度大,一般只被高水平选手使用。通过放网前短球,或是使对手误以为要打“穿越球”,将对手引诱到网前,或利用对方随球上网,待球的质量不高时,再挑高球。采用的是突然袭击方式,将球挑到使对方难以到位救球,从而得分。

挑高球前,注意隐蔽自己的意图,采用西方式握拍法,击球前拍头低于来球,保持正确的姿势,像打落地球那样击球,击球时抖动手腕，产生很大的摩擦力，使球剧烈向前旋转。基本技术同打落地球相似，区别在于要拍面上仰，击球瞬间迅速向前上方提拉，使球产生强烈的上旋，越过对方至底线或者是对手无法回球的角度上。后摆是应顺着球向后收拍，使击球点靠后，注意肩部不要过于用力，以免造成动作变形(图 7-36)。

图 7-36

2. 防守型挑高球

当跑到离球场很远的地方接一个非常被动的球时，势必要使用防守型挑高球。防守挑高球的弧线很高，常从这边端线放到另一边端线附近。

对方击球后，目视来球，并判断来球的速度和落点，及时移动到位，在跑向球时使球拍后摆，直到球拍后摆指向身后的挡网，击球动作与普通的正手相同，使对手不知道你是抽球还是挑高球。击球时，拍面要打得更开些，击球的下部，手腕绷紧，球拍与球接触时间要长一些，拍和手向前上方送出，似“舀送”动作，眼睛始终盯住球，尽量往高处和深处打。球拍顺着球飞行路线向上做随挥动作，动作在身体前面高处结束。注意挑高的球要高些，落点要深些。

（二）挑高球技术训练

（1）两人一组，进行改善击球感的练习。陪练员抛过来的球在练习者身边弹起，练习者在身体附近练习挑高球。没有击球感的人在挑高球时通常是失去平衡而完全用身体去打球，没有真正控制球拍头。反复练习，以掌握正确的挑高球"感觉"。

（2）两人一组，在底线进行来回球的挑高球练习，直到其中一个失误。然后在挑高球做得比较好并获得经验时，就可以开始打射出角度小的挑高球。

（3）两人一组，陪练员网前截击，陪练员站在对场的网前，抽一个球过去，陪练员打一个截击球过来，然后挑高球过去，不管球落在场地何处，都要挑高球过去。如果截击过来的球允许有足够的时间打上旋挑高球，就尽量打。

（4）两人一组，打防守型挑高球。陪练员反复抛球，不断地将球抛到学练者的两侧，学练者在跑动中瞄准一个目标挑高球，用斜线或直线挑高球瞄准不同场区。陪练员发球到学练者的正手，然后是反手，调动练习者来回移动挑高球。

六、网球运动高压球技术

（一）高压球技术教学

网球的高压球技术又称扣杀或猛扣，是指将对方挑过来的高球，自上而下扣压到对方场区的击球技术。高压球打得好不好，取决于运动员能否尽早进入有利的扣球区域。网球运动常见的高压球技术主要有以下几种。

1. 凌空高压球

身体应朝着球飞行路线左边让开一些，以便于在右肩上方击球，举拍稍早一点，目视来球，另一手对着球，以保持身体的平衡和随时调整场上位置，球拍的后摆动作要简短，拉过肩，垂下拍头，同时翘起手腕，不需要把球拍下垂到很深的搔背状，但要抬起肘部，以最快的速度出击，转肩，整个手臂伸直，当球拍接近球时，做扣腕动作，收腹、挥臂使球拍前挥通过手腕的扣击使拍头加速。击球后，继续扣腕，并让球拍绕过身体，使它在结束时在身体的左侧并指着身后的挡网(图 7-37)。

图 7-37

2. 落地高压球

动作要领和凌空高压球一样，应一边侧身跑位一边用小的垫步快速调整，同时高举球拍准备扣杀。击球点的位置和发球一样，在身体的前上方，双脚蹬地，充分伸展手臂，手腕击球时做“旋内”的扣腕动作，争取最高点击球。击球时，手臂、手腕和球拍在一条直线上，身体稍向前倾。击球后，继续扣腕，手臂顺势向下，在身体的另一侧完成随挥动作。

3. 跳起高压球

跳起高压球的动作难度大，正确的动作要领是：当判断来球较高、较深时，快速侧身滑步或交叉步向后退，同时持拍手直接后引向上举起球拍。到达击球位置时，一般以与持拍手同一侧的脚蹬地起跳同时挥拍，击球应尽量在最高点，利用手腕旋内扣腕动作将球压入对方场地。落地时，异侧脚先着地、缓冲，挥拍击球时双脚在空中有个前后换位的动作，以在转体发力后维持平衡。对付对方的进攻性上旋高球，如果后退起跳时间仓促，打不出强力高压球时，可将球平推过去，尽量把球打深、打准。

（二）高压球技术训练

（1）徒手练习：用手接住同伴的来球，体会身体与球的位置关系。

（2）完整的动作练习：反复做完整的击球动作，体会身体侧转、球拍后摆幅度、脚步移动变化、随挥动作等。

（3）持拍击球点练习：将球拍的长度加入击球点的位置中，好像用延长的手臂击球，体会击球点的准确位置。

（4）自抛高球练习：待球落地反弹后进行高压球练习，然后再进行凌空高压球练习。

七、网球运动反弹球技术

（一）反弹球技术教学

网球反弹球技术是运动员在球刚弹起来时立即击球的方法，比较适用于在上网或被动来不及后退击球，又来不及上前截击的情况。打反弹球的难点是正确判断球的落点和反弹角度。网球运动中常见的反弹球技术主要有以下几种。

1. 正拍反弹球

看准来球，及时接近球。击球时，上步并身体前倾，感觉好像要用身体去撞来球一样。向前跨步同时引拍，引拍动作简短，动作干净利落，击球后应迅速回位。当判断来球需要打反弹球时，迅速下蹲，降低重心。转体右脚向前做跨步，右腿弯曲。击球后，随挥动作不宜太长，能达到引导出球方向即可。

2. 反拍反弹球

反拍反弹球的准备技术与正拍反弹球基本相同，不同的是，击球时，眼睛盯住球，手腕与前臂紧固，拍面略开，身体前倾，同时必须保持身体平衡，后摆动作视球过来的球速及准备时间的快慢而定，一般在转体时已完成后摆动作。击球后的随挥动作同正拍反弹球相同。

（二）反弹球技术训练

（1）原地面对球网，自抛反弹球练习。

（2）对墙练习，距墙 5 米左右，对墙打一次稍高的球，再打一次刚落地的反弹球。

（3）在跑动过程中进行击反弹球练习。

（4）两人一组，在网前或中场进行截击球与反弹球的练习，尽量争取多个回合（图 7-38）。

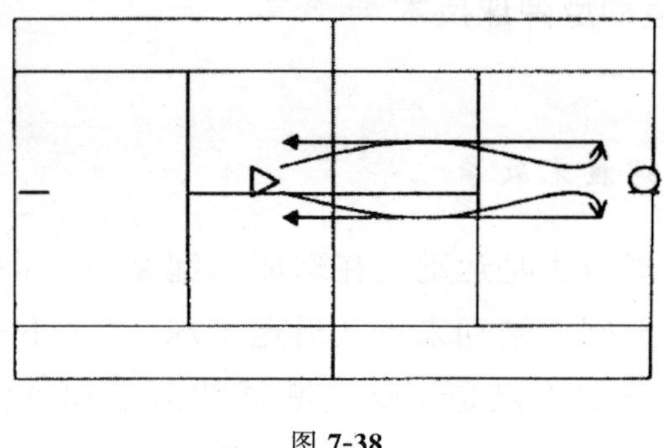

图 7-38

八、网球运动放小球技术

（一）放小球技术教学

放小球也叫“触击球”“放短球”“吊小球”，在网球比赛中可突袭制胜。放小球是一种不用力的击球，多使球轻轻地越过球网，在离网附近处落地且跳得很低，造成对方因准备不足来不及到位回击。在网球比赛中，击球调动对方，使对方在场上疲于奔跑，放小球就是这样一种技术。放小球的准备姿势及引拍动作同正反手击球动作技术基本一致，击球前一定要“伪装”好，不要过早地暴露击球的意图。

1. 正手放小球

正手放小球难度较大，多采用击打落地球的握拍方法或大陆式的握拍方法，击球前，向后高引拍，比截击球的引拍动作要大。当球拍向前挥动时，握拍要放松，拍的底边在前面，直接向前下方挥拍，保持拍头高于手腕。当球拍接触到球时，打开拍面准备击球，用球拍的底边切球，使球产生向后的旋转，击球后，保持放松握拍。随着球和拍的渐渐分离，球拍继续前挥，高于球网，拍面对准击球方向，不持拍的手帮助保持平衡。结束时，应面对球网。

2. 反手放小球

反手放小球动作简单，容易掌握，多采用反手旋转球的方法握拍，转肩，向后高引拍，眼睛注视来球。用球拍的下边缘摩擦球的下部，向前挥拍，保持拍面打开，使球过网，向前随挥球拍，在身体的远端触球，击球点向前一些，保持拍面的方向，同时头部稳定，另一侧肩向后，拍头对准击球方向，击球后，球拍一定要朝着球出去的方向做随挥动作，不持拍的手帮助保持平衡。结束时，应面对球网。

（二）放小球技术训练

(1)对墙练习，离墙距离 3 米或 6 米，分别用正反手削送球上墙，等球落地一次后再轻削送球上墙。

(2)对墙练习，一次对墙抽击练习，一次对墙放短球练习。

(3)两人一组,同伴在底线多球喂送,练习者在网前(或中场)放小球练习。

(4)两人一组,在底线正反手抽击球对练,练习中任意一人突然放小球。

第八章　网球运动战术学练指导

网球战术是运动员在比赛中根据自身特点和对方的打法类型及技术特点而采用各种技术的原则和方法，也是技术、意志、智能和素质等在比赛中有针对性的综合运用。对于任何一名网球运动员来说，战术对其比赛成绩具有重要影响，提高网球运动员的战术意识与战术能力是保证其取得优异比赛成绩的关键。本章主要就网球运动战术学练进行研究，主要内容包括网球运动战术理论、网球运动单打战术学练与双打战术学练，对这些内容的研究有助于科学指导网球运动员的战术训练，从而促进运动员竞技能力的提高。

第一节　网球运动战术理论

一、网球战术的概念

在网球比赛中，运动员为了成功战胜对手或为取得理想的比赛结果而根据双方打法特点所采用的一切计谋和行动总称为网球战术。从更广泛的角度上来说，网球运动员的技术、意志、智能和素质等在比赛中有针对性的综合运用即为网球战术。

网球运动员的体能、技术、心理、智能等各种竞技能力在比赛中能否得到全面的发挥，要看其网球战术意识是否强烈，战术水平是否较高。在网球比赛中，运动员需要以自己和对手的具体情况为依据，来对自己已掌握的网球技术进行合理的选用，并有机组合单个技术动作，从而将自身的竞技能力最大限度地发挥出来，以战胜对手，获取胜利。另外，网球运动员在比赛中对技术动作的合理、准确运用对于减少机体能量的消耗也有积极的影响，从而能够有效延缓疲劳产生的时间，保持充沛的战斗力。

二、网球战术的特点

现阶段，优秀的网球运动员在比赛中所采用的网球战术与之前采用的战术明显不同。目前来看，网球运动员普遍体型高大，力量较强，拥有良好的速度素质与灵敏协调性，而且通过对人体力学原理的合理运用也大大增强了其击球力量。此外，球拍工艺日益精湛，这极大地推动了网球技战术的发展。在这些因素的共同作用下，网球比赛的节奏不断加快，运动员需要在短时间内做出反应和判断，这就使现代网球的比赛方式受到了强大的冲击。总的来说，现代网球运动战术具有以下几方面的特点。

（一）力量是一项重要的战术武器

当前，网球运动员在技术训练中注重不断增加自己的力量。而且人们也会用一些力量性的词语来形容网球技术，如像炮弹一样的发球、具有攻击性的接发球、具有杀伤力的击球、抽击式的截击等。由此可见，对于网球运动员而言，力量已经成为其非常重要的战术武器了，因此应加强力量与技术的结合训练。

（二）选择最佳的击球

通常而言，对网球运动员来说，发球和正手击球是两大关键性的法宝。虽然目前有许多优秀的网球运动员具备了高水平的反手击球能力，而且这项能力对接球方来说是一项较大的威胁与挑战，但普遍来看，发球和正手击球这两项技术依然是网球手在比赛中重点采用的两种核心技术。

（三）快速判断

在网球比赛中，运动员必须在短时间内对接下来要做的动作做出决定，不能有丝毫的犹豫。运动员在做下一个动作之前，首先要判断决定要做的这个动作是否合理，这一判断是否准确，主要取决于网球运动员对网球的认知程度、技战术的掌握情况以及对比赛情况及对手特点的观察及分析能力。

（四）打法的全面性

在一年之内，网球运动员往往要在不同的环境中打比赛，因此他们需要在短期内对不同的比赛条件进行适应。运动员只有适应了比赛场地、气候、观众以及其他环境因素，才能在赛场上正常发挥自己的竞技能力。如今，像亨曼、桑普拉斯、鲁塞德斯基等这样单纯型的发球上网选手已经越来越少了，网球运动员需要不断对硬地球场的比赛环境进行适应，需要掌握各种类型的网球打法。以此来全方位提高自己的作战能力。

三、制定网球战术的基本原则

现代网球比赛中，倘若双方队员在技术方面存在着很大的差异，那么技术较差的一方即使采取合理的战术，也很难改变自己的弱势地位。然而，倘若双方球员实力相当，技术水平基本上在同一高度，那么在一定程度上而言，能否准确运用战术就直接决定了双方的胜负结果。在对网球战术进行制定时，需要对如下三方面的原则进行严格贯彻与遵循。

（一）客观性原则

客观性原则指的是在比赛中，依据比赛场地情况、双方球员的实际情况(体能水平、技术特点、心理状态、打法风格等)以及其他客观实际来对战术进行制定,对打法进行选择。

依据客观性原则来制定网球战术,要求双方球员在比赛前全面了解自己与对方,只有知己知彼,方能取得比赛的胜利。运动员不仅要了解对手的打法特点及技术风格,还要对自己的打法类型进行了解,只有这样,才能制定出合理的战术,才能利用这一战术去达到避实就虚、扬长避短、取得比赛胜利的效果。

(二)灵活性原则

运动员在制定战术之后,并非一成不变地采用这一战术一打到底,而是要随时对比赛场上的实际情况进行观察与分析,并以分析结果为依据从局部或从整体上来调整战术,或重新制定战术,只有灵活采取战术行动,才能巧妙地应对各种问题。

在网球赛场上,比赛形势往往瞬息万变,运动员只有根据赛场情况来对自己的战术和打法进行合理的调整,才能掌握主动权,获取优势,因而成功的概率也才会增加。

(三)实效性原则

实效性原则指的是在对网球战术进行制定时,一定要对战术实施的可行性问题、战术运用效果好坏的问题进行考虑。如果战术的可行性较差,而且无法取得良好的运用效果,那么即使听起来头头是道,也不能对其加以采用。

因此,在其他条件一致的情况下,倘若采用两种不同的战术行动都可以达到预期的效果,那么就应该选用可行性高、难度小、成功把握大的战术打法。同样的道理,倘若两套战术方案的可行性和难度要求都相当,那么就应该选用能够从更大程度上影响比赛结果的那套战术方案。

上述三方面的原则是相互联系、紧密结合的,运动员需要对这三项原则进行综合的考虑。

四、制定网球战术的依据

(一)以环境为依据

1. 根据风向对网球战术进行制定

在网球比赛中,风向会对球员的竞技能力发挥及比赛成绩造成一定的影响,因此在不同的风向情况下应采用不同的战术行动。

(1)处于顺风一侧时的战术

如果球员在比赛中是处在顺风一侧的场地,那么在制定战术时需要考虑如下几个要点。

首先,要随时谨记,顺风方向击球会增加球速,因此要注意合理控制击球的力度,尽量使球在空中旋转起来,避免出现将球击出界外的情况。

其次,沿着顺风方向打球时,一定要找准机会进行网前击球,这主要是因为上网打法受风的影响相对要小一些,而且对方逆风回击球时,球的速度不会很快,这时在网前进行截击球是占优势的。

最后,顺风方向下在底线击球时,速战速决并非是一项好的战略,而不急不躁、稳稳当当地进行比赛是比较可取的。这主要是因为,对手逆风打出的球一般速度比较慢,而如果要达到和你一样的球速,则需付出更多的努力,因此对处于顺风方向的球员来说,还是稳扎稳打比较好。

(2)处在逆风一侧时的战术

如果运动员在网球比赛中处在逆风的一侧,那么击球时就要用尽全力,因为逆风击球时,一般不会把球打出界外。当对手准备上网截击时,要尽最大力度挑高球,这样在逆风阻力的影响下,球一般就会落到对方场内,而不会落在网前,这时对方的网前截击计划就会落空。挑高球后要做好随球上网截击的准备，这时拿分是比较容易的。

2. 根据阳光对网球战术进行制定

一般来说，所有的网球场都是南北朝向，因此网球比赛中总有一方球员要面向太阳，面向太阳的球员需要先适当地对自己的发球站位进行调整，然后再做发球动作。而且在抛球时，球的起始高度要稍微比正常发球时的高度低一点。倘若对手在挑边时选择了发球，那么你需要尽量选择面向太阳来进行接发球。如此一来，在场地交换后，你就能够与太阳背对着发球了。

与太阳正面面对时，轻易不要上网，如果非要上网，在对方挑高球时你可以选择打落地高压，但尽可能要保证动作的隐蔽，避免被对手看到。

与太阳背对时，要向适当的方向进行挑高球，特别是在对手上网的情况下，挑高球是比较有利的，同时也要注意观察对手是否要打落地高压。

3. 根据气温对网球战术进行制定

(1)夏季

在夏季比赛时，室外温度高，运动员会消耗较大的体力，因此这对运动员的心理素质和意志品质提出了较高的要求。在比赛过程中，比赛双方都会有热的感觉，因此，为了让对方多出汗，多消耗体力，尽快出现疲劳症状，就需要采取有效的措施来充分调动对手，使其在自己的场地中来回奔跑。当对方的机体出现疲劳症状时，心理疲劳也会随之出现，这时你就可以大展身手了，这对于增加得分的概率是非常有利的。

(2)冬季

冬季气候寒冷，运动员极有可能发生损伤，因此在比赛之前必须做一些必要的准备活动，以充分舒展筋骨，避免损伤的发生。受气候寒冷的影响，运动员在比赛中身体各关节还处于僵硬状态，而且不容易调整状态，这时要想发出高质量的球是比较难的，因此在挑边时，可以先挑选接发球的一边，相对来说这一边是比较有利的。

需要注意的是，在网球比赛中，虽然战术的制定、运动员竞技水平的发挥会在一定程度上受到外界环境因素的影响，但这些因素并非都是绝对的，对比赛成绩产生决定性影响的依然是运动员的综合素质能力。因此，在日常网球训练中，教练员一定要加强对运动员各方面运动素质的训练，使运动员以良好的状态参与比赛。

4. 根据场地对网球战术进行制定

(1)慢速场地

如果网球比赛场地为沙地这样的慢速场地，运动员则需要从以下几方面来考虑战术。

第一，在击球时，以上旋球为主。

第二，在发球时，除了注意大力发球外，还要注意以上旋球、高挑球(有角度)为主。

第三，将高球和上旋球充分结合起来。

第四，当出现短球机会时(即对方放或者回击短球时)，不要一味地选择进攻，要采用灵巧的战术，通过挑高球等技术将球回击到对手身后空当处。

第五，被动防守时，要采取其他不同的打法。

第六，尽量对容易造成对方身心疲劳的战术进行采用，从而拖垮对方的身心防线，占据主动。

(2)中速场地

如果网球比赛是在室内场地、硬地等中速场地上进行，运动员需要考虑以下几点来制定战术。

第一，尽量打旋转球，并将高球与旋转球结合起来。

第二，使用各种旋转来发球，而且发球力度要大。

第三，当出现短球机会时(即对方放或者回击短球时)，要尽可能采用灵巧的战术将球回击到对手身后空当处，然后随球上网做好高空截击球的准备。

(3)快速场地

如果是在草地这样的快速场地开展网球比赛,运动员需要注意以下几点。

第一,以平击球和削球为主。

第二,发球时,不要一味地进行大力发球,而要善于发侧旋且小角度球。

第三,对所有的短球都要进行攻击,而且攻击力度要大。

第四,对低弹球的击球战略进行合理采用。

(二)以场区为依据

1. 前场区

在网球场中,最具进攻性的区域就属前场区了。

在前场区的位置进行比赛时,运动员需要向前移动或进行侧向的移动,而且必须完成向前的动作,采取快速的进攻行动,进攻时一定要表现出自己强大的攻击性,以给对方造成威胁与压力。总的来说,这一区域的战术选择很少。

2. 中场区

对于网球运动员来说,网球比赛场中最重要的区域就属中场区域了,而且这一区域也是运动员最难掌握的。在该区域中,运动员有比较多的战术选择,如果对手将球击到这一区域内,则可以对如下战略进行采用。

(1)当对方击来的球弹跳高度很低时,可以向球的方向跑进打一个随球上网。

(2)当对方击来的球弹跳高度比较高时,可正手击球或反手击球。

(3)尝试放小球回击。

比赛中,如果站在中场区的位置,需要尽可能地利用正手或反手击球来结束该分。只有保持向前的动作才能完成正手或反手击球，这样就可以避免一些侧向和向后的动作出现，同时也可以向对方展示你的自信，给其造成威胁与压力。

3. 后场区

作为网球比赛场区的基础击球区，后场区对运动员的耐心、视野范围与深度提出了较高的要求。

一般来说，在网球比赛中，运动员都是在后场区制定得分计划的，因此这一区域被称为网球基础击球区。在后场区比赛时，运动员需要保持足够的耐心，并要随时灵活地进行侧身移动，击球时，要注意控制好击球的角度，确保击球的准确性。此外，运动员需要随时做好向前移动的准备，以使对手猝不及防。

（三）以比分为依据

在现代网球运动比赛中，运动员要注意以实际比分情况为依据来对自己的战术方案进行调整，从而积极掌握主动权。具体而言，以比分为依据制定和调整作战计划需要从以下几方面着手。

1. 开始比赛时的战术

积极采用有效的方法来调动对手，使对手处于不断奔跑的状态，然后使其尽快进入疲劳状态。将自己的优势发挥出来，打自己有把握的成功率高的球，使对手在奔跑中应对。开始比赛时需要制定一个暂时的目标，即先拿到30，这样赢球的概率就大大提高了，而且即使这一局没能赢，也会使对手进入疲劳状态，这样在下一局时你就会占据优势。

2. 比分领先时的战术

在网球比赛中，比分领先的一方在击球时应该注重球技，注重击球的质量，专门向对手的弱点进行攻击，同时要保持良好的自信。专击对方的弱点，会使对方在比分落后的情况下丧失信心,变得愈发脆弱,这样自己成功的概率就大大增加了。

3. 比分持平时的战术

在双方比分相同的情况下,如果可以以饱满的状态打好球,那么就采用球技的攻击;如果没有把握可以打好,就采用动作的攻击。

如果前两局都输了,就面临着比较严峻的局势,这时采取保守型的打法比较合适,应尽可能地使对攻的次数增加,并使对手不断跑动,从而消耗其体力。

如果前两局都赢了,那么应该充分展示自己的自信,采取具有较强攻击性的作战方法,压垮对手的气势,使其他弱点暴露无遗。但是,攻击时也要有所控制,太大胆的攻击也可能会带来失误,从而使对方有机可乘。

4. 比分落后时的战术

在网球比赛中,运动员在比分落后对方的情况下,应重点采用动作的攻击,这样出现失误的可能性就会降低。此外,运动员应尽可能地保持击球的连续性,从而使对方一直在场上跑动,这样其体能就会大大消耗,疲于应对,这时你需要加大进攻力度,从而获取一定的优势。另外,在比分落后的情况下采取动作的攻击还有利于集中注意力,使自己保持良好的比赛状态。

第二节　网球运动单打战术学练

一、网球单打战术教学

(一)发球战术

1. 发球站位

选择发球站位时,需要注意以下两点。

第一，所选站位对进攻有利。

第二，所选站位与下一个动作的位置能够很好地衔接起来。

在不同的区域发球需要选择不同的发球站位。

(1)左区发球站位

如果是在左区进行发球，中点线附近或与中点线相距较远的位置是比较合理的站位。

(2)右区发球站位

如果是在右区进行发球，与中点线相接近的位置是比较合适的站位。在距离中点线较近的位置发直线球，容易将球打向对手的反手位置，使对方的进攻性击球遭到破坏。

2. 发球变化

第一次发球时，以平击发球为主，而且发球力度要大，以为对方的抵挡增加难度，导致其出现失误现象。也可以采用切削发球、上旋发球等发球技术，将球发到对方防守比较弱的区域。第二次发球时，多采用切削发球或上旋发球技术，要注意发球的准确性和力度，以打落点为主。

3. 上网的发球

采取平击发球和上旋发球的方法，发球后及时上网，发球力度要大。相比而言，上旋发球要比平击发球好一些，因为以强力度进行平击发球后，身体不容易保持平衡，而且对方以很快的速度回球，导致你没有充足的时间上网。

4. 左区发球

在左区进行发球时，距离中点 1～1.5 米处是最合适的站位，第一次发球时，尽量将球发到距离对方场区左边线较近的位置，迫使对方利用弱手(反手)来做接球的动作。

5. 右区发球

在右区位置进行发球时，站位需距离中点较近一些，第一次发球时，以较大的力进行平击发球，将球发到距离对方右发球区中线较近的位置，迫使对方以反手来完成接发球动作。

倘若第一次发球出现了失误，那么在第二次发球时，通常选用侧旋发球的方法，尽量将球发到距离对手右发球区边线较近的位置，利用这一发球技术，对手不得不离开场区来接球，而且接发球时，只能打出又轻又软的球，这时发球方要进行上网截击就很容易了。需要注意的是，发球时，要注意控制发球速度，避免因速度太快而再次造成失误。

（二）接发球战术

1. 接发球站位

网球运动中，对于接球的一方来说，对手发球扇面角度的角平分线是比较适宜的站位。当然，运动员也可以根据自身的接发球能力和个人习惯来合理调整站位。如果对手的发球技术较差，应站在稍偏左的位置上来接球；如果对方擅长发斜线球和旋转球，应站在稍偏右的位置上接球。

2. 接发球击球

接球后回击时，要将击球的方法把握好，对击球的落点进行恰当的选择，确保这一击球能够方便自己上网。接球队员切忌一味被动地进行击球和挡球，这样是很难取得优势的。平击抽球、切削球、拉旋转球、挑高球、拉底线两角球等都是可采用的击球方法，这些方法都能为及时上网提供方便。

3. 左区接发球

在左区接发球时，对方可能发出角度的分角线是比较合适的站位，一般是底线偏左。接发球时，要注意充分考虑接发球落点的问题。

一般来说，第 1 落点为打到底线附近的斜线球；第 2 落点为发球区附近的斜线球;第 3 落点为打直线的底线球(图 8-1)。

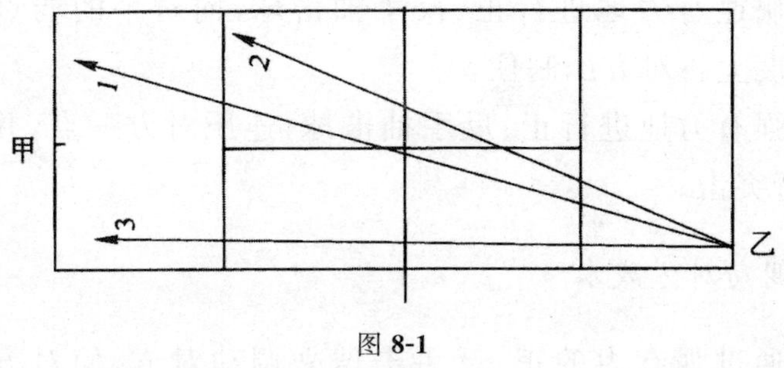

图 8-1

4. 右区接发球

在右区接发球时,底线偏右的位置是比较合适的站位。如果发球方在将球发出后依然停留在端线处,那么以下 3 个落点均可采用。

第 1 落点为斜线深球,使球从网的最低处越过;第 2 落点击向对方的反手位置;第 3 落点是一个较短的斜线球,完成这个斜线球比较难,但一旦成功,就可以将对方拉开,这样就可以为下一次击球提供良好的条件了(图 8-2)。

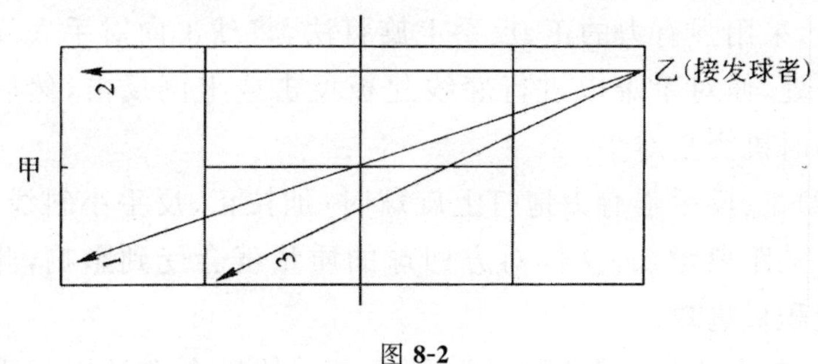

图 8-2

(三)底线战术

1. 对攻战术

底线型打法的对攻战术,就是通过底线正、反手抽击球来提高连续进攻能力,并与速度和落点的变化相配合来与对方进行阵地战，尽量争取主动，控制对方，使对方处于被动并攻击对方。

（1）快速有力地进行正、反手抽击球，向对手的弱点进行攻击，在速度上将对方压制住。

（2）强有力地进行正、反手抽击球，连压对方一点，并对其另一点进行突击。

2. 调动对方战术

（1）通过强有力的正、反手击球来调动对方，使对方来回跑动，同时抓住机会主动进攻。

（2）调动对方在其场区内大角度跑动时，突然打连续的重复球，并且变化击球线路，令对方措手不及。

3. 拉攻战术

在底线型打法中，拉攻战术是一种比较普遍的战术。通过采用底线正手拉上旋，反手切削球（或正、反手拉上旋球）的技术，使对方向左右两个方向来回跑动，然后寻找合适的机会快速强力地进攻，给对手致命一击。

（1）采用强有力的正、反手上旋打法，将球击向对手底线两边大角深处，使对手难以进行底线起板反击或上网反击，然后寻找合适的时机突击对手。

（2）正、反手强有力地打上旋球时，加拉正、反手小斜线，迫使对方跑动距离增加，这样对方回球的质量就会受到影响，此时找准机会积极进攻。

（3）向对方反手深区击球，寻找合适的机会突然用正手进行强有力的攻击。

4. 侧身攻战术

在底线型打法中，侧身攻战术是非常重要的一项进攻战略。采用侧身攻战术时，正手强有力地抽击球，在 2/3 的场地上以准确判断和合理的步法移动为基础，用正手有力攻击对方。

(1)正手连续攻击,创造有利的机会争取得分。

(2)正手进攻,调动对方不断跑动,以反手对球的落点进行控制,伺机以正手进行突击。

(3)全场正手逼攻对方反手,再突击变线正手。

(4)正手连续攻击,打重复球,使对方重心失去平衡,从而出现失误。

5. 紧逼战术

以快速的节奏对对方进行攻击的战术就是所谓的紧逼战术,这是优秀网球选手在比赛中经常采用的一项进攻战术。在采用紧逼战术时,主要用到的技术都是底线正、反手抽击球,在抽击球时,要注意控制好落点,步步紧逼,从而削弱对方的防线,取得比赛的胜利。

(1)接发球时进行紧逼抢前进攻,从而给对方造成一定的心理负担,使其在发完球后无法及时应对来球。

(2)连续紧逼对手反手,突击对方正手,寻找合适的机会上网。

(3)向对方的两角进行紧逼,使对方处于被动或使对方出现回球失误,然后找准机会上网。

6. 防守反击战术

采用防守反击战术时,运动员要积极调动对方跑动,从而在防守中找准机会反击对方。该战术对运动员各方面的能力要求比较高。一般来说,底线控球能力好、判断准确、反应灵敏、体能素质好、步法灵活、击球准确的运动员能够将这一战术利用好,从而达到成功反击对方的效果。

(1)当发球方发球后上网时,接发球方可迎上借力击球,将球打向对手脚下或两边小角的位置,然后做好第二板反击破网的准备。

(2)当对方紧逼进攻时,通过底线正、反手击上旋球向对方底线两边大角深处打球,从而给对方进攻造成困难,然后再寻找合适的机会进行反击。

(3)对方随球上网进攻时,应加强底线破网第一板的突击性,并提高破网的质量,使第一板的成功率得以提高,从而为第二板破网反击提供良好的条件。

(四)上网战术

1. 上网时机

一般来说,在以下几种情况下需要运动员及时上网。

第一,发急速旋转球后,将球击向对方底线中区时。

第二,对方击被动的过渡球时。

第三,对方接反弹到底线外或边线外的球时。

2. 上网的站位

运动员一般需要以自身网球击球能力的高低、移动速度的快慢、来球的高度与角度等因素为依据来选择合理的上网位置。一般来说,与网的距离较近,运动员就能进行大角度的攻击,而且有很多的截击球机会。此外,站在离网较近的位置,就不需要进行大距离的移动,而且可以缩短回球路线,这有利于掌握主动权,获取优势。因此,距网 2～2.5 米的位置是比较适宜的上网站位。

3. 一般情况上网战术运用

(1)用反常上网法(延缓上网法)给对手造成威胁,使对手处于被动地位。

(2)在中场强有力地进行击球,注意对局面的控制和击球的准确性,给对方造成威胁。

(3)击球后及时随球上网。

(4)迅速上网击球,让对手防不胜防。

(5)击球后向对手的反手一侧随球上网。

(6)向对手弱的一侧击深球、攻击性的弧圈球及反弹高的上旋球。

(7)打斜线随球上网,调动对方来回跑动,大大消耗其体力。

(8)在截击球之前先做好跨步准备。

(9)通过对轻吊或空中短击等打法的运用来迫使对手移动到网前,但这些打法不宜较多的采用。

(10)要时刻保持警惕心理,注意观察,随时洞察对方的攻守意图,从而采取相应的战略破坏对手的计划。

(11)注意观察对手是否有挑高球的意图,加强防范。

(12)进行斜线方向上的移动,注意保持身体的平衡。

(13)随球上网后做好网前截击球的准备,要随着球的移动路线移动脚步。

(14)击出的网前球尽可能控制在 3 次以下。

(15)在网前进行截击球时,应确保“短”而“有力”;在中场进行截击球时,要确保“深”而“低”。

4. 中场上网战术运用

(1)中场连续截击球的次数要控制在 3 次以内。注意在截击空当寻找得分机会。

(2)击高球时,将球击向对方的反手一侧。

(3)随球上网时,先打一直线(一般不打斜线),然后随球上网并向空当截击球。

(4)挑高球后,对手没有进行高球扣杀,这时可以上网,但要随时注意对手是否挑高球,以便做好相应的准备。

(5)击出轻吊球后,如果对方上来救球,你可以上网封住对手的回球路线。

(6)打出深而高的球后,在对手回球时,你可以上网进行截击。

5. 网前上网战术运用

(1)近网低球,用低截球打中路或打一角度刁的轻吊截击球。

(2)齐腰高的球,用最佳截击打空当。

(3)高的慢速球,用空中截击或高压击向空当。

(4)很高的中场球,用空中高压打空当。

(5)很高很深的球,球弹起后扣杀中路并上网截击。

(6)观察对手的超身球或挑高球,做好防备。

二、网前单打战术训练

(一)发球与接发球战术训练

1. 压力下发球

在发球与接发球战术的训练中,可以想象一个比赛的场景,现在是决胜盘,甲选手 6 比 5 暂时领先,倘若其可以连续发出 4 个一发且不失误,其将取得胜利。在这一情况下,运动员进行发球练习,争取成功发出每个发球,如果发第一个球时就出现失误,就要在另一场地上发 40 个球,然后再回到之前的场地进行测试,看其能否成功地连续发出 4 个一发。倘若发第二个球时出现失误,则在另一场地上发 30 个球,以此类推。

2. 攻击弱点

(1)运动员 A 将球发向 B 的弱侧,B 接球后回击(力度较弱),A 继续将球击向对方的左手侧,如此连续进行攻击,直到 B 出现失误停止练习。

(2)运动员 A 通过侧旋发球的方法将球发向 B 的身体或用上旋发球的方法将球发向 B 的左手一侧。

3. 强力接发球

教练员发较弱的二发,运动员Ⓐ向网前移动并运用进攻性击球(一般为正手)的方法将球击到 T1 或 T2 目标点。经过一组练习后,运动员Ⓑ替换Ⓐ继续练习(图 8-3)。

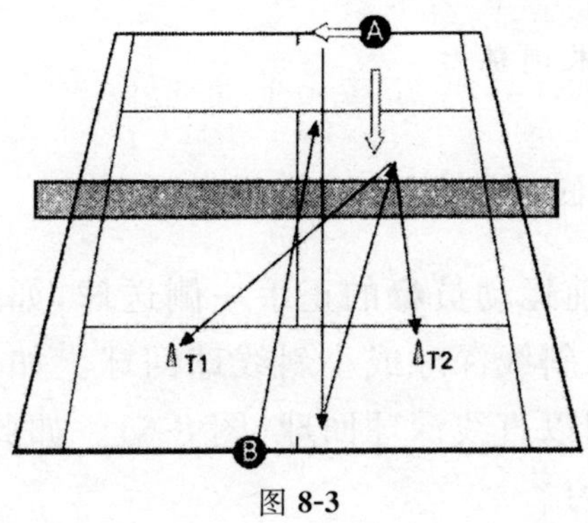

图 8-3

（二）底线球战术训练

1. 斜线对攻

运动员Ⓐ下手发球给同伴Ⓒ，并开始进行斜线对攻（正手）。如果回球落在阴影区，则计 1 分。运动员Ⓑ和Ⓓ同时在另一条对角线上做同样的斜线对攻练习（反手）。哪个组先获得 21 分，即哪个组获胜。两组交换线路继续进行练习，即Ⓐ、Ⓒ进行反手斜线对攻练习，Ⓑ和Ⓓ进行正手斜线对攻练习（图 8-4）。

2. 命令与回应

运动员Ⓐ向Ⓑ的半场击出不同变化的球，并与Ⓑ形成对攻。而运动员Ⓑ在回击球时，必须保证球的落点在Ⓐ1/4 半场的阴影位置（图 8-5）。经过 5 分钟的练习后，Ⓐ与Ⓑ在另一区互换角色进行相同的练习。

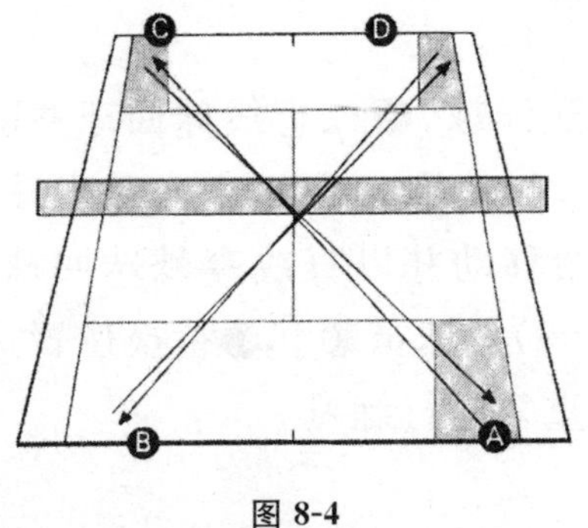

图 8-4

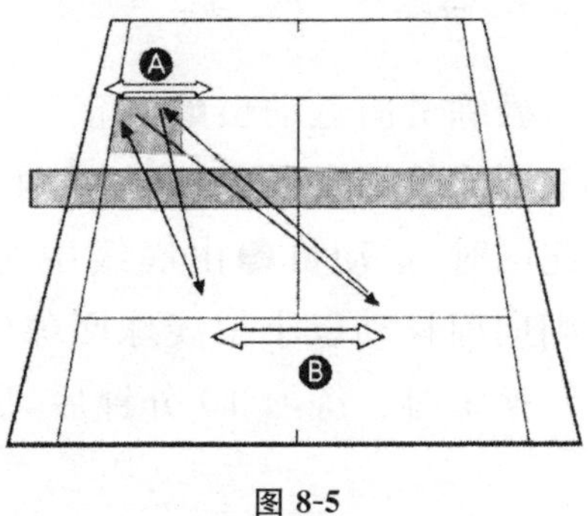

图 8-5

（三）网前战术训练

1. 高球——低球

教练员向网前运动员Ⓐ的正手一侧送球，如果球的高度比球网高，运动员Ⓐ以斜线深球或小斜线球回球。如果球的高度比球网低，运动员Ⓐ则以直线深球回球（图 8-6）。如此练习几分钟后，反手进行重复练习。

2. 低球——直线

教练员向运动员Ⓐ的正手一侧送低球或大角度的球。Ⓐ以直线球回球，并将球击到 T1 位置。教练员正手向运动员Ⓐ送第二个球，即送斜线高球，Ⓐ向前移动以小斜线球回球，并将球击到 T2 位置（图 8-7）。其他运动员排队依次进行练习。

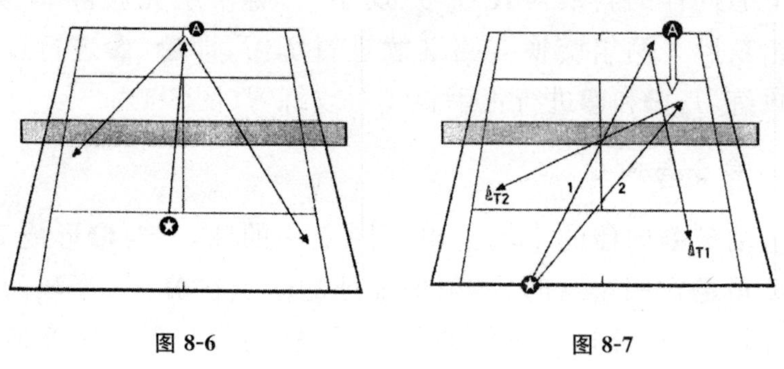

图 8-6　　　　图 8-7

3. 高球——空当

教练员向运动员Ⓐ的正手一侧送浅球，Ⓐ以直线球回球并随球上网。教练员向Ⓐ送比球网高的球，使Ⓐ向目标方向截击球。与此同时，运动员Ⓒ由底线中场开始移动并以直线穿越球回球，Ⓐ则向前移动以小斜线球回球（图 8-8）。球员Ⓐ和Ⓒ替换位置进行轮换练习。练习 10 分钟后，反手重复进行练习。

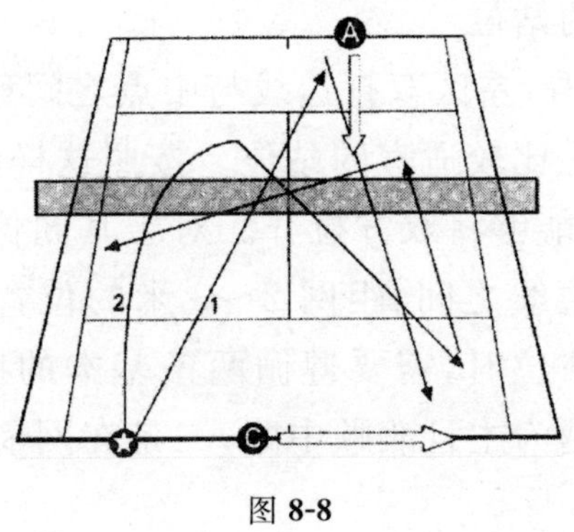

图 8-8

第三节 网球运动双打战术学练

一、网球双打战术教学

(一)发球局战术

1. 站位

(1)常规站位

①右区发球的站位

从图 8-9 来看,底线右侧中点与双打边线的中间或略向右偏二三十厘米的位置对于发球员❹而言是比较适宜的站位,对于其同伴 B 而言,网前左区,左侧双打边线和发球区中线之间或稍靠左且距离球网 2～3 米的位置是比较适宜的站位,确定❸的站位时,需要遵循的一个基本原则就是以保护边区为主且兼顾中路。

发球方按照这样的站位做好准备后,接发球员❻会感觉到❸已经在网前做好了抢网进攻的准备。因此自己不仅要保证接发球的质量,还要尽可能地将❸的抢攻避开。

②左区发球的站位

从图 8-10 来看，左区双打边线与中点之间稍微靠左的位置对于发球员Ⓐ而言是比较适宜的站位。按照这样的站位发球，有利于发外角球，从而能够将双方拉开。对于其同伴而言，网前右区、中线与右侧双打边线之间、距网 2～3 米的位置是比较适宜的站位。在确定Ⓑ的站位时，需要遵循两条基本的原则，一是以确保右侧不被直线穿越为主且兼顾中路；二是在网前方便与同伴Ⓐ进行协调配合。

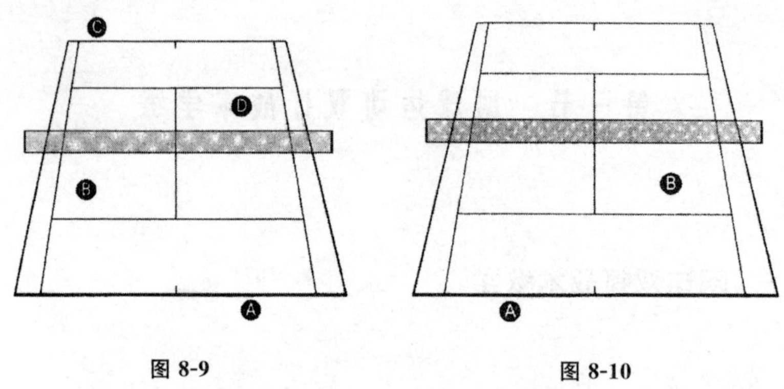

图 8-9　　图 8-10

(2)非常规站位

①右区发球的站位

在右区发球时，如果接球员Ⓒ总是以小斜线球回击(图 8-11)，那么发球员Ⓐ很难上网处理这种斜度非常大的球，而且其同伴Ⓑ也难以进行网前抢截，这样发球方就容易处于被动，失去优势。此时，同侧站位对于发球方而言是比较可取的站位战术(图 8-12)。

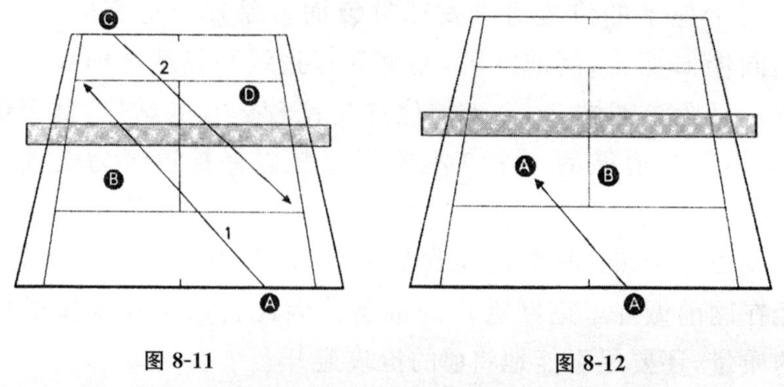

图 8-11　　图 8-12

②左区发球的站位

在左区发球时，如果接发球员🅒总是以小斜线球回击(图 8-13)，发球员🅐很难对这种前场的低斜球进行处理，而且其同伴🅑也难以在网前截击，这就严重阻碍了发球方的进攻。这时，为了更好地封堵小斜线的接发球，发球方需采取左区的同侧站位战术(图 8-14)。

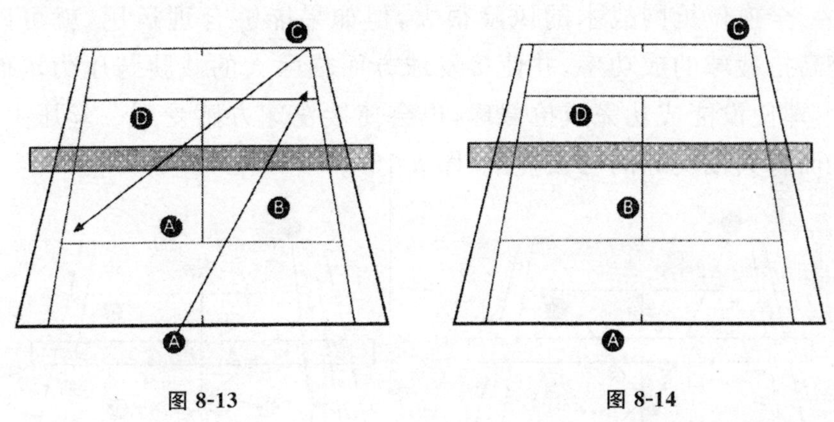

图 8-13　　　　图 8-14

2. 抢网战术

发球员有力进行发球后，同伴在网前抢截对方接发球的战术就是所谓的抢网战术。因为网前队员与球网的距离比较近，其能够对比球网高的来球进行截击，并以大角度强力度将球打出去，这样就大大增加了得分率，而且给对方造成了较大的威胁，使接发球方不但要对发球的攻击进行应对，还要面临抢网的压力。抢网战术通常分为以下两种类型。

(1)一般抢网

在对来球的方向进行判断后，快步向球网中央的吊带附近移动，将来球打回后回到原来的位置。发球方经常采用这种抢网战术，发球员与网前同伴经过默契配合可以成功截击一些质量较低的接发球，在抢截球时，要争取将球打到接发球员同伴的脚下，这样迫使其退到底线进行防守，从而为本方的进攻提供有利条件(图 8-15)。

(2)全换位抢网

在抢网后,网前队员与发球员快速交叉变换位置。左区队员移步到右区,右区队员换至左区。运用全换位抢网战术时,发球员与同伴要协调配合好,要快速果断地换位。网前队员一般要在背后通过做手势来提示发球员,使发球员创造有利的条件来帮助其抢网。

全换位抢网战术的风险很大,但如果能够合理运用,就可以提高抢截球的成功率,并使接发球方面临巨大的威胁与压力。而且,即使没能成功完成抢截球,也会使接发球方感受到一丝压力,从而将其接发球的习惯搅乱(图 8-16)。

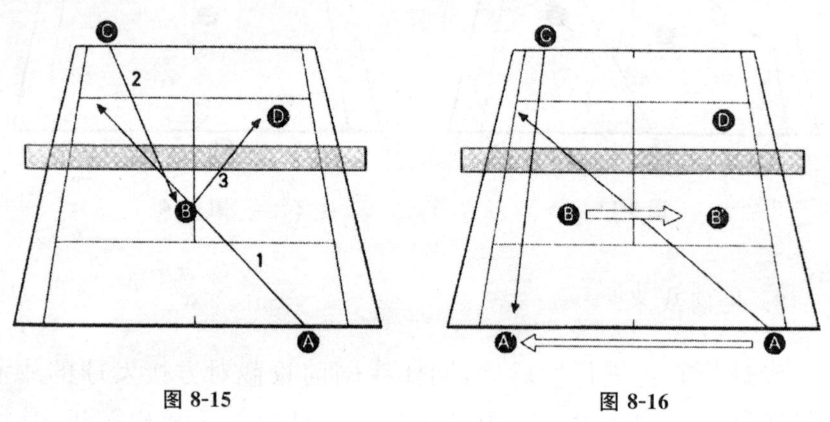

图 8-15　　图 8-16

3. 前后站位战术

(1)右区发球前后站位

右区发球时,发球员Ⓐ发球,接发球员Ⓒ接球,二人在发球与接球后均不上网。接球员Ⓒ的同伴Ⓓ移动到网前,与发球员的同伴Ⓑ处于相当的位置,发球员Ⓐ与接发球员Ⓒ展开对角线抽击对抗,双方的同伴Ⓑ与Ⓓ在网前伺机抢网(图 8-17)。

(2)左区发球前后站位

当左区发球时,发球员Ⓐ发球,接发球员Ⓒ接球,二人在发球与接球后均不上网。接球员Ⓒ的同伴Ⓓ移动到网前,发球员Ⓐ与接发球员Ⓒ在底线展开对角线对抽对抗,双方的Ⓑ与Ⓓ在网前寻找机会进行抢网进攻(图 8-18)。

图 8-18 与图 8-17 相似,只是方向相反,由正拍位改为反拍位,这是双打前后站位最基本的阵势。

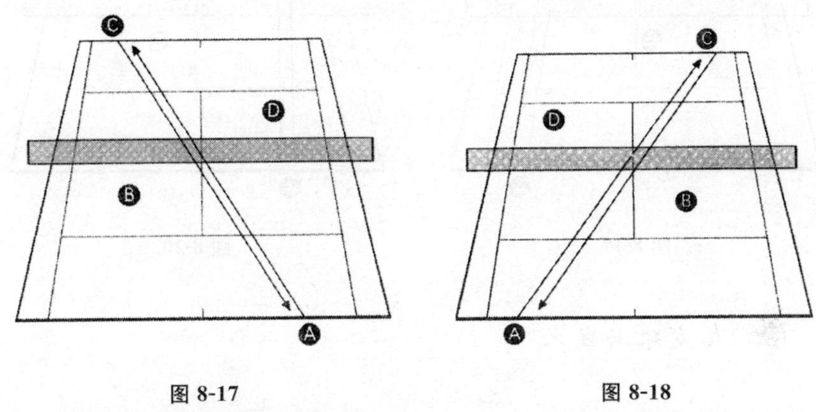

图 8-17　　图 8-18

(3)右区发球前后站位变式

右区发球前后站位变式如图 8-19 所示,这是图 8-17 的一种变换形式,当发球员Ⓐ与接发球员Ⓒ在右区展开对角抽击对抗时,接球员的同伴Ⓓ直逼网前且激烈抢网,Ⓐ挑直线高球使球从Ⓓ的头上越过,接球员Ⓒ往左移动追高球并与Ⓓ换位,于是出现了图 8-19 的站位。在新的对阵形式下,Ⓐ与Ⓒ展开直线抽击对抗,Ⓑ与Ⓓ在一侧隔网相对,伺机抢网。

(4)左区发球前后站位变式

左区发球前后站位变式如图 8-20 所示,其是图 8-18 的变换形式,当发球员Ⓐ与接发球员Ⓒ在左区进行对角线对抽时,接球员的同伴Ⓓ在网前紧逼抢网,Ⓐ挑直线高球使球从Ⓓ的头上越过,Ⓒ往右侧移动追高球并与Ⓓ交换位置,于是出现了图 8-20 的新站位,这也是一种新的对阵形式,Ⓐ与Ⓒ展开直接对抽,Ⓑ与Ⓓ在网前寻找机会抢网。

在前后站位的变化过程中,发球方可以借此机会仔细观察对方的弱点,从中找出破绽,以本方的优势来攻击对方的弱势,从而占据主动,获得优势,争取胜利。

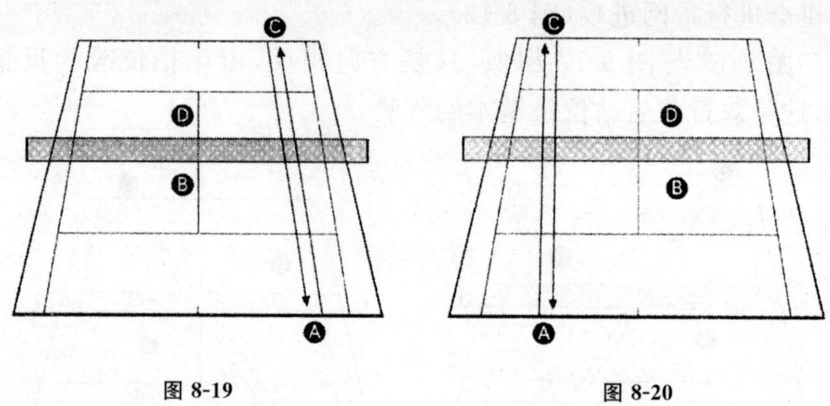

图 8-19　　图 8-20

(二)接发球局战术

1. 站位

(1)左右站位

网球双打比赛中,发球员一般站在底线中点与双打边线之间,与单打发球员的站位相比,更靠外侧一些,这样在发球时,角度就会增大,比较容易通过发外角球来拉开对方。相应的,接发球员也需要向外移适当的距离。所以,与单打接发球员相比,双打接发球员的站位在左或右的位置更靠外侧。一般来说,对方可能发到的外角与内角落点连线的角分线上是接发球员比较适宜的站位。

如图 8-21 所示,倘若发球员Ⓐ不擅长发大角度的侧旋球,接发球员Ⓒ可以放弃大角度的外角并稍微往里站一些,这样方便在身体两侧用正反拍接发球;接发球员Ⓓ的站位也是同样的原理。但倘若发球员Ⓐ是左手持拍,那么其很有可能发出大角度的外侧旋转球,这时接发球员Ⓒ就要被迫跑出场外来接球。因此,如果发球方发的是大角度的侧旋球,接发球员就需要往外站一些,做好回击的准备。

(2)前后站位

第一,接第一发球时,接发球员应站在稍往后的位置,但不要太靠后，接第二发球时，接发球员应站在稍向前的位置，这样的站位更有利。

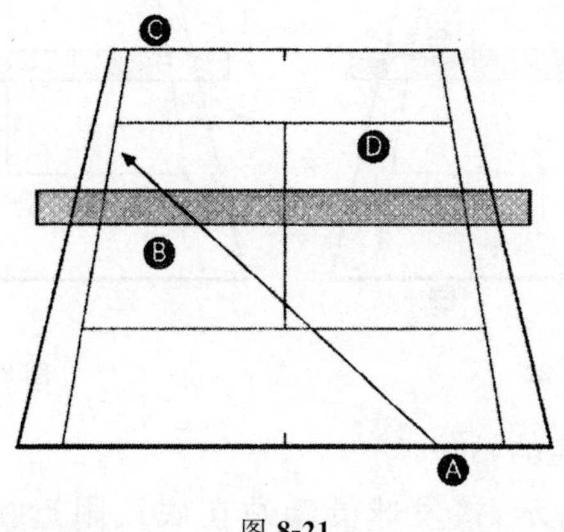

图 8-21

第二，如果对方发的是强有力的球，球的速度很快，接发球员应适当往后站一些，以便及时判断来求，并做出相应的反应和及时的后摆动作。

第三，如果对方发的球没有很强的攻击力，接发球员应稍向前站一些，以便于抢先进攻。

第四，如果发球员发的是强有力的旋转球，接发球员则不可站得太靠后。

2. 配合

(1)双底线的站位

如图 8-22 所示，接发球员Ⓒ在接球时，同伴Ⓓ在另一侧做好准备，这种站位方略通常在以下几种情况中采用。

第一，发球方的第一发球有很强的攻击力，接发球员被动接球，同伴退下来配合接发球员并做好防守。

第二，发球员的发球与网前同伴的抢网配合默契，屡次得手时，接发球员的同伴退下来共同进行防守。

第三，发球方采用同侧站位的方略，接发球员难以适应时，同伴先退下来，对接发球员进行鼓励，使其能够大胆还击(图 8-23)。

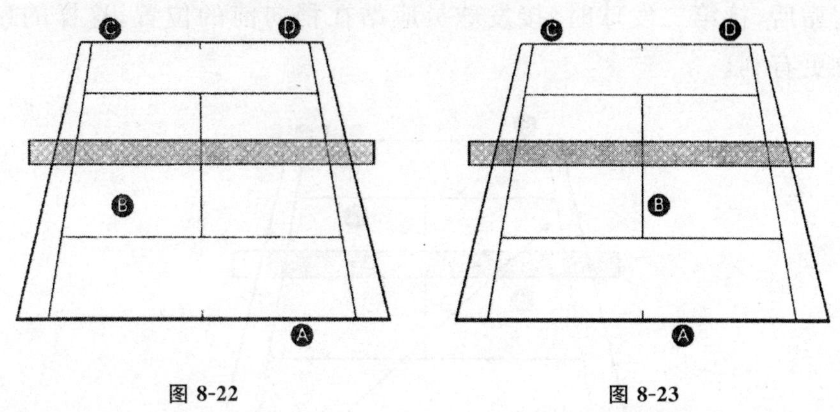

图 8-22　　　　　　图 8-23

(2)一后一前的站位

如图 8-24 所示,接发球员C站在底线附近接发球员发来的球,同伴D站在另一侧发球线的附近做好抢网准备,这种站位比较灵活,容易给发球方造成威胁与压力,一旦接球员的接发球成功,同伴便立即冲向网前进行网前截击。这种一后一前的配合站位在双打比赛中最为常见。采用这种站位的好处在于即使接发球员被动挑起高球,同伴要后退配合防守也是来得及的。

通常在以下几种情况中采用这种配合性的站位。

第一,接对方较弱的发球时(多是第二发球)。

第二,准备抢攻时。

第三,关键分(包括局点、盘点或赛点)有意给发球方制造压力,在反攻的气势上压制对方。

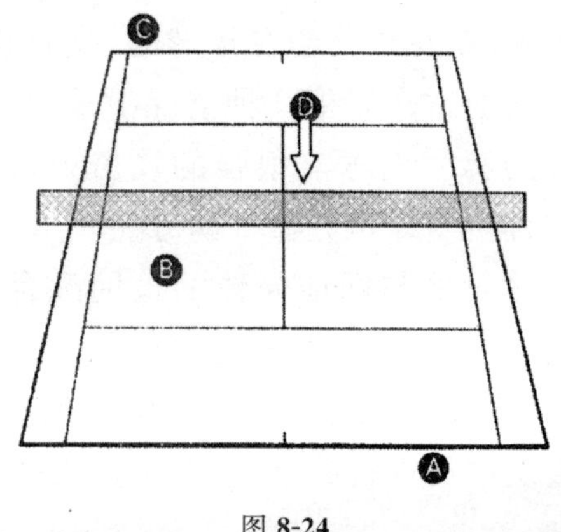

图 8-24

3. 试探性战术

在双打比赛中，接发球方只有对发球方的发球局战术有所了解，才能采取相应的策略加以应对。因此，在开始的接发球局需要通过对试探性战术的采用来增加对对手的了解。

(1)接发球员站位

采用试探性战术时，接发球员按照个人习惯选择常规站位即可，当成功接过发球员的第一和第二发球后再根据需要调整站位。

(2)同伴站位

接发球员同伴的站位有以下三种情况。

第一，接第一发球和第二发球时都站在另一侧的发球线Ⓓ处(图 8-25)。

第二，接第一和第二发球都站在底线的Ⓓ处。采取这种站位的主要原因在于，接发球员Ⓒ要进行试探性的回击，同伴站在此处便于配合，而且能够鼓励接发球员去大胆回击。

第三，接第一发球和第二发球时分别站在底线的Ⓓ后和发球线的Ⓓ处，然后根据双方的实际情况再调整站位。

(3)接发球员的回击方法

①回击落点

右区接发球员的回击落点如图 8-26 所示。

第一，落点 1 为深区斜线，这一回击落点是出现次数最多的一种。

第二，落点 2 为浅区小斜线，这一回击落点难度较大，但便于拉开对方，有时可直接得分。

第三，落点 3 为回击中路，可能会被网前队员Ⓓ成功截击。

第四，落点 4 为接发球直线破网。

第五，落点 5 为接发球直线挑高球，球越过Ⓓ的头顶落入深区。

左区接发球员的回击落点与右区相仿，方向相反。

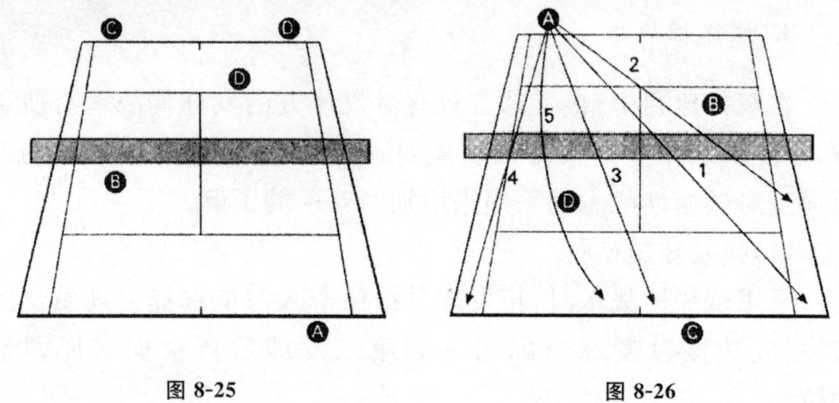

图 8-25　　　　图 8-26

②接发球的打法

从接发球第一拍开始，就已经开始实施接发球的战术了，接发球的打法有很多，比较灵活，一般有以下几种打法。

第一，从球的旋转上来看，有平击和旋转球（上旋球、下旋球、侧旋球）等。

第二，从回击力量上来看，有轻击、中等力量回击、大力度回击等。

第三，从接发球动作上来看，有动作较大的抽击、迎前的快速挡击和切击等。

4. 对发球方采用双上网战术的接发球局对策

(1)反抢战术（以右区为例）

①接发球局的站位

反抢战术中，接发球方的站位如图 8-27 所示。这种站位容易给发球方带来压力与威胁，因为接球员Ⓐ一旦成功抢攻，同伴Ⓑ在网前反攻的机会就会增加。在网球双打比赛中，一些高水平的选手往往会采取这种战术，倘若接发球方的两名队员配合默契，且能够熟练运用这一战术，那么其得分的概率就提高了。Ⓑ的站位可以根据双方的对抗情况适当调整。

②接发球的要求

A. 避开对方抢网

在实施反抢战术的过程中，对接球员Ⓐ而言，其最重要的任务就是将球准确地回击到发球方的场区，且避开Ⓓ的抢网，如果这一任务未能完成，同伴Ⓑ在中场就会处于被动地位，这不利于抢得反攻机会。

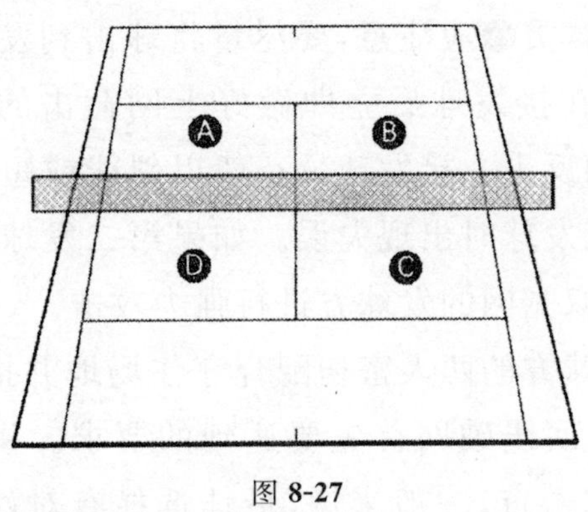

图 8-27

B. 反抢时机

如果接发球员Ⓐ成功将球回击后，球落在发球后上网的Ⓒ脚下，Ⓒ就不得不通过下蹲来进行还击，这时，接发球员的同伴Ⓑ迅速上网将回击的来球路线封堵住，并果断截击球，将球击向对方的空当或Ⓓ的脚下。在Ⓑ向右交叉抢截球的同时，接球员Ⓐ向左补位，在网前将场区封住(图 8-28)。

左区的接发球反抢战术与右区相同，只是方向相反。

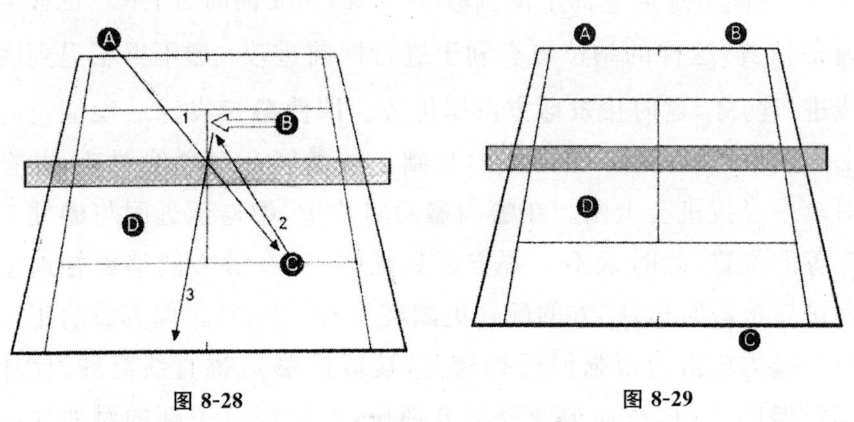

图 8-28　　图 8-29

(2)双底线战术

①接发球局的站位

双底线战术中，接发球方的站位如图 8-29 所示，接发球员Ⓐ

与同伴Ⓑ都退到底线后，二者之间的距离大约为3.5米左右，采取这种站位的目的主要是确保能够共同守住双打场地。

②接发球与破网要求

第一，接发球员Ⓐ应注意，要尽量将球击到发球员Ⓒ的一侧，避开Ⓓ抢网，并在接发球后立即做好上网截击的准备，与同伴Ⓑ相配合进行破网反击。接发球员一般以斜线或短斜线来回击球，尽可能避免在接发球时出现失误。如果第二发球较弱，接发球员可加力抢攻，对双上网的发球方进行强力攻击。

第二，接发球方的两人密切配合守住场地并把球回击过网是接发球后进行双底线破网首先要达到的要求。接发球方要谨慎选择连续破网攻击点，一般来说，最佳选择有对站位偏后者进行攻击；对弱者或表现欠佳、紧张者进行攻击；攻击中路。

第三，将破网与挑高球结合起来进行运用，从而使对方感受到强大的威力与压力。

5. 对发球方采用单上网战术的接发球局对策

接发球员Ⓐ接发球时尽量将球回击到深区后，避开Ⓓ的抢网，且在回击球后立即上网到A_1的位置，与此同时，同伴B也移至B_1的位置，这样的站位更有利于进行网前进攻，Ⓓ不得不退到底线进行防守，这时接发球方占据优势。即使Ⓐ接发球后没能及时上网，也可以在避开Ⓓ抢网的基础上与Ⓒ展开对角线对攻，并在对攻中寻找机会上网。在Ⓐ与Ⓒ的对攻中，Ⓑ逼至近网与Ⓓ处于对等的位置，此时谈不上哪方更具优势，就看哪方能够更好地掌握进攻抢截时机，哪方的配合更默契了(图8-30)。倘若Ⓒ的正拍对角线的攻击力很强但反拍较差，接球员Ⓐ可挑直线高球，使球越过Ⓓ的头顶，从而迫使发球方换位，这时就有了新的对战局面(图8-31)。

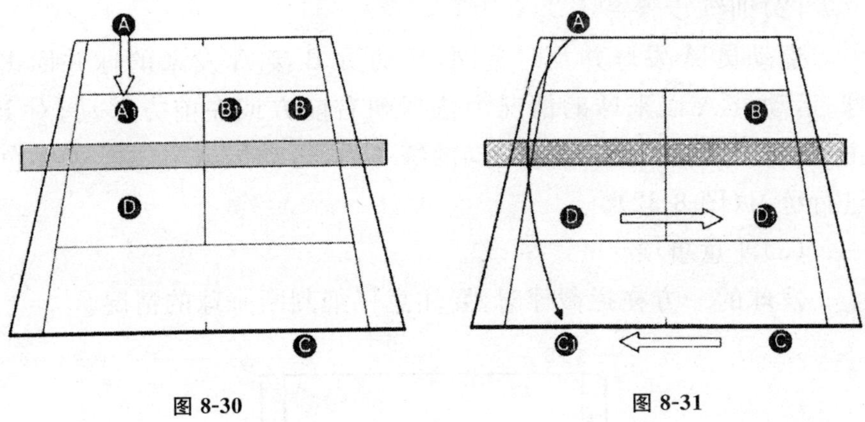

图 8-30　　　　图 8-31

二、网球双打战术训练

（一）发球方战术训练

1. 徒手发球上网练习

（1）训练目的

加强运动员发球后随球上网动作的连贯性与熟练性。

（2）训练步骤

A、B 两名运动员位于底线右区，C、D 两名运动员位于底线左区，轮流进行徒手发球后上网，向发球线跑进并在发球线后做一个分腿垫步动作，然后做一个徒手拦截球的动作后向底线跑回。练习几分钟后，交换位置进行练习。

（3）注意事项

运动员要衔接好每一个动作，脚步要灵活移动。

2. 发球上网截击练习

（1）训练目的

与实战相结合，促进运动员发球后随球上网的战术意识的增强。

(2)训练步骤

运动员 A 发球并及时上网,运动员 B 接 A 发来的球并回击球;运动员 A 以来球的情况为依据朝右前方或左前方移动,对 B 击来的球进行拦截。经过一局的练习后,运动员 A 和 B 交换角色进行练习(图 8-32)。

(3)注意事项

发球的一方在拦截球时,要注意仔细判断来球的情况。

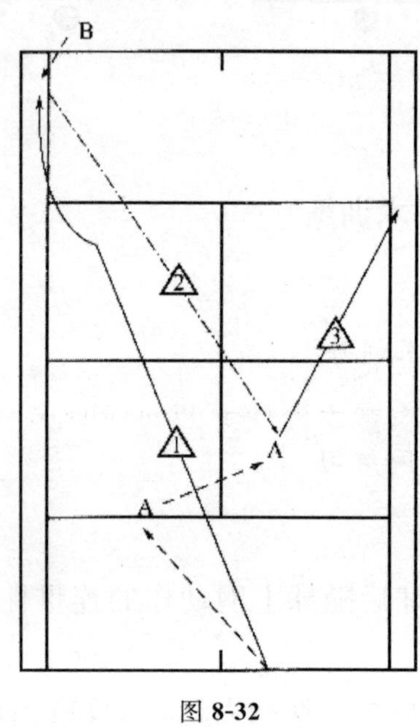

图 8-32

3. 发球上网连续拦截练习

(1)训练目的

第一,加强运动员发球后随球上网动作的连贯性。

第二,对运动员发球后上网拦击的意识进行培养。

(2)训练步骤

A、B 两名运动员在底线轮流进行徒手发球后上网,在发球线前做一个分腿垫步动作,并拦击由对方场内教练员送来的球;然后再快步移到网前做一个分腿垫步动作,再拦击由教练员送来的第二球;拦球后快步移到底线位置。

(3)注意事项

要衔接好移动与拦截的动作协,保持二者的协调,拦截球时尽量以斜线球回击。

(二)接发球方战术训练

1. 接发球上网练习

(1)训练目的

促进运动员接球后上网意识的增强。

(2)训练步骤

运动员 A 发球且不上网;运动员 B 接由 A 发来的球并随球上网,A 回球后,B 在网前拦截 A 的回球。经过一局的练习之后,双方交换角色进行练习。

(3)注意事项

第一,接发球方在接发球后及时、果断地随球上网。

第二,接发球方在截击发球方的回球时尽量保证落点要深。

2. 接发球双上网练习

(1)训练目的

与实战相结合,促进运动员在实战中运用接发球上网战术能力的提高。

(2)训练步骤

A、B 两名运动员轮流发球且不上网;运动员 C 接发球,发球方回击,C 和 D 同时上网对发球队员的回球进行拦截,训练 15 分钟后双方交换角色进行练习。

(3)注意事项

第一,接发球方在接发球后要及时、果断地上网。

第二,发球方要尽最大的努力破网。

3. 接发球双上网网前对抗练习

(1)训练目的

第一,促进运动员在接发球上网后网前对抗能力的提高。

第二，促进网前两名接发球员协调配合能力的提高。

(2)训练步骤

A、B两名运动员轮流发球并上网，运动员D接发球，发球方回球，C和D同时上网与发球方展开二对一截击对抗。经过一定次数的练习后双方互换角色进行练习(图8-33)。

(3)注意事项

接发球方在网前要协调配合好。

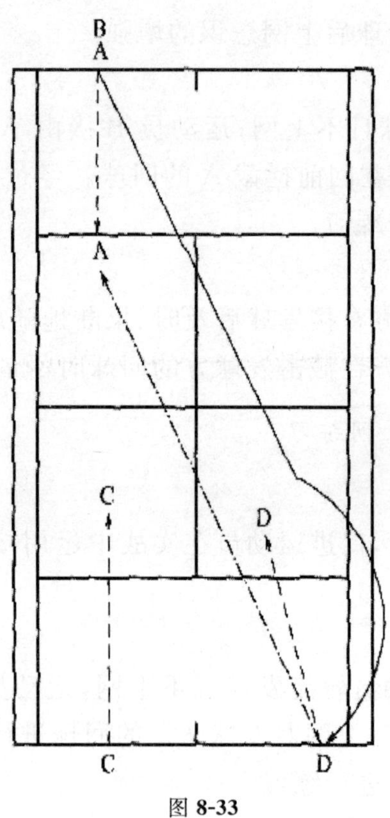

图8-33

参考文献

[1]梁高亮，刘铁. 关于中国网球文化的一些思考[J]. 西北师范大学学报，2007(01).

[2]王保金，张军，邱宏军. 中国网球文化发展方向思考[J]. 体育文化导刊，2008(05).

[3]罗晓洁. 网球技术与教法[M]. 上海：同济大学出版社，2016.

[4]李志平，于海强. 网球入门、提高训练与实战[M]. 北京：化学工业出版社，2016.

[5]高宏图. 中国网球公开赛文化营销战略探析[D]. 北京体育大学，2006.

[6]刘盼盼. 中国体育产业结构的演进研究[D]. 北京体育大学，2011.

[7]王润平，贺东波，夏卫智. 当代网球文化与运动教程[M]. 北京：人民体育出版社，2008.

[8]李彬. 网球：新时尚元素[M]. 成都：西南交通大学出版社，2015.

[9]韦雪亮. 网球文化在高校中的传播与教学研究[J]. 当代体育科技，2015(36).

[10]陶弥锋. 高校网球教学中的文化传播研究[J]. 江西科技学院学报，2013(02).

[11]李郁. 试论大众网球的“大众”定位[J]. 文体用品与科技，2016(13).

[12]刘雨. 我国大众网球发展现状及对策研究[J]. 文体用品与科技，2016(02).

[13]戚玉楼.我国大众网球运动兴起的社会学分析与可持续发展研究[J].四川体育科学,2009(04).

[14]徐林江.浅析网球文化的历史分期及内涵[J].科学咨询(科学管理),2011(07).

[15]聂小锋.现代网球文化体系解析[J].齐鲁师范学院学报,2015(01).

[16]张钧,张蕴琨.运动营养学[M].北京:高等教育出版社,2006.

[17]杨翼,李章华.运动性疲劳与防治[M].北京:北京体育大学出版社,2008.

[18]董杰.网球教程[M].北京:高等教育出版社,2005.

[19]孙统宝.浅谈网球技术动作在教学中的若干环节[J].经营管理者,2016(10).

[20]谢成超,杨学明.大学网球教程[M].北京:化学工业出版社,2015.

[21]侯力,赵世琦,段师博.高校球类运动文化审视与科学实践[M].北京:中国时代经济出版社,2015.

[22]陈雪红,周兴富.球类运动教学与训练[M].哈尔滨:哈尔滨地图出版社,2007

[23]刘保华.现代网球运动[M].北京:北京体育大学出版社,2016.

[24]王泽刚.网球运动实训教程[M].武汉:武汉大学出版社,2016.

[25]史芙英.网球技术与教法[M].上海:同济大学出版社,2016.

[26]王兴通.网球运动的发展与科学化训练研究[M].北京:中国水利水电出版社,2016.